Découvrez l'histoire par les archives de presse

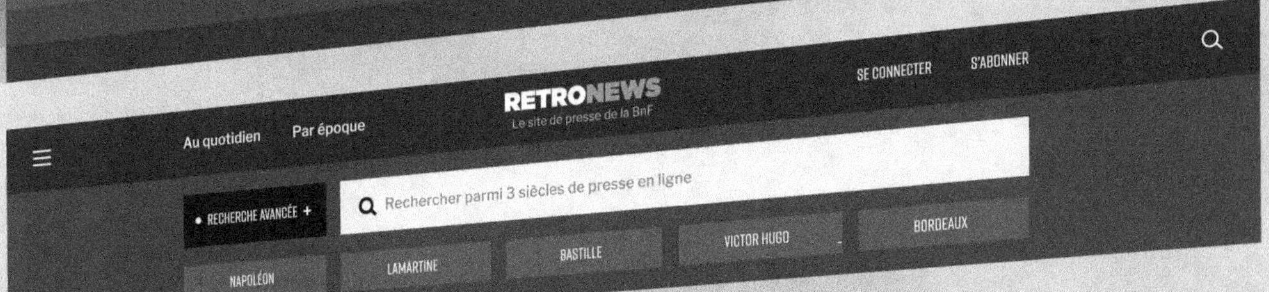

RETRONEWS

Le site de presse de la BnF

www.retronews.fr

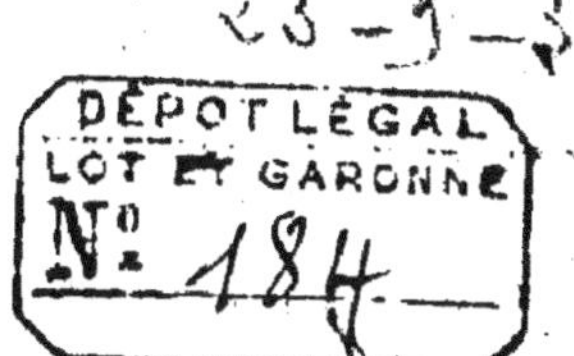

53me ANNÉE. — No 1.

JANVIER-FÉVRIER 1926.

Revue
de l'Agenais

Bulletin de la Société Académique d'Agen

SOMMAIRE

PLANCHE
Le Chateau d'Estillac

AGEN

IMPRIMERIE P. LABORDE, 85, Boulevard de la République

—

1926

TOME CINQUANTE-TROISIÈME   ANNÉE 1926

Revue
de l'Agenais

Bulletin de la Société Académique d'Agen

AGEN

IMPRIMERIE P. LABORDE, 85, Boulevard de la République

1926

Cliché Ph. Lauzun.

CHATEAU D'ESTILLAC

Le château d'Estillac monument historique

Un arrêté du 22 février 1926 a inscrit le château d'Estillac dans l'inventaire supplémentaire des monuments historiques, conformément à l'article 2 de la loi du 31 décembre 1913. M. Bonnat a parfaitement expliqué dans le dernier numéro de la *Revue de l'Agenais* la signification de cette mesure.

Le château d'Estillac, que beaucoup de nos lecteurs connaissent, est bien digne d'attirer l'attention des archéologues et des historiens. Mais cette inscription est caduque et inutile, car la forteresse du Maréchal de Monluc est classée comme monument historique depuis le mois de mars 1842.

Il est vrai que tout le monde ignorait ce classement, le propriétaire, la préfecture et chose plus étonnante, même la Commission des monuments historiques et ses bureaux qui devraient bien tenir la comptabilité exacte des monuments classés de la France. C'est en consultant les quelques liasses de la série T aux archives de Lot-et-Garonne que j'ai découvert tout récemment le décret de classement qui n'a pas été rapporté, du moins à ma connaissance.

Un premier projet de classement, établi en 1841, signalait comme étant ou devant être classés les monuments suivants :

Arrondissement d'Agen : Eglise Saint-Caprais, Saint-Hilaire (beffroi) ; maison de Monluc ; murs et ponts romains ; chapelle de l'Ermitage.

A Aiguillon, la Tourasse et Perelongue (*sic*).

A Aubiac, l'église.

A Layrac, l'église.

Arrondissement de Marmande : Mas-d'Agenais l'église.

— 4 —

Arrondissement de Nérac : Mézin, l'église ; Nérac, ruines ; Xaintrailles, château.

Arrondissement de Villeneuve : Casseneuil, l'église ; Eysses, tour ; Gavaudun, église ; Hautefage, église ; Monsempron, église ; Pujol, château ; Sainte-Livrade, église.

M. le Préfet remarquait que dans cette liste il « y avait des noms sans valeur artistique », Estillac n'était pas nommé.

Le 4 mars 1842, le Ministre des Beaux-Arts avisait le préfet que la commission des monuments historiques venait de classer le château d'Etillac.

A ce moment, ce château avait deux propriétaires, M. Ernest de Brondeau et M. Charles Laroche, beaux-frères. Noble François Louis comte de Brondeau, colonel d'infanterie pendant la guerre de l'indépendance de Saint-Domingue, puis maréchal de camp en 1816, avait acheté ce domaine, en 1787, à René de Montaudoin. Après sa mort, eut lieu le partage de ses biens et Estillac divisé en deux lots échut à Jean-François-Ernest vicomte de Brondeau, son fils, et à sa fille Suzanne Fany de Brondeau, mariée à Charles de Laroche.

M. Ernest de Brondeau n'aimait guère habiter Estillac. Le 13 décembre 1841, il avait acheté le château de Lécussan où il se proposait de faire sa résidence. Déjà, voulant quitter Estillac il avait fait bâtir une maison sur une de ses métairies, à Mestre Marty, dans la plaine de la Garonne, au pied des coteaux. Il avait fait même démolir le bastion à l'est du château d'Estillac pour avoir les matériaux nécessaires à cette construction. (1)

M. Charles de Laroche, par contre, aimait beaucoup Estillac, dont il était maire, et, il désirait ardemment, de·venir le propriétaire de tout le château. Dès qu'il fut avisé de son classement, il écrivit au préfet.

---

(1) Le bastion démoli est marqué par la lettre S sur le plan qui se trouve dans *Le Château d'Estillac,* XIII-XVI siècles, par G. Tholin et Ph. Lauzun. — Agen, imp. et lith. Agenaises 1898. Ces deux auteurs ont cru que la démolition avait eu lieu pendant la Révolution.

Estillac 1ᵉʳ avril 1842.

« Monsieur le Préfet,

« Venant d'apprendre que le château d'Estillac avait été classé parmi les monuments historiques de la France et convaincu alors qu'il entrait dans les vues du Gouvernement d'en désirer la conservation, je viens offrir les moyens pour concourir à ce but et empêcher si c'est possible la ruine de ce vaste édifice qui rappelle des souvenirs si intéressants pour nos contrées. Il est hors de doute, aujourd'hui, que la destruction de ce château n'ait été décidée par mon co-propriétaire puisque le grand bastion de l'Est est aux trois quarts démoli et que toute l'aile gauche dans laquelle se trouve la belle tour où étaient les appartements du Maréchal de Monluc est destiné au même sort. Ainsi donc pour empêcher un acte qui afflige toutes nos contrées, je viens réclamer l'assistance et le concours du Gouvernement et je fais en conséquence les propositions suivantes.

« En vertu de la loi sur l'expropriation forcée pour cause d'utilité publique, le Gouvernement deviendrait acquéreur de cette portion du château et m'en ferait la rétrocession immédiate. Mais comme il doit entrer généralement dans ses vues d'utiliser les objets de ce genre dont il ferait l'acquisition et de profiter dans ce but de tous les avantages qui peuvent offrir ces bâtiments, soit pour en faire des établissements de fabrication et encore plus pour leur conserver leur aspect majestueux, il serait donc indispensable de comprendre dans l'acquisition une certaine quantité de terrain autour des murailles pour, dans le premier cas, y établir des clôtures, si besoin était, et dans le second, pour que la malveillance ne vint pas par des constructions très rapprochées, mesquines, et sans goût obstruer les abords de pareils édifices.

« Il existe encore autour de celui d'Estillac dont il est question, une certaine étendue tout au plus suffisante pour éviter l'inconvénient que je signale. Elle est d'une contenance de 43 ares 45 centiares et est côtée au plan cadastral de la commune d'Estillac sous le n° 926, section A. C'est donc avec ce terrain qui entoure cette aile du château et qui en forme une partie intégrante qu'on doit considérer cet objet et je m'engage alors à en accepter la rétrocession que voudra m'en faire le Gouvernement avec la condition que je ne pourrai jamais, non plus que mes descendants, en opérer la destruction. C'est avec une clause semblable que j'accepte de grand cœur, qu'on empêchera de se renouveler à l'avenir de pareils actes de vandalisme.

« Je désire, M. le Préfet, que le Gouvernement approuve mes bonnes intentions, et, qu'il se mette au plus tôt en mesure de les seconder. »

Le préfet entra dans les vues de M. de Laroche et écrivit à M. de Brondeau qui accepta d'entrer en pourparlers et commença par demander 14.000 francs. Il fallut nommer des experts. Celui de M. de Brondeau fut M. Mellet, entrepreneur du Pont Canal, qui fixa l'estimation à 12.000 francs. Bourière, architecte-expert de l'Etat, l'estima à 7.000 francs. Un tiers expert, qui fut l'ingénieur en chef du département, s'arrêta à 9.000 francs.

L'affaire fut terminée par une lettre du Ministre des Beaux-Arts :

« Paris, 19 mai 1843. — M. le Préfet, j'ai reçu par votre lettre du 29 avril dernier les diverses pièces concernant le château d'Estillac que je vous avais demandées par ma lettre du 4 mars dernier. Il résulte de leur examen que le château est actuellement une maison d'habitation et de plaisance, que l'Etat ne peut acheter faute de pouvoir lui donner une destination utile. Il n'est pas probable que son propriétaire qui peut louer cet immeuble 500 ou 600 francs par an se décide à le démolir, et, ce serait dans le cas seulement où il en manifesterait l'intention, que l'Etat pourrait intervenir, pour acheter, non pas la maison d'habitation et les prés qui l'accompagnent, mais seulement les parties fortifiées et monumentales qui seraient conservées à l'état de ruine et sans entretient. Il ne me paraît pas qu'il y ait en ce moment d'autre suite à donner à cette affaire. »

L'affaire, en effet, en resta là, mais le château d'Estillac était classé.

R. MARBOUTIN.

Pierre CANEL

NOTAIRE, JUGE & NÉGOCIANT DE PUYMIROL

1704-1791

Le Coffre des Archives Communales. — Faute d'entretien, l'Hôtel-de-Ville dont Charles V avait autorisé la construction « à ses bien amés féaux de la cité et université de Puymirol » était tombé au début du XVIIIe siècle dans un tel état de délabrement que les Consuls durent l'abandonner (1).

En attendant qu'un édifice nouveau remplaçât la masure vétuste, ils louèrent chez des particuliers deux salles dont une servait de lieu de réunion et l'autre de débarras pour les papiers, le bois et les accessoires. Dans l'esprit de ceux qui le conçurent cet état de choses n'était évidemment que provisoire, mais il n'en dura pas moins un siècle entier, jusqu'en 1826, date où le trop célèbre Vallet-Frégoli édifia la mairie actuelle sur l'emplacement de la grande boucherie.

Les divers propriétaires qui hospitalisèrent tour à tour nos jurades estimaient sans doute que le taux du loyer ne compensait pas les dégradations résultant des allées et venues dont un hôtel de ville est toujours l'objet ; aussi ne tardaient-ils pas à donner congé au corps municipal,

---

(1) *Le 9 mai 1716*, un Espagnol refondait avec succès dans la cour de cet immeuble la cloche de l'église paroissiale. En 1738, on payait 8 livres à un architecte pour dresser les devis d'un Hotel de Ville nouveau. C'est probablement entre ces deux dates qu'il faut placer l'abandon de l'ancienne mairie.

si bien que mandes et soldats du guet n'en finissaient plus de déménager le mobilier communal (1).

Pour éviter les pertes qui auraient pu se produire dans ce demi-désordre, on avait scellé dans l'église paroissiale un coffre renfermant les documents les plus anciens et les

---

(1) *Le 27 janvier 1769*, on paie à M. Caussé 48 l pour loyer de 1767 et 1768 de la maison où la Communauté tient ses assemblées.

Le 27 avril 1769, on paie 60 l à Candelon, expert de la subdélégation d'Agen, pour deux journées de vacation pour la levée du plan, prix fait et devis de l'hôtel de ville à reconstituer.

Le 29 décembre 1769, on paie à M. Caussé 24 l pour loyer de la maison commune en 1769.

Du 25 janvier 1771 : « M. Faure, syndic receveur de la Communauté, aura la bonté de compter à M. Caussé la somme de 24 l pour prix du loyer de lapartement de sa maison que la communauté tient en location, qui finit le 25 septembre 1770, à raison de 36 l par an qui lui seront payées à l'avenir audit terme des fêtes de la Noël, laquelle augmentation a été faite par délibération de la communauté du 11 septembre 1770. » *(Registre des Mandats.)*

Le 9 septembre 1773, on paye à Pierre Dupouy, boulanger, 20 l 14 s pour 6 mois 23 jours de ferme de la maison acquise par lui de M. de Caussé, que MM. les officiers municipaux occupaient pour leurs audiences, sur lesquelles le syndic Faure, notaire public, retient 20 sols qui reviennent à Géraud Carles, serrurier, pour la clef qu'il y a mise et la réparation qu'il a faite à la maison dudit Dupouy.

Le 14 mai 1773, on paie 22 l 10 s par anticipation pour la moitié du loyer de la maison de M. Bibal (de Pontet), ancien garde du Corps, laquelle maison sert de maison commune.

Le 14 décembre 1779, on loue à M. Bezombes la maison de ville au prix de 48 l par an, loyer réduit à 30 l à compter du 28 juillet 1880 et on règle avec Bibal à 67 l 10 s pour 18 mois finissant le 14 décembre 1779.

Le 5 octobre 1783, on paie 30 l à Lacroix, secrétaire-greffier, pour une année de loyer d'une salle de sa maison servant pour les audiences municipales et assemblées pour les délibérations de la communauté.

Le 15 avril 1790, Lacroix ayant déclaré avoir besoin de sa maison entière, on loue pour 45 l par an deux pièces à Sicard, curé de Monbalen, qui possède un immeuble en ville.

Le 25 ventose an II, considérant que depuis plus de 50 ans on n'a pas d'hôtel de ville et que pendant ce temps on n'a cessé d'en changer, on affecte à cette destination la maison curiale qui est vacante.

Le 3 floréal an X, la loi sur la réorganisation du culte oblige la municipalité à rendre au curé le presbytère où elle avait installé ses bureaux.

Le 30 messidor an XIII, on afferme pour six ans une une maison appartenant à l'ex curé-jureur Vallet.

Le 6 mai 1823, le Conseil municipal approuve les devis pour transformation du local de la boucherie en Maison commune.

plus importants de la vie municipale, c'est-à-dire les
« Privillèges, libertés, coutumes, franchises et immunités
accordés, donnés et confirmés par les comtes de Toulouse
duc d'Aquitaine, roys d'Angleterre et roys de France
jusques et par Henri IV roy de France et de Navarre et
par Louis traise en faveur des habitants de la communauté
de Grand Castel de Puymirol ». Ce coffre fermait à trois
serrures dont les clefs avaient été remises, pour plus de
sûreté, au Procureur du Roy, au premier Consul en exercice et au secrétaire-greffier.

Le 7 mai 1757, le sieur Deler, feudiste chiffreur de la
ville de Moissac, inventoria le fonds historique enfermé
dans ce meuble, et Pierre Canel, procureur royal de la
juridiction, cota ce document et le signa *ne varietur*.

Sur ses vieux jours, l'ancien procureur, depuis longtemps lieutenant de juge, voulut mieux connaître les aïeux
qu'il allait rejoindre et, le 24 mars 1780, se rappelant que
sa famille était fréquemment citée dans les parchemins du
coffre de l'église, il demanda à la municipalité l'autorisation de prendre copie des pièces qui l'intéressaient. Le
maire et les consuls acceptèrent de fort bonne grâce, mais
le secrétaire-greffier marchanda son concours et Canel dut
se contenter d'un procès-verbal qui ne lui donnait qu'en
partie satisfaction.

« Ce jour d'hui 24° du mois de mars 1790, Nous Maire
et Consuls de la ville et jurisdiction de Puymirol sous-
signés, avons été priés par M. M° Canel, lieutenant de
juge en ladite ville de vouloir bien nous rendre au lieu où
sont déposés les principaux documents et pièces indiquant
les Elections Consulaires faites aux temps les plus reculés
en ladite ville et jurisdiction, à quoy ledit sieur M° Canel
a dit avoir intérêt, ce que voulant faire, nous avons fait
inviter à l'ouverture du coffre qui les renferme M° Jean
Lacroix, secrétaire-greffier, qui a comparu porteur d'une
troisième clef dudit coffre, de laquelle il est détenteur ordinaire, au moien de laquelle Nous Maire et Consuls et ledit
Lacroix qui a coopéré à l'ouverture dudit coffre, nous
avons conjointement fouillé et recherché dans un ancien
livre y contenu indiquant et notant lesdites élections consulaires où Nous, Maire et Consuls, nous sommes apper-

cus, même fait observer aud .Lacroix, secrétaire, qu'en l'an 1384, Bertrand Canel était consul, que le même y était jurat-notable en 1392, qu'autre Guiraud Canel était consul en 1429, jurat-notable en 1430, juge en 1439, redevenu consul en 1440 et 1442 ; que led. Lacroix a dit sçavoir suffisamment lire et connoître, d'après quoy led. M. Mᵉ Canel, lieutenant de juge, l'a honnêtement prié de vouloir bien lui donner une expédition desdites élections, ce que led. sʳ Lacroix, secrétaire, a refusé. Et sur led. refus, led. M. Mᵉ Canel nous a priés de certiffier le contenu en la présente déclaration pour lui servir ainsi que de droit, ce que nous avons fait et signé, non led. Lacroix, secrétaire-greffier, pour ne vouloir, et le livre contenant les élections consulaires dont les extraits sus-écrit a été remis par Nous, dits Maire, Consuls et Secrétaire-Greffier au coffre qui a été refermé sous les trois clefs ordinaires, d'une desquelles led. secrétaire a demuré nanty... » Signé : Lagrange, maire, Lespaut, consul. Pour ampliation : Canel. »

La généalogie de Canel. — De ce procès-verbal et des titres conservés par Léonard, gendre de Pierre Canel, il résulte que ce dernier appartenait à la plus vieille famille du pays et que depuis le plus ancien Canel dont le souvenir nous ait été conservé jusqu'à celui qui fait l'objet de la présente communication, les aînés ne cessèrent d'être consuls, notaires ou juges. Quand le notaire, Pierre Canel, dernier du nom, se démit de son étude en faveur de Mᵉ Lafargue, il y avait près de quatre siècles que ses pères classaient des minutes sur les mêmes rayons.

Nous n'avons pu faire remonter cette filiation que jusqu'à la cinquième génération, c'est-à-dire au début de nos registres paroissiaux, vers 1640 seulement, les protestants ayant brûlé les cahiers de l'Etat-Civil du siècle précédent.

I. — Le premier Canel figurant dans ces registres est un *Jean Canel*, propriétaire, à Laborie, qui, bien que notaire à Puymirol, où il habitait la maison Labatut, résidait probablement à sa maison de campagne où ses enfants naquirent tous. Il avait épousé Guillalme Rives, fille du

Procureur en la Cour de l'Ordinaire de Puymirol et eut, entre autres enfants, une fille, Anne, née le 14 octobre 1618.

II. — Puis nous souffrons d'une lacune de notre Etat-Civil qui ne nous permet de retrouver le nom de Canel qu'avec *Pierre Canel*, sans doute petit-fils de Jean, notaire comme lui, plusieurs fois consul, lequel épousa, le 16 juin 1667, Catherine Desmons, fille d'un notaire royal de Puymirol. Il en eut plusieurs enfants, dont Jean, qui continua la lignée, Anne, née le 3 novembre 1672, autre Jean, né le 4 août 1680, Joseph, né le 30 novembre 1682, Marie, née le 3 septembre 1689, Catherine, née le 3 avril 1684, Marie, qui naquit le 24 mars 1687 et mourut le 3 janvier 1709.

III. — Le fils aîné, *Jean*, né le 23 juin 1670, également notaire, continua la tradition de famille en épousant la fille d'un homme de loi, Anne Carmentran. Il reçut plusieurs fois les honneurs consulaires. Nous lui connaissons six enfants : Pierre, qui suivra, Catherine, née le 27 septembre 1705, Jean, né le 12 mars 1707, qui épousa Guillemette Gouges, de Moissac, le 11 février 1733, Arnaud, né le 24 juillet 1708, Catherine, née le 12 février 1711, et Bertrande, fille posthume, née le 5 mai 1712 et décédée le lendemain.

Jean Canel mourut prématurément dans sa 42" année (23 juin 1670 — 1" mars 1712) ; il laissa son étude à son fils aîné Pierre.

IV. — *Pierre Canel*, né le 14 août 1704, épousa Françoise Bédrines, fille et nièce des juges de Puymirol et La Sauvetat. Il fut notaire, receveur du bureau de l'enregistrement, procureur à l'ordinaire, conseiller du Roy, lieutenant de juge de Puymirol et juge de La Sauvetat-de-Savères. Entre sa 30" et sa 45" année il fut consul une dizaine de fois.

Tandis que son frère Jean, fixé à Moissac après son mariage avec Guillemette Gouges, avait trois garçons et quatre filles, il n'eut que des filles seulement : Anne (22 novembre 1728), Marguerite (18 juin 1733), autre

Anne (30 septembre 1735 - 3 septembre 1824) qui épousa, le 14 janvier 1760, André Bernard de Léonard, enfin Guillemette, née le 3 mars 1737.

C'est parce que sa descendance était tombée en quenouille que Pierre Canel, dernier représentant mâle de la branche puymirolaise de ce nom, se décida, le 2 janvier 1774, à vendre sa très vieille étude pour le prix de 1.800 livres (Acte passé devant M° Bacon, notaire, à Puymirol). L'acquéreur, Lafargue, prit du temps pour payer : chaque année il diminuait sa dette de 200 à 300 livres et servait l'intérêt du reste.

Les minutes Canel sont depuis longtemps dispersées et les chiffonniers en ont livré davantage au pilon que les successeurs du notaire n'en ont classé dans leurs cartons.

Au milieu du fatras des dossiers de logements militaires, des comptes rendus à la communauté par le beau-père Bédrines, des brouillons de jugements et consultations juridiques, des liasses des procès et de la correspondance administrative ou privée, nous avons découvert un nombre respectable de testaments où des lacs de soie (blanche pour les dames, noire pour les hommes), pendent au-dessous des cachets armoriés. Les omissions de l'Etat-Civil sont en partie réparées par ces feuillets où sont fixées les dernières volontés des Bibal de Mercadé, des Lamothe-Vedel, seigneurs de l'Hostelnau, des chirurgiens Merle, des Dordé de Bailharguet, des Lassalle-Gonnot seigneurs de Malbès, de Jean Labat, patricien de Caudecoste en Bruilhois, de Jean Dasqué de Lassalle, de Jean Laboulbène, escholier « avant de partir pour la guerre », de Suzanne de Baudou, veuve de Lassalle-Gonnot, des Sorbier de la Tourasse, seigneurs de Tayrac, du notaire Laboulbène, de Pierre Testas, bourgeois, de Jean Lespès, écuyer, sieur de Lussan, de Jean-Baptiste Villeneuve, curé de Notre-Dame de Goulard, fief des anciens Galards, etc., etc.

Tout cela est précieux, peut-être, mais combien la source des renseignements eut été plus abondante si les minutes des contrats de mariage avaient été découvertes aussi !

Le juge Canel manque de vocation et de zèle. — Comme beaucoup de ses confrères en notariat, Pierre Canel fut à la fois officier ministériel et procureur à l'Ordinaire. De procureur à lieutenant de juge la distance était trop petite pour n'être rapidement franchie et le lieutenant devint juge par le double jeu de l'avancement et des héritages.

Or, il se trouve que ce magistrat, notaire, fils, petit-fils et arrière petit-fils de notaires, ancien procureur, descendant, gendre et collatéral de juges, cet enfant de la balle qui, par atavisme, aurait pu apporter en venant au monde la science infuse du droit civil et criminel, fut au prétoire un hésitant et un trembleur, redoutant les responsabilités ou les prenant tout de travers, accumulant surtout les vices de forme quand il ne se faisait aider par un juriste plus éprouvé.

Sous sa judicature, le greffier fut omnipotent bien qu'il ignorât la justice pour ne l'avoir jamais apprise, estimée ni pratiquée, allant jusqu'à retenir les pièces à conviction pour ne les rétrocéder aux ayants droit que moyennant un prix à débattre. Il agissait de même pour les actes produits aux débats, et, en juillet 1754, des plaideurs en portèrent leur plainte au Procureur Général de Bordeaux qui rappela Canel à l'ordre et lui fit observer que le greffier n'était pas un saute-ruisseau au rabais et ne pouvait en aucun cas être mineur.

Son beau-frère, Carmentran, qui siégeait à Lamagistère, et son neveu, gradué en droit, se mirent à la disposition du lieutenant de Puymirol pour rédiger les « attendus » de ses jugements et lui fournir des modèles d'appointements, nominations de curateurs, formules de prestation de serment, procédure contre des complices, récusations et autres affaires courantes d'une juridiction de l'ordinaire. Avec de tels guides, toute autre personne eût fait bonne figure devant un tribunal ; Pierre Canel n'y parvint point à cause de son incurable indifférence.

Le 28 mai 1754, le Procureur Général Dudon communiquait au juge une plainte déposée contre lui par la victime d'un vol qu'il ne voulait instruire :

« Je vous envoie ci-joint, Monsieur, un placet que le
« nommé Bertrand Delpech m'a adressé à l'occasion d'un
« vol qui a été commis dans sa maison avec effraction et
« dont vous devez, sans doute, avoir eu connaissance,
« mais ce dernier prétend que vous ne daignez pas faire
« suite en votre nom. Prenez, s'il vous plaît, la peine de
« me rendre compte des raisons qui peuvent vous empê-
« cher d'agir, et cependant ne négligés point d'employer
« votre ministère pour la punition du vol dont il s'agit,
« s'il doit être considéré comme un crime public. »

Nous connaissons l'affaire qui était d'une banalité
puérile : pendant que le brassier Delpech allait travailler à
la journée chez autrui, son voisin trouait le torchis du mur
mitoyen pour lui dérober son blé. Mais Canel était lié
avec l'un et l'autre qui demeuraient dans la même rue que
lui, en face de son cabinet.

Le 8 août 1754, le même procureur Dudon écrivait à
un de nos avocats :

« Il est surprenant, Monsieur, que votre juge ignore
« les dispositions de l'odonnance de 1667 sur des faits
« qui intéressent essentiellement les obligations des offi-
« ciers de judicature. Je joins ici un exemplaire de l'arrêt
« dont je vous avais parlé, que vous lui communiquerez
« et auquel j'ai lieu de croire qu'il aura attention, ainsi
« que le greffier, de se conformer et vous me rendrez
« compte de ce qu'ils auront fait. »

Le 28 mai 1764, Dudon demandait au lieutenant Canel
pourquoi il n'avait ouvert d'enquête au sujet de la tenta-
tive d'assassinat dont Maubert s'était rendu coupable sur
la personne de la femme Duthil.

Canel demandait à Larivière de Carmentran de lui
indiquer les droits du juge dans les matières sommaires ;
l'avocat Barret, d'Agen, le conseillait sur la marche à
suivre dans une affaire en cours : « Si les pièces déposées
« à l'audience sont trop nombreuses, on les retient pour
« en prendre connaissance et on prononcera ensuite » (qui
se serait douté de cela?) ; Sarrasin, subdélégué d'Agen,
était obligé de lui tracer par écrit ce qu'il y avait lieu de
faire pour un enfant trouvé âgé de moins de six mois.

Lorsque le trop négligent Canel fut à la fois lieutenant
de juge à Puymirol et juge à La Sauvetat, il finit par ne
plus s'occuper de rien. Il laissa s'implanter à La Sauvetat
les officiers judiciaires du chapitre de Saint Caprais qui
empiétèrent sur les droits royaux en frappant des amendes
au profit du susdit Chapitre. A Puymirol, la municipalité,
convaincue que ce magistrat était trop absorbé par la pratique du droit, de la culture et du négoce, cessa de le con-
voquer et il fallut l'intervention du Procureur Général
pour rappeler aux parties que les Assemblées des Notables
doivent être présidées par le juge et non par le maire.

Le procureur Lacroix, l'ex-greffier que nous avons vu
dès le début refuser à Canel une copie conforme des pièces
d'archives où ses ancêtres étaient nommés, ne se gênait
point pour publier tout le mal qu'il pensait de notre
lieutenant ; mais celui-ci ne tenait pas en vain le glaive de
la justice et il frappa son adversaire :

« En l'audience de la Cour Royale de Puymirol, le
« février 1769, Nous, lieutenant de juge de ladite Cour,
« la judicateure vaquante, ouy le Procureur du Roy dans
« son dire qui est quil demeure averti que Jean Lacroix,
« procureur, se donne journellement la liberté d'entretenir
« la compagnie où il se trouve en public et autrement par
« des discours inconsidérés et indécens contre lesdits
« officiers sur leur exercisse de la justice en insinuant
« quils sont incompétans et insufisans même pour les
« matières ordinaires et les plus trivialles dans la veue de
« les rendre égallement méprisables par les justiciables,
« ce qui annonce de la part dudit Lacroix un caracthére de
« révolte le plus condannable, qu'un si indigne procédé
« de la part dud. Lacroix vis à vis ses supérieurs est un
« assés puissant motif pour conclure contre luy qu'il sera
« interdit dans son office de procureur pendant l'espace
« de deux mois avec inhibition de récidivér aux peines de
« droit, Ordonnons que led. Lacroix demeurera interdit
« dans son office de Procureur au présent siège pendant
« deux mois, durant lequel tems toutes audiences luy
« seront déniées, luy enjoignons d'être plus circonspect à
« l'avenir et inhibons de récidiver sous les peines de

« droit. Fait et prononcé dans la Chambre des Audiences
« led. jour... »

Décidément Canel avait perdu toute autorité sur les
Puymirolais ; les plaideurs se rossaient en sa présence ;
certain jour même son cabinet fut tranformé en Pré aux
Clercs :

Le 18 juin 1769, le juge ayant appelé en conciliation
Lamothe-Malbès fils et Jean Grenier, fils de l'huissier, le
sieur de Malbès demanda à son antagoniste : « Veux-tu
« t'accommoder? — Très volontiers! Mais tu compen-
« seras à mon père les deux louis que tu lui dois.
« — F...ichu drôle ! je te couperai la figure ! » Là-dessus
les épées sont tirées ; Grenier en reçoit trois ou quatre
coups, appelle au secours, les voisins arrivent tandis que
le juge s'en va, et la maison entière retentit des cris :
« F...ichu coquin, fripon, voleur, assassineur, tu méri
« terais d'être pendu avec toute ta race. »

« C'est du Molière tout pur ! », direz-vous. Patientez ,
nous avons mieux encore, mais le récit manquera de précision car les intéressés se gardèrent bien de verser aux
archives de la Cour royale un dossier qui les ridiculisait et
nous ne saurions rien de l'affaire si nous n'avions découvert dans les greniers du juge un feuillet intentionnelle-
ment déchiré... et cependant trop explicite encore.

Le 1ᵉʳ juin 1767, à l'occasion de la foire de Puymirol,
Pierre Canel avait réuni chez lui ses deux frères, Jean qui
habitait Moissac, et Arnaud, un « minus habens » niais,
sourd et muet qui végétait sur ses terres de Tayrac. Pour
des raisons que nous ignorons, un sieur Raymond Rayssac
avait obtenu contre Jean Canel une contrainte par corps et
choisi ce jour d'affluence pour la faire exécuter par ses
assistants Jean Boice, brassier d'Hautefage dans la juridiction de Penne, et Mathieu Roussille, laboureur aux Barats,
paroisse de Sauvagnas. Les recors s'emparèrent par surprise du malheureux Jean, Pierre sortit pour appeler
« A l'aide ! » et Arnaud, qui ne pouvait crier, frappait
comme un sourd. Une foule de deux cents personnes où
dominaient surtout les femmes eut vite fait d'entourer le

groupe et de manifester en sens divers, sous le regard amusé de François Bouquié, cavalier de la maréchaussée d'Agen qui, voyant le juge s'opposer à l'autorité de la justice, resta prudemment au : garde-à-vous !

Pierre Canel retenait les marchandes par le bras pour leur dire : « Courez au secours de mon frère ! » ou encore « Allez chercher mon gendre Léonard ! »

M. Léonard, — le bel André Bernard de Léonard, sieur de Lamouroux — qui tant paradait aux prises d'armes de la milice lorsqu'en habit bleu à la française et culotte ventre de biche il passait devant sa compagnie, brossant du coude son chapeau à ganse d'or orné d'une plume ôtée à l'éventail de Madame, était fort gêné par la mésaventure de son oncle par alliance, mais il emboîtait le pas à son beau-père et criait avec lui : « Braves femmes, enlevez M. Canel ! Vous ne serez pas inquiétées par le juge et je vous récompenserai. » Puis, de sa canne à pommeau d'argent, il indiquait de loin le centre de la mêlée, et les témoins, Mathieu Blanché, dit Brasse, et Bertrand Bétoulières, charron à Labeille, déclarent qu'à la fin de l'action « il avait rétrogradé de quarante pas ».

Nos renseignements s'arrêtent ici ; Jean Canel fut incarcéré ; nous regrettons de ne savoir pourquoi ; nous regrettons surtout de ne savoir comment finit l'affaire.

Le Livre-Journal de Me Pierre Canel. — Si mon Perrin Dandin vous intéresse, je vous introduirai dans son intimité.

Il habitait la Grand'Rue Notre-Dame sur laquelle son hôtel s'ouvrait par un large portail de bois hérissé de clous à tête démesurée. La façade manquait d'allure ; l'aile occidentale renfermait de vastes appartements privés. Le mobilier, façonné par des artisans du pays, était cossu sans être luxueux et les panneaux découpés dans le noyer et le cerisier massifs trahissaient le sens pratique de la bourgeoisie d'antan. L'aile orientale était affectée aux communs (cellier, écuries, remises, chenil, poulailler, etc.) La cour intérieure était bordée de plates-bandes couvertes de fleurs rares dont le maître tenait une méticuleuse comptabilité (1).

Son gendre, André Bernard, abandonnant le toit familial de La Comtal, qui abrite aujourd'hui l'Ecole de filles, était venu habiter la belle maison en pierre de taille contiguë à la demeure du beau-père et qui, plus haute d'un étage, présentait en vue des agrandissements prochains des pierres d'attente... qui attendent encore. De l'autre côté de la rue des Faures, d'immenses chais servaient de débarras, ainsi que l'ancien temple protestant de la rue Gaumard acheté un prix dérisoire.

Canel possédait encore toute la rive Est de la rue Saint-Seurin, depuis la vieille maison d'angle de la rue d'Orléans qu'il tenait de sa femme, née Bédrines (et qui est remarquable pour son rez-de-chaussée à voûtes croisées), jusqu'à la boulangerie qu'il louait à la Barre (sans rien omettre dans le bail, pas même le ferrat (1) et la pelle qui lui servaient pour son métier.)

Devenu veuf, l'ancien notaire s'occupait de tous les détails du ménage, gouvernait les servantes qui filaient le brin et l'étoupe, donnait à son linge les soins les plus attentifs (2) et ne se couchait jamais sans avoir vérifié le

---

(1) « Le 17 février 1774, j'ai logé dans le premier pot de terre du coté des volières . une pâte de fleurs qu'on appelle La Mecque, dans le second pot et vers le milieu une pâte nommée flora perfecta, dans le troisième pot une pâte nommée vergalden, beauté des dames, corcolanes et rose de grande valeur, et sur le parterre à l'entrée des volières des pâtes d'anémones doubles de Normandie à moitié de la planche et dans les trois autres pots de terre des anémones fournies par M. Rivière prieur de l'abbeaye de L'escale Dieu, au nombre de cinq pâtes au pot. »
(Canel connaissait M. Rivière prieur de l'Escaldieu par son petit fils Jean Léonard, dit chevalier de Saint-Orens, qui y faisait ses études comme élève interne.)

(2) *Ferrat*, petit chaudron en cuivre battu, qui tient lieu de seau et peut être descendu dans un puits.

(3) L'inventaire de son linge prouve qu'il en avait beaucoup et le surveillait de près :
« Le 18 décembre 1770, j'ai mis dans le cabinet-placard de la chambre de ma maison du midi : 1" A l'étage du haut 9 draps, au second étage en descendant 20, au troisième 28, et aux deux lits de ladite chambre et chambre de cuisine 4 draps. Lesdits 80 draps, neufs et my-usés, tous pour de grands lits. Dans le nombre il y en a despoumete et les autres de fin lin... Plus 25 petits draps toile grossière usés et neufs, compris ceux du lit de la servante.

registre où figuraient les opérations financières de la journée.

Le Livre-Journal des exploitations agricoles est surtout du plus haut intérêt.

Pierre Canel faisait valoir par des métayers ses quatre propriétés de Laborie, Laprade, Labourdette et Bruget.

« Nombre des chemises toile de Flandres 15, plus 11 neuves de ladite toile, plus 65 chemises toile de maison garnies de manchettes, bonnes et sans défaut, non compris 16 chemises de nuit.

« Napes fines petites et grandes 13, napes grossières petites et grandes 11 ; 16 douzaines et mi-douzaines serviettes fines et grossières et une douzaine serviettes de plusieurs façons.

« 12 chemises toile de maison non garnies de manchettes pour la nuit, 19 mouchoirs de Saumur à raye rouge, 16 mouchoirs de ménage à raye rouge, 10 mouchoirs à raye blanche et rouge, 10 mouchoirs à raye bleue, 6 mouchoirs fins et cadrillé, 14 napes grandes et petites fines, 10 napes en ouvrage fil grossier, etc.

« ...Plus le 20 may 1771, j'ai acheté en cette ville 9 mouchoirs de fil bleu fin à raye blanche et gris, 9 mouchoirs à fil blu rayés blanc et gris, 2 mouchoirs de cotton couleur blu à raye blanc et gris mélangé... Du 20 avril 1771, j'ay pris ches moy de la maison de M. Bédrines, 12 draps fins my-neufs, 6 douzaines serviettes my-neuves, 6 grandes nappes my-neuves et fines...

« 27 août 1782. Sera pour mémoire que j'ai dans une boîte de mon cabinet 12 mouchoirs de Saumur, 12 mouchoirs raie blanche, 12 mouchoirs de ménage raies rouges et blanches, 6 autres mouchoirs de Saumur raye rouge, 6 mouchoirs à grands carreaux, 8 mouchoirs raies longues et 2 mouchoirs raies blanches...

« 27 septembre 1780. Inventaire de mes chemises bonnes à me servir : 32 chemises toile de Flandres garnies de manchettes, 13 chemises toile de Flandres de ménage à coudre et garnies de manchettes, 72 chemises toille de ménage du païs, dans le nombre, 14 chemises pour la nuit non garnies de manchettes. Total : 117 chemises. »

Sa nièce, Cécile Canel, surnommée en religion Sœur Sainte Cécile, savait, elle, que le vieillard avait 117 chemises lorsque, le 22 août 1790, elle lui écrivait du couvent de Moissac pour en demander quelques-unes.

« ... Je vous prie de m'envoye de toile pour me faire des chemises, sa cera une grande charité que vous faires a une niese qui et en la plus grande indigance. Si Vous naves point de toile, eyes la bonté de m'en voye de feil pour me faire de la toile vous pouves le donne a cete fame qui vous remetra la voite cet une vrave fame cet elle qui me remit largen que vous utes la bonté de m'envoye je vous prie de la faire dine elle et pauvre et yes la ponte de me renvoye la voite (laquelle renfermait un présent de la religieuse à son oncle), jé le empruntée. Notre sort net pas ancore decide on nous a interdites nous ne savons pas si on nous lesera mouri che nous ou si on nous faira sorti. Dieu soit veni de tout je me recommande à vos prières je vous prie de dire beaucoup de choches de ma par à M. le prieur quil ne ceces de prie dieu pour moy de me conforme a la volonté du seigeur... »

La formalité du décabalement (ou expertise du cheptel) précédait la signature d'un sous-seing privé qui, après accord, se transformait en acte notarié.

Un décabalement de 1770 estime 614 livres seulement le cheptel de *Laborie* (2 bœufs, 250 l. ; 2 vaches, 120 l. ; 2 jeunes génisses, 110 l. ; une charrette ferrée, 50 l. ; troupeau de 23 brebis, 60 l.).

Laprade comptait pour 500 livres ; *Labourdette* pour 166 livres seulement (une vache, 54 l. ; un jeune bœuf, 39 l. ; une génisse, 30 l. ; une charrue et son attirail, 10 l.; une charrette ferrée, 33 l.).

Le cheptel de *Bruget* qui était de 245 l. en 1770, fut doublé l'année suivante (485 l.). (Une vache de 8 ans suitée, 110 l. ; une vache de 4 ans, 120 l. ; une vache de 7 ans, 80 l. ; une jeune vache, 55 l. ; une velle de 18 mois, 45 l. ; un petit veau de 7 mois, 25 l. ; une charrette, 40 l.; une charrue avec accessoires, 10 l.).

Voici, à titre d'exemple, les conventions passées avec le métayer Chaudordy, de Laborie :

« Le maître prendra avant tout partage 4 sacs sur la « pile, le reste sera partagé en deux parties égales. Chau- « dordy fournira aux époques indiquées dans le contrat « 6 paires poulets, 6 paires chapons, 7 paires poules. Les « semences seront fournies par moitié ; le métayer fera « tous les charrois nécessaires et sera nourri quand il les « fera. En revanche, il s'engage à n'en pas faire pour « autrui sans le consentement de son maître. »

Canel se montra intransigeant sur ce dernier point. Le 10 juillet 1781, il surprenait le père et le fils Chaudordy labourant avec deux paires de bœufs près du Malpas, le champ de Soubiran, dit Birous. Le procureur se fâcha et réclama 5 l. par paire de bestiaux.

Il possédait encore quelques pièces détachées qu'il affermait à divers particuliers : le pré du Fillou pour lequel Jean Bissière, meunier du Roudigou, payait 98 l. par an ; le pré de Laubarède, entre L'Ile et Lamassa, loué à Labadie pour 88 l. ; son jardin des rues Basses, 4 l., par Arnaud Cloupet ; une terre à la Nougarède, paroisse de

Fraysses, dont le tisserand Saignes ne donnait que 35 sols par an.

Nous avons cherché à nous rendre compte des revenus de ces quatre propriétés : En 1771, Laprade donnait en blé 78 dizains 2 gerbes ; Bruget, 41 dizains ; Labourdette, 22 dizains 6 gerbes ; Laborie, 71 dizains 1 gerbe, soit au total 212 dizains 7 gerbes, duquel total il y avait lieu de déduire la dîme ecclésiastique qui se payait non en grains mais en gerbes. Tous frais défalqués, les semences étant extraites pour l'année suivante, il restait pour la part de Canel : à Laborie, 38 sacs de blé ; à Bruget, 20 sacs et demi ; à Labourdette, 12 sacs 3/4 ; à Laprade, 43 sacs. En y ajoutant une autre source de revenus dont nous ne tarderons pas à parler, la part du maître atteignait 150 sacs auxquels venaient s'ajouter les menus grains et légumes

En 1772 et 1774, Canel n'eut pour lui que 111 sacs de blé, mais il en eut 152 en 1775 et 182 en 1773. Sa récolte de vin fut presque doublée à partir de 1772 : 22 barriques au lieu de 13.

Cette autre source de profit sur les céréales consistait dans *l'afferme des dîmes de Saint-Urcisse*. Canel s'associait avec un autre spéculateur, tantôt Caussé et tantôt Cazes, pour défrayer en argent le desservant de Saint-Urcisse d'une dîme évaluée à forfait, puis ils la prélevaient en nature pour leur propre compte. Chacun d'eux payait un *domestique coureur* chargé de la levée des gerbes (102 dizains en 1771).

« J'ai eu pour ma moitié, écrit Canel, 32 sacs 1/2 de
« blé battu, 2 sacs 1/2 de purges, 1 sac de pois carrés ou
« arbeilles, 6 sacs de fèves, et Caussé m'a payé 18 l. pour
« ma part de vin. »

Comme on le voit, l'affaire était de peu d'importance, mais elle révèle chez notre magistrat un esprit de négoce qui se manifeste de bien d'autres manières.

Avance au boulanger Malecaze. — Au XVIIIe siècle l'argent était rare et circulait peu ; on procédait surtout à des échanges en nature. Pour la fourniture du pain, le cultivateur donnait du blé, comme il en donnait aussi pour l'abonnement au forgeron et au vétérinaire.

Les boulangers avaient donc entre le 15 août et le 15 septembre une formidable rentrée de grains, mais ils manquaient d'argent monnayé et étaient souvent gênés par les règlements auxquels ils avaient coutume de s'engager pour cette époque de l'année.

Canel, qui n'ignorait pas cette situation, se présentait chez eux et leur achetait tout le stock des céréales, payait la marchandise et la laissait chez les boulangers qui, dans la suite, étaient bien obligés de puiser à la pile et de rembourser leur acquéreur. Seulement ils rachetaient au cours du jour (17, 18 ou 19 l.) du blé qu'en août ils avaient vendu 15.

Si donc deux boulangers débiteurs de Canel panifiaient dans la journée cinq balles de farine correspondant environ à huit sacs de grains, ils se trouvaient n'avoir travaillé que pour leur prêteur à qui ils rapportaient 24 l. par jour, soit 24 fois le salaire d'un ouvrier spécialisé (tailleur d'arbres, charpentier de moulins, etc.).

Voici, à titre justificatif, deux extraits choisis entre bien d'autres :

« Le 11 septembre 1770, j'ai acheté à Guillaume Male-
« caze, boulanger de Puymirol, 100 sacs bled froment
« mesure de cette ville pour 15 l. le sac. Je luy ay payé
« led. jour 1500 l. A été convenu que lesd. 100 sacs blé
« resteront dans son grenier pour m'être délivrés à ma
« volonté. Et led. Malecaze m'a fait remise d'une montre
« dud. blé qui a été par lui cachetée et un reçu du prix de
« 1500 l., en présence des sieurs Delboulbès, procureur,
« et Rives, greffier. »

« Le 22 janvier 1771, j'ai fait vente et délivrance de
« 100 sacs blé froment à Guillaume Malecaze (blé qu'il
« avait dans le grenier de sa maison) pour le prix de
« 17 livres 10 sols le sac, montant 1750 l.. »

Ainsi, du 11 septembre 1770 au 22 janvier suivant, 1500 fr. avaient rapporté 250 fr., ce qui met le taux à 51,43 0/0.

La veille du jour où Canel vendait son blé à Malecaze, il en avait également cédé 130 sacs à Vergnes et Bezombes, qui, avec Dupouy et Saignes, autres « marchands blatiers » de la ville, n'avaient pas de plus dangereux concurrent que lui.

Société de minots Bezombes-Canel et Cie, — Le marché de Puymirol ne suffisant plus à ce juge dont la place eût été plutôt dans un Tribunal de Commerce, Canel lança avec Bezombes une affaire d'exportation de minots et les deux associés combinèrent entre eux une Caisse d'Assurance contre la perte des denrées par échouement de transports en Garonne.

« Le 26 octobre 1773, M. Bezombes, négociant de
« Puymirol, m'a associé à son commerce de minot pour
« 20 sols pour ma portion de chacun minot et au quart
« des pertes, s'il en arrive. Je lui ai remis 10.000 l. en
« espèces du cours et une promesse de 1000 l. payable à
« sa volonté qui, abloté, font 10.000 l. pour mon quart de
« société...

« Ce 6 novembre 1773, j'ai délivré au sieur Bezombes
« 1.000 l., j'ai retiré la promesse et j'ai au capital de
« société 11.000 l...

« Ce 1er août 1781, la somme de 8.000 l. et celle de
« 7.000 que j'ai délivrée en sus au sieur Bezombes font
« ensemble 15.000 l. que j'ai mis pour répondre de notre
« société de barils de minot, à raison de 12 sols par minot
« de bénéfice ; aux risques d'enfoncement des batteaux
« lors du transport et pour un quart des faillites ou ban-
« queroutes pendant le temps de 4 années...

« ...Le 22 novembre 1779 j'ai placé entre les mains
« de M. Bezombes 8.000 l. en société, sçavoir que led.
« Bezombes me payera annuellement pendant trois ans, à
« commencer du 1er juin 1780, 500 livres de bénéfice
« moyenant que je serai aux cas fortuits d'enfoncement
« des batteaux sur Garonne pour 1/10 de perte lors du
« transport des barils de minot... »

Le coût de la vie, — Les Livres de Raison étant surtout intéressants pour les tarifs et les mercuriales qu'ils révèlent, nous extrairons de celui de Canel les renseignements fixant le coût la vie dans Puymirol entre 1770 et 1780.

Gages et Salaires. — Jeanne Guitard, *servante* du juge, reçoit 30 l. par an et une certaine quantité de fil,

puis 36 l. en tout. Un *domestique agricole* gagne 36 l.,
un autre 12 l. et 3 sacs de blé. Ils sont nourris par le
maître qui fait pétrir à leur intention un pain composé de
méture seulement. Les *journaliers* ont 10 sous par jour.

Le *maçon*, Auvergnon, prend 33 l. pour extraire et
tailler 100 pierres. Auvergnon et Cassagne bâtissent le
mur de la grange de la rue Basse à raison de 50 s. la
canne. Cassagne reçoit 220 l. pour la construction de la
grange de Labourdette. Le moellon se vend 8 l. la canne.
Cassagne et Auvergnon reçoivent 16 l. 10 s. pour avoir
levé et équarri au tertre de Galdou 50 pierres pour la
crèche à bestiaux de Labourdette.

Le *bûcheron* qui fait des fagots dans les taillis de Car-
rossemiche traite à 22 s. le cent. L'émondage des peu-
pliers de la Séoune avec façon des fagots rapporte à l'ouvrier 35 s. du cent. Le boulanger Malecaze les achète
9 livres et nourrit les bouviers ; les *fagots de chêne* valent
13 l. le cent.

La façon des *cercles de barriques* se paie 2 s. 6 d. la
mcule. Le *plancher* de Laborie est payé 30 s. la canne au
menuisier Bruzon. Le même Bruzon demande 25 s. pour
faire une échelle double, 50 s. pour faire une porte et une
fenêtre à la Bourdette et 2 l. pour la porte cochère de
Mme de Bourran.

Les *tuiles* se paient 35 et 40 l. le mille, la chaux 3 l.
10 s. la barrique.

Les *barres de saule* ne coûtent que 15 s. le cent.

Le *terrassier*, Jean Job, passe marché pour faire des
drains empierrés dans la pièce de la Canelle au prix de
3 s. la canne. Une *charrette* coûte 39 l., on en remplace
le timon pour 2 l. Le scieur de long débite la planche de
12 pans de large à 15 s. la canne. Les *manœuvres* bêchent
la vigne pour 10 s. par jour.

Le perruquier, Delboulbès fils, rase Canel et lui
accommode les perruques pour le prix forfaitaire de 21 l.
par an.

Une vache est vendue 54 l., une autre 82, une brebis
3 l. 6 s. A la foire de Dondas, un troupeau de 19 brebis
est payé 68 l., une génisse vaut 18 l., un cheval de 4 ans
et demi est vendu 140 l. à Bourg-de-Visa, un veau de lait

25 l., un porcelet 9 l. ; les oisons valent 16 s. pièce, la graisse d'oie coûte 20 s. la livre.

Le *boulanger* donne 100 l. de pain par sac de blé, le blé vaut 15 à 18 l., le maïs 13 et 14 l., les fèves valent 14 l., la graine de lin se paie 16 l. le sac, les haricots secs coûtent 30 s. le picotin ou 4 l. 10 s. le quarton, première qualité, et 4 l. la seconde qualité, les pois blancs et les pois carrés ne sont qu'à 3 l. le quarton.

Le *meunier* prend 10 s. pour moudre un sac de grains ou légumes secs.

Le *vin* a des prix très variables correspondant évidemment à plus ou moins d'abondance de la récolte : on l'achète parfois 22 l. la barrique, mais il est aussi des années où l'on n'a pour ce prix que de la « beuvette » ou « piquette » et où le cours du vin atteint 45 et même 58 l.

« Heureux temps ! — diront les tisserands, et aussi les acheteurs — que celui où le *chanvre* ne coûtait que 40 l. le quintal et le *lin* 35 l.. Et l'afferme d'un pré à 8 l. le quartonnat contenterait-il aujourd'hui ceux qui l'ont acheté plus de 3.000 francs l'hectare?

La succession de Canel. — Du mariage de la demoiselle Canel avec André-Bernard de Léonard étaient nés quatre enfants : 1" Pierre-Anne-Théodore, sieur de Lamouroux (1ᵉʳ juillet 1762 - 7 mars 1832) ; Anne-Marie (7 juin 1763- 25 juin 1810) ; 3" Jean, dit le chevalier de Saint-Orens (27 juillet 1864 - vers 1832) ; 4" Cécile-Victoire (1ᵉʳ novembre 1765 - 7 janvier 1827).

Sans doute, le grand-père Canel aimait d'une affection égale ses petits-fils et ses petites-filles, mais il ne pouvait admettre que des biens amassés avec tant d'âpreté pussent être dispersés par un partage et c'est pourquoi il les donna tous à l'aîné des garçons Léonard (Testament du 27 octobre 1789).

« ...Je donne à ma fille, dame Léonard, outre et par
« dessus la donation contractuelle que je lui ai faite, l'en-
« tier usufruit de tous mes biens... Je la décharge de faire
« aucun inventaire de mon mobilier. Je veux que mon hé-
« ritier après nommé n'en puisse prétendre ni demander
« que ce que ma fille voudra lui délaisser en l'état qu'il se

« trou~era à sa mort ; et où mon héritier voudrait l'in-
« quiéter — ou tous autres le représentant — je donne
« mon entier mobilier à ma fille, dame Léonard, pour en
« faire et disposer à sa volonté. J'institue madite fille mon
« héritière universelle... Je donne à Jean Léonard-Saint-
« Orens et à Anne Léonard l'aînée et à Cécile-Victoire
« Léonard cadette 9.000 l., qui fera 3.000 l. pour un
« chacun desdits sieur et demoiselles Léonard mes petit-
« fils et petites-filles pour leur être payé par mon héritier
« après nommé, après ma mort et après le décès de lad.
« dame de Léonard, sans intérêt jusques audit temps...
« Et quant au restant de tous mes biens, meubles et
« immeubles, noms, voies, droits, raisons et actions quel-
« conques, présents et à venir, je veux et entends qu'ils
« adviennent et appartiennent à sieur Pierre-Anne-Théo-
« dore Léonard, mon bien-aimé petit-fils et filleul, que
« j'institue pour mon héritier universel et général... »

Le vieillard s'éteignit le 17 août 1791 ; il n'y eut point d'inventaire et son gendre, André-Bernard de Léonard, en tant que représentant son épouse Anne Canel, administra sans contrôle une succession dont il était seul à connaître l'importance.

De son propre aveu, il avait découvert de grosses sommes dans des trous où l'ancien juge les avait cachées pour les soustraire aux convoitises révolutionnaires ; bien qu'elles fussent destinées par le testateur à Théodore qui venait de partir à l'armée des Princes, Léonard en usa comme d'un bien personnel et les diminua considérablement par suite du sequestre de ses biens pendant la Terreur et de sa réclusion comme père d'émigrés. Au partage avec la nation de la présuccession de ses fils, il racheta leurs portions avec les derniers rouleaux de l'héritage Canel ; de sorte que Théodore pouvait prétendre à plus de droits sur l'entier patrimoine familial. Léonard père eut tort de ne pas mettre ses enfants, dès leur retour en France, au courant de cette situation et de n'en parler qu' « in-extremis » dans son testament du 8 juin 1808, qui n'était et ne pouvait être qu'un corollaire de celui de Canel.

« ...Mon épouse bien-aimée et mes chers enfants

« savent tous que M. Pierre-Anne-Théodore de Léonard,
« mon fils aîné, a été institué par feu M. Pierre Canel,
« son aïeul maternel ; ils savent tous qu'indépendamment
« des immeubles, il se trouva dans l'hérédité de M. Pierre
« Canel des meubles et effets et des sommes d'argent très
« considérables ; ils savent tous que, malgré que ces
« objets appartinssent en toute propriété à M. Pierre-
« Anne-Théodore de Léonard, je m'en suis prévalu, je
« les ai pris et tournés à mon profit, sans en avoir établi la
« consistance, soit par des inventaires, soit par des actes
« quelconques. Ces faits sont attestés par la notoriété
« publique ; dans le lieu ils le seraient par des témoins
« positifs s'ils n'étaient pas connus dans la famille ou s'il
« fallait à des enfants d'autres preuves que le cri de la
« conscience d'un père. Je dois restituer à mon fils aîné
« ce qui lui appartient, car avant d'être libéral je veux et
« dois être juste. C'est pourquoi préalablement à toutes
« dispositions, je déclare sur mon honneur, âme et cons-
« cience que j'ai trouvé dans l'hérédité de feu M. Pierre
« Canel la somme de 45.000 fr. en or ou argent monnayé,
« des meubles, denrées et effets que j'ai pris, ainsi que la
« susdite somme et dont je me suis prévalu, lesquels
« étaient de valeur de 9.500 francs. Je suis donc con-
« vaincu que mon épouse bien-aimée et mes chers enfants
« souffriront sans difficulté que led. sieur Pierre-Anne-
« Théodore retire les sommes qui en sont l'objet... Je
« donne à mon épouse, Anne Canel, l'usufruit de la
« moitié de tous mes biens et veux que cette moitié com-
« prenne ma maison d'habitation avec tous ses meu-
« bles (1), la maison que j'ai acquise du sieur Lestrade (2)
« ainsi que la ci-devant Chapelle des Pénitents (3) et les
« pactus adjacents (4). Je donne à Théodore par préciput
« et hors part un quart de tous mes biens et droits ; ce
« quart sera pris de préférence sur le domaine de Lamou-
« roux et ses dépendances, à charge par lui de prendre

---

(1) Ecole publique de filles.
(2) Ecole publique de garçons.
(3) Chai et magasin de vente de M. Elie Bouet, rue Royale.
(4) Ecurie de M. Vernéjoul, maison de M. Maillé et dépendances.

« sur le même domaine sa part nécessaire, ne touchant
« aux autres biens de mon hérédité que si le domaine ne
« peut acquitter l'entier de ses droits. Quant aux trois-
« quarts restants, ils seront partagés également entre mes
« quatre enfants, et mes deux plus jeunes, Jean et Cécile-
« Victoire rapporteront à mon hérédité la somme de
« 12.000 l. chacun que je leur ai comptée en avance
« d'hoirie... »

André-Bernard de Léonard mourut le 18 janvier 1809.
Les 54.500 l. provenant de Canel ne furent pas retrouvées;
elles étaient donc confondues dans la totalité des biens
délaissés par André-Bernard et comme la succession
Canel était antérieure à la succession Léonard, celle-ci
devait à Théodore 54.500 livres, un quart du reste et un
quart des trois autres quarts. Il porta ses prétentions
devant le Tribunal de première instance, mais ses sœurs
que cette spoliation ruinait se pourvirent devant la Cour
d'Appel (notamment Cécile-Victoire, épouse Cyprien de
Saint-Marc, à Valence-d'Agen, qui devait reverser les
12.000 l. de sa dot sans être certaine que sa part atteindrait
cette somme).

La Cour, considérant que la loi sur les émigrés jouait
un rôle dans ce procès, remit l'affaire jusqu'au jour où la
situation politique des ayants droit serait plus exactement
établie.

Quand l'affaire fut reprise, l'avocat Dayrie prétendit
que les frères n'avaient plus droit à rien ayant, pour cause
d'émigration, succédé à leur père par l'intermédiaire de la
nation qui les représentait :

« ...Attendu que, par l'art. 25 de la loi du 9 floréal
« an III, la Nation, après avoir pris les droits de l'émigré,
« a renoncé à toutes les successions qui pourraient lui
« échoir à l'avenir, que cette renonciation ne peut être
« qu'en faveur des co-héritiers de l'émigré et qu'elle fut
« d'autant plus irrévocable que l'on ne supposait pas
« alors une amnistie future..., que par le sénatus-consulte
« du 6 floréal an X, art. 16, il est prohibé aux émigrés
« amnistiés d'attaquer sous aucun prétexte les partages de
« présuccession ou autres actes ou arrangements faits

« entre la République et les particuliers, d'où il suit que
« la loi déclare les partages de présuccession irrévocables
« quand cependant M. Léonard aîné demande un nou-
« veau partage et que la nation a consommé son droit...
« Attendu que toutes les décisions administratives rendues
« par le Conseil d'Etat sur la matière interdisent à l'émi-
« gré de prendre part à la succession de son auteur, même
« décédé après le certificat d'amnistie, lorsque déjà la
« nation avait exercé le droit de présuccession sur les
« biens de cet ascendant... »

Il suit de là que, seules, les demoiselles Léonard pouvaient prétendre aux successions paternelle et maternelle.
En somme, la République ayant avant la mort du père
réglé les droits de Théodore et de Jean en se substituant
à eux pour le profit de la nation, il n'était resté à André-
Bernard que la part d'hérédité revenant à Anne-Marie et
à Cécile-Victoire.

Théodore objectait : « Notre part, vendue comme bien
national, a été rachetée par note père avec un argent qui
me venait du parrain Canel et le fait de mon émigration
ni la suppression du droit d'aînesse n'infirment mes prétentions à la succession Léonard. »

Son frère et ses sœurs insinuaient que si on n'avait
retrouvé trace des 54.500 l. du grand-père c'est qu'elles
n'avaient jamais existé et que leur père n'avait imaginé la
légende de ce trésor que pour favoriser, au mépris des lois
de la Révolution, celui dont le seul mérite était d'être le
premier-né.

Le célèbre avocat Desèze, consulté par Théodore,
morigéna vertement les fils ingrats qui osaient reprocher à
leur auteur d'avoir souillé par une bassesse la fin d'une
carrière d'honneur. « Ne comptez-vous pour rien, leur
demandait-il, les dix-sept années pendant lesquelles
Léonard avait survécu à Canel et les besoins qu'il pouvait
avoir eus dans cet intervalle, les trois ans de sequestre
pendant lesquels il n'avait joui d'aucun revenu de ses
biens, le rachat des deux portions abandonnées par les fils
émigrés, les fortes sommes données en avance d'hoirie
aux enfants puinés, enfin les pertes faites lors du grand

dicrédit du papier-monnaie, époque où on lui fit de grands remboursements ? »

L'affaire était encore en litige quand, le 25 juin 1810, mourut Anne-Marie. Par testament du 1ᵉʳ mars de la même année, elle avait pris ses mesures pour que le moindre écheveau de lin ou d'étoupe ne revint à Théodore (1) ; mais Léonard fils aîné se consola de cette éviction en songeant que l'avoir de sa sœur ne consistait qu'en effets d'habillement enfermés dans un tiroir d'armoire du chevalier de Saint-Orens. Le 10 février 1811, sa mère, outrée du procédé, lui donna par préciput, avantage et hors part la métairie de Laprade et des réserves comprises dans ses biens paraphernaux.

Les mânes du vieux Canel devaient tressaillir d'aise en voyant que malgré l'éclat d'un retentissant procès son filleul triomphait sur toute la ligne. Le 7 janvier 1827, Cécile-Victoire, décédée sans enfants, partageait son entière succession entre ses frères Théodore et Jean. Le chevalier Jean, qu'une cruelle infirmité emprisonnait dans son hôtel de Toulouse, survivait quelques mois à peine à son aîné, et comme il n'avait pas d'enfants non plus il désignait pour héritier général et universel son neveu Charles de Léonard, fils de Théodore.

...Selon son expresse volonté, Pierre Canel fut inhumé dans le cimetière de la paroisse Saint-Seurin, du côté du levant, à 12 pieds de la haie du jardin et à pareille distance du mur de clôture. Son arrière petit-fils Charles, mort sans alliance, est allé l'y rejoindre en 1883. Leur patrimoine, vendu par lots souvent infimes, a connu le morcellement des petites propriétés ; leur nom a disparu ; des chiffonniers détaillent leurs parchemins... *Sic transit gloria mundi !*

Ernest LAFONT.

____

(1) « Voulant aujourd'hui faire mes dispositions en cas de mort, je déclare que je veux que tous mes biens présents et avenir appartiennent après mon décès à mon frère Jean-Saint-Orens Léonard et ma sœur Cécile-Victoire Léonard, épouse de M. Saint-Marc, que j'institue mes seuls héritiers égaux. Conformément au pouvoir que m'en donne la loi, je veux aussi que les mille écus qui m'ont été donnés par feu mon grand-père reviennent au décès de ma mère à M. Cyprien de Saint-Marc, mon beau-frère, pour preuve de mon attachement pour lui... »

TOPONYMIE AGENAISE

Essai SUR L'ORIGINE ET LA SIGNIFICATION DES
NOMS DE LIEU DE L'AGENAIS

AVANT-PROPOS

La Toponomastique ou, plus simplement, la Toponymie, nouvelle venue, est la *science des noms de lieu*, la connaissance de leur origine, de leur formation, de leur signification en particulier. Elle s'aide et s'inspire pour cela des sciences archéologiques, de l'Histoire, de la Géographie, de l'Ethnographie, de la Topographie, de la Linguistique, de la Philologie surtout, etc. Elle tend par surcroit à suppléer l'Histoire défaillante en soulevant un coin du voile qui recouvre nos origines et elle s'efforce à rétablir la chaîne qui les relie aux temps modernes..., qui les relie, en France particulièrement, aux Epoques Gauloise et Romaine, aux Temps dits Barbares, au Moyen-Age et à nos jours.

Elle a eu des débuts difficiles, des précurseurs et des détracteurs plus ou moins bien inspirés ; mais, au siècle dernier, il lui est advenu des disciples fervents, savants professeurs, lettrés éminents, profonds érudits, qui l'ont dépouillée de ses langes et en ont fait une science nouvelle des plus curieuses, des plus étendues, dont ils nous signalent les lois mystérieuses et les principes fondamentaux. Pour mieux classer, compléter et comprendre parfois, les brèves *notes* et *simples indications* que l'on va lire et que je reproduis presque sans ordre, comme je les ai recueillies, au hasard de mes recherches, au jour le jour, on devra consulter leurs intéressants travaux, surtout ceux de :

J. QUICHERAT, *De la formation française des anciens noms de lieu* ;

Hipp. COCHERIS, *Origine et formation des noms de lieu* ;

HOUZÉ, *Etudes sur la signification des noms de lieu en France* ;

D'ARBOIS DE JUBAINVILLE, *Origine de la Propriété fonc^re et des Noms de Lieux habités en France* ;

Auguste LONGNON, *Les noms de lieu de la France*, par P. MARICHAL et L. MIROT ;

PEIFFER, *Recherches sur l'origine et la signification des noms de lieu* ;

DU CANGE, *Glossarium infimæ et mediæ latinitatis* ;

Albert GIRY, *Manuel de Diplomatique, livre III, chap. IV* ;

De GOURGUES, *Noms anciens de lieux du département de la Dordogne* ;

G. DOTIN, *Manuel de l'Antiquité Celtique* ;

Em. BELLOC, *Noms de lieux pyrénéens (Déformation des)* ;

A. BRACHAT, *Dictionnaire étymologique de la langue française* ;

J. MEYNIER (D^r), *Les noms de lieux romans en France et à l'Etranger* ;

Th. PERRENOT, *Etablissements burgondes au pays de Montbéliard (Mém. de la Soc. d'émulation de Montbéliard, tome XXXI)*. Etc., etc.

J'aurai à faire des renvois fréquents à ces ouvrages. Je me contenterai en l'occurrence de mentionner le nom de l'auteur de celui que j'aurai choisi, avec les mots *opus citatum (op. cit.)* suivis du numéro de la page.

D'un autre côté, si, comme le dit un de ces savants toponymistes, « les noms de lieu sont des témoins plus « sûrs que les géographes et les historiens, plus perma- « nants que les stèles et les parchemins même; s'ils disent « clairement leur raison d'exister après des siècles », il faut savoir les questionner et entendre leur réponse. Ainsi me suis-je efforcé de faire ; mais ce n'est pas quelquefois facile et sans doute je n'ai pas toujours réussi. Dans tous les cas, si je me trompe parfois — espérons que ce sera rarement ! — ce sera ordinairement en bonne compagnie et l'on pourra m'excuser... D'autant plus que les moyens d'investigation, les sources d'information et les documents de contrôle nous manquent totalement en Agenais. Nous n'avons à peu près dans ce genre que quelques indications de M. G. Tholin, de MM. Samazeuilh et Faugère-Dubourg..., le Pouillé du diocèse de Jean de Valier aussi ; mais, que dis-je?... les informations de celui-ci datent de 1520 environ ! Or, dit M. J. Quicherat (p. 13) : « Après « l'an 1100, ceux qui écrivent en latin ne savent plus « rendre avec exactitude la nomenclature territoriale... Le « XIe siècle a vu tarir la source où doit puiser le philologue « qui veut avoir les noms de lieu dans leur forme primi- « tive ». Néammoins, en m'aidant du patois, de certaines publications faites dans notre Revue et en grand nombre dans les provinces voisines, des *Dictionnaires Topogra- phiques* de vingt-trois départements français, des *Cartu- laires* des plus anciennes abbayes de la région (Conques, Beaulieu, Saint-Sernin de Toulouse, Moissac, Nîmes), j'ai pu faire beaucoup de curieuses découvertes, par compa- raison, un peu comme l'on arrive à déchiffrer de vieux manuscrits usés à l'aide du contexte. Au demeurant, j'ai suivi le système préconisé par mon premier et vénéré maître en la matière, M. G. Tholin, dans ce Recueil (*sept.- occt. 1919, pp. 359 et 360*) : « La méthode sûre est celle « qui consisterait à descendre des formes primitives à la « forme actuelle, la méthode moins sûre est celle qui con- « siste à remonter de la forme actuelle aux formes primi- « tives. N'ayant pas le choix », dirai-je avec lui, « il a « bien fallu procéder d'après la seconde méthode... » « Et après tout », fait observer un autre savant archiviste

et bon toponymiste, M. le Vicomte de Gourgues, « le *latin*
« a-t-il toujours droit de priorité sur l'idiome vulgaire? Je
« crois que partout et dans tous les temps il y a eu à la
« fois deux langues parlées : la langue indigène et celle
« des maîtres du pays ou des collèges sacrés et savants.
« Ainsi beaucoup de noms actuels auraient existé à peu
« près dans leur forme présente en dehors des transfor-
« mations dues au latin, et en même temps qu'elles ».
Bien heureux, ajouterai-je, quand, mis au service d'esprits
grossiers, faux ou ignorants, durant le moyen-âge, il n'a
pas servi à les dénaturer à plaisir ou à les travestir de façon
grotesque en traduisant par exemple :

PENPEUILH ou PLENPEUILH « village sur un contrefort », par *Pendente pediculo* « à pou pendant » (*Cartulaire de Conques*) ;

MILLAU ou MILIAU, équivalant en Rouergue de nos
Meilhan et Meylan, par *Æmiliavus* « le fonds ou le domaine d'*Æmilius* » (idem) ;

CALVIOT ou CALVIAT « le domaine de Calvius? »,
par *Calida Valeria* « l'ardente Valérie (? !?) » (*Noms anciens de la Dordogne* du Vᵗᵉ de Gourgues) ;

PARRANQUET « petit *parran* (jardin avec treille) »,
par *porcellus coctus* « petit cochon cuit » (idem) ;

BOSSET (de *boscetum*) « petit bois », par *boscus sic-
cus* « bois sec » : en patois « *bos set* » (idem) ;

N.-D. DE CABALSAUT, par *B. M. de Equi-Saltu*
« N.-D. du saut de cheval » (*Pouillé du dioc. d'Agen*, de
l'abbé Durengues) ;

GARONNE, par *Garumna*, etc., etc.

I. — NOMS D'ORIGINE NATURELLE

TEMPS PRÉHISTORIQUES

Les peuples primitifs, chasseurs, pêcheurs, le plus souvent nomades, étaient surtout frappés par l'aspect de la nature, la configuration du sol. Les rivières, les montagnes, les vallées, dans leurs formes, leur contexture et leurs singularités multiples, attirèrent surtout l'attention des pionniers de l'univers, dit Hipp. Cocheris, et ils se les désignèrent d'abord à l'aide d'une nomenclature simple et rudimentaire. Ce n'est que plus tard, quand les populations devinrent sédentaires, que des termes plus précis, des qualificatifs, des déterminatifs des plus variés et en très grand nombre, furent employés dans le même but ; si bien que beaucoup de tautologies furent partout créées au cours des siècles, quand les races se substituèrent dans un même pays. M. de Rochas (*La Toponomastique*, p. 18) dit que Bourcet, dans sa carte du Dauphiné, a inscrit le *Cret du Mont du Molard de la Mothe* à l'aide de trois ou quatre noms qui ont la même signification. Dans les montagnes de l'Oisans il y a le *lac du Lau de Vittel* particulièrement intéressant à ce point de vue, et en ce que, si *lau* « étendue d'eau » rappelle la période celtique, *vittel* se rapporte à une occupation antérieure qui a laissé également des *vittels* dans les Vosges. « Nous nous trouvons reportés ainsi jusqu'aux époques fabuleuses de l'Atlantide et des civilisations prédiluviennes, s'il est vrai que la racine *ult* ou *atl* a signifié « eau » dans la langue de certains peuples anciens de l'Amérique ». M. Gay, de Tarija (Bolivie), auteur de « *La Langue des Atlantes* », affirme du reste, de son côté, que la désignation ARMA-GNAC aurait pour origine le mot *armana* qui en Atlantide signifiait « pays de bains? ».

L'AQUITAINE (Guyenne). — *L'AQUITAINE* (*L'Aquiaine, La Guienne*) nommée primitivement *Armorique* « pays situé sur le bord de la mer », fut appelée

Aquitania par les Romains, au dire Pline. *Aquitania* se compose de deux mots dont le dernier, *tan*, sur l'origine duquel les toponymistes ne sont pas d'accord, signifierait « région », « pays », et le premier viendrait du latin *aqua*, ablatif pluriel *aquis*. Précisément ce serait « le pays des eaux », par allusion aux anciens et vastes marais de Bordeaux, des bords de la Garonne et des Landes et à ses innombrables fleuves, rivières et ruisseaux.

Conf. Lusitania « pays fin de terre », *Britania* « pays des Britts ou Bretons », *Mauritania* « pays des Maures », *Gabalitanus* ou Gévaudan « pays des Gabales », etc.

Ce pays fut romanisé avec le reste de la Gaule après la conquête qu'en fit César, puis occupé au Ve siècle par les Goths que les Francs remplacèrent à la suite de la bataille de Vouillé (507). Enfin, moins d'un siècle plus tard, presque toute la partie de la contrée située entre les Pyrénées et la Garonne, fut envahie par les *Vascones*, habitant anciennement la Cantabrie. L'influence de ce peuple sur la population et *la langue* de la région auquel ils ont donné leur nom — notre Gascogne — est encore des plus visible (*Longnon*, p. 21) (1).

I. — NOS COURS D'EAU

LA GARONNE. — Emile Belloc, dans *Déformations des Noms de Lieu Pyrénéens*, p. 57, est absolument péremptoire au sujet de la signification du nom de ce fleuve.

« GARONNE, affirme-t-il, n'est pas un nom propre. C'est au contraire un nom générique au même titre que les autres dénominations pyrénéennes : *Adour, Gabe, Garbét, Gave, Neste, Nive* (diminutif *Nivelle*), *Noguera, Riou,*

---

(1) LES AQUITAINS et LES CÉVENNES. — « Les AQUITAINS qui, au temps de César, occupaient la région de la Gaule comprise entre la Garonne et les Pyrénées, s'étendaient antérieurement, au dire de Strabon, jusqu'aux CÉVENNES (de *cefn, keun,* « épine dorsale » ... de la Gaule) ; selon le même géographe, ils se distinguaient non seulement par leur langage, mais aussi par leur type physique, beaucoup plus rapproché du type ibère que du type gaulois, et formaient un groupe complètement distinct des autres peuples de la Gaule. » (Angⁱⁿ LONGNON, *op. cit.* p. 21)

etc., qui sont les synonymes de « fleuve, rivière, cours d'eau, ruisseau, etc. ».

Du reste on retrouve ce nom dans divers départements méridionaux, le Rhône, l'Hérault, le Var, trois fois même dans ce dernier : *Le Grand Gar, La Garonne,* et *La Garonette,* rivière, torrent côtier et petit fleuve.

M. Belloc nous fait, en outre, remarquer que sur le versant des Pyrénées catalanes, les *rios* prennent le nom *de Nogueras* comme chez nous on les appelle GAROUNES et que ces deux expression synonymes *Garoune* et *Noguera* sont en même temps l'anagramme l'une de l'autre.

Enfin, M. Belloc, pour qui la toponymie des Pyrénées n'a plus de secrets, ajoute que rien n'autorise d'écrire GARONE avec deux *n,* et encore moins de dire la « rivière de Garone », puisque GARONE est synonyme de « rivière » …Dans le peuple on dit en effet couramment : « Aller à Garone ; venir de Garone, etc. ».

LE GERS. — Le nom de cette rivière semble emprunté, ainsi qu'il arrive souvent pour les petits cours d'eau, à celui « des hauts pâturages et grandes prairies » appelés *ger, gerre, gers,* parmi lesquels elle prend sa source et déroule son premier parcours : dans les landes de Lannemezan. Les Romains lui donnaient le nom d'*Ægircius* qui reproduit assez bien la prononciation locale de GERS, mais ne rime à rien probablement.

LA BAISE et L'AVANCE. — *Vanesia* en latin, qui a fait *Baesa* et BAÏSE en français, selon les règles de la philologie gasconne, dit le *Bulletin de la Société Archéolog. du Gers,* XIIIe année, p. 164, nous vient du sanscrit *vana* et *vani* signifiant « eau » et « rivière ». Venise, le lac Vener, la Vendée, les Vandales, Vannes, auraient la même racine, d'après Ch. Toubin (*Essai d'Etymologie Historique et Géographique*) ; ainsi que notre AVANCE dont le cours est parallèle à celui de la BAÏSE et va se jeter dans la Garonne non loin de Marmande.

LE LOT. — Cette importante rivière prend sa source au mont LOZÈRE « montagne d'ardoise ou des ardoizières », reçoit à *Entraygues* « entre deux eaux, confluent » les eaux de la TRUYÈRE « les trois eaux », son principal affluent, et va se jeter « *en Garone* » à Aiguillon. Dans son premier parcours on l'appelle OLT, l'OLT. Ce n'est qu'après avoir traversé le Bassin Houiller d'Aubin et la région des « *Montagnes brûlantes* » — embrasées depuis des milliers d'années et vénérées par les Gaulois à l'égal de divinités (elles étaient consacrées à la déesse *Vrisou* ou *Briso*, assimilée à la Vesta des Romains et dont le souvenir s'est conservé dans le terrible « *feu grisou* ») — qu'elle prend le nom de LOT, par métathèse de l'*elle*. Son nom latin *Olt, is,* ou *Oltus, i,* procède de la racine sanscrite *ol, ul,* « brûler, matière inflammable en ignition » et signifie à peu près « la rivière de la terre du feu » (*t, tha, tala, tan* = « mont, terre, contrée » en sanscrit).

Une belle et pittoresque rivière de Transylvanie longeant vers sa source de vastes dépôts de soufre en partie embrasés, s'appelle aussi *Olt, Olto* ou *Oltu.* Elle traverse les Carpathes au fond de gorges sauvages et va se jeter dans le Danube à travers la Valachie sous le nom d'*Aluta* qui est le même nom dans une autre langue (*Elisée RE. CLUS, Géogr. Universelle,* t. III, p. 306).

Olot est un ancien volcan de Catalogne. Le vent « d'Olto » désigne, en patois rouergat, le vent « brûlant » du Sud (1). A Ollioules (Provence) se trouvent de nombreuses traces de volcans (*Ad. Joannes*).

Conf. Sanscrit *ulka* « flamme » ; latin *oleum* « huile », *adolere* « brûler » ; gaéliq. « *olla* » de bois ; notre mot *houille* (*Ch. TOUBIN, op. cit.*) (2).

LE DROT et ses paronymes. — Le mot gaulois *dubron,* latinisé *dubrum, dobrum,* tiré de la racine indo-

---

(1) On pourrait en déduire, plus simplement mais pas avec autant de probabilité, que le même nom fut donné au Lot par ce que lui aussi semble, au moment de sa jonction avec la Truyère, venir du sud ou du sud-est... Ceci serait d'autant plus admissible que par là on appelle *Boralde* (du latin *boreus, boréal*) deux gros affluents de cette rivière qui lui arrivent du nord-est, vers Espalion et Saint-Côme.

(2) Ce même auteur nous dit que PASCAU ou *Pasçau* est formé du sanscrit *paç* « lier, réunir » et *ha, av* « eau », d'où « réunion de rivières », par allusion au triple confluent du *Lot,* de la Garonne et de la Baïse qui se fait en ce lieu.

européenne *dour, dro* « courir », signifiait « eau courante ».
En Agenais nous lui devons par métathèse ou anagramme
L'Ourbise ou Oubrise, peut-être, mais toujours Le Drot,
Dropt ou Droth, Cadrot « tête, source du Drot », Cau-
drot « queue du Drot », enfin La Dourdèze, La Dour-
denne et La Dournègue, affluents du Drot.

Conf. La Dourbie (Aveyron), L'Orb (Hérault), La Dore
(Allier), La Doria (Italie), Le Duro (Portugal), etc.

LA DOUZE, LES DOUYNE. — « *Dou* (par corrup-
tion *Douz*) est un nom indicatif de sources », dit de Gourgues, et *Doy* d' « eau canalisée » ; joignons-y le sanscrit
dhûni ou *dhouni* « rivière », le breton *doué* « ruisseau »
et nous aurons la racine des noms que portent quantité de
nos ruisseaux : La Douze, La Midouze, La Douzelle,
Le Dounets, les deux Douyne (par métathèse de *dhouni*)
qui arrosent les campagnes de Castillonnès ; et aussi le
radical des composés Doudrac « la source du dragon »,
Roquadet (*Rocha doech*, d'après de Gourgues) « la
source du rocher » ou « la roque de la source », Douzains
(*Dozens*, d'après de Gourgues) « village de la source ».

LA SEOUNE et ses paronymes. — Beaucoup de nos
rivières, ruisseaux, sources, et même de nos lieux dits
dans le voisinage d'une source, possèdent la désinence
one ou ses variantes *on, oune, ou, onne, éoune, enne,*
venant de la racine *ona*, d'origine celtique, synonyme de
« source avec cours d'eau » au dire d'Ausone : « *Divona
Celtorum lingua fons addite divis* » (*De claris urbibus*, 14).
Tels : La Séoune de Puymirol (*sé, one,* « ruisseau jaillissant ou rapide »), La Séone ou Séoune de Casseneuil,
La Narbonne, La Midone, La Gardonne (ruisseaux tor-
rentiels des environs de Cancon), L'Autonne de Sainte-
Livrade, La Drone (*dro et one*), Le Ciron des landes
d'Houeillès, etc. ; puis Le Cluselou « ruisseau encaissé », Le Boudouyssou ou Boulouyssou et La Bracue-
lonne « ruisseaux des bouleaux » dans deux langues différentes, L'Auzone de Mézin et Le Laussou de Monflanquin « ruisseaux des aulnes », Le Brayssou de Villeréal
et La Briane ou Brione de La Caussade « ruisseaux des
terres humides », etc. ; auxquels il faudrait ajouter la

tautologique DOURDENNE « ruisseau ruisseau » et peut-être même LA GARONNE « cours d'eau torrentiel?... »

LA TORGUE et LE TREC. — D'après d'Arbois et G. Dottin (*op. cit.*) ces deux ruisseaux auraient un nom d'origine ibérique ou ligure dont la signification est inconnue ; cependant le philologue y retrouve, semble-t-il, l'élément *dor* qui a présidé à la formation du Drot, de la Dordogne, etc.

LES TOLZAC et LA MASSE. — Les deux TOLZAC, ruisseaux *collecteurs* de toutes les sources et ruisselets sur les confins des arrondissements de Marmande et de Villeneuve, paraissent avoir tiré leur nom des mots primitifs *tolz* « masse » et *av* « eau en marche ». On disait TOLZACQ, au moyen-âge : la désinence ayant pris la forme latine *aqua* sans changer de sens. (1).

LA MASSE d'Agen, LA MASSE de Bias, LA MASSE de Prayssas et autres, dont le nom est français, doivent avoir la même signification, ou celle de « ruisseau collecteur ».

LA LÈDE et LE LÉDAT. — Le mot *lède* employé de toute antiquité pour désigner « l'entre-deux des dunes du littoral » a été officiellement adopté et consacré par le *Congrès de Géographie de Bordeaux* en 1885. C'est le nom de la rivière qui coule dans l'étroite vallée et dans la gorge si pittoresque de Gavaudun, contourne Monflanquin, arrose LE LÉDAT (ancien *Prioratus Ledatus* « prieuré sur Lède ») et va se jeter dans le Lot à Casseneuil.

LA GUPIE. — La *cupa* est, en bas latin, une « dépression de terrain de forme arrondie » (Dr MEYNIER, *op. cit.*). Développée à l'aide du suffixe possessif *ia*, elle a donné *cupia*, *gupia*, d'où LA GUPIA, aujourd'hui LA GUPIE (c = g). La rivière qui y passe e na pris le nom, sans doute.

L'ALLEMANSE et LE SALAMBER. — La rivière ALLEMANSE a pris son nom d'une colonie d'Allemans qui fut jetée sur ses bords durant l'occupation romaine ou

---

(1) TOLZAC : *tol* « masse, mont, haute colline », *acq* « eau » ; c'est-à-dire « l'eau, la rivière qui vient du pays des hautes collines ». *Conf.* Toulouse (vielle), Toul (Meurthe), Toulx (Creuse), etc.

pendant les invasions germaniques. Il ne peut y avoir aucun doute à cet égard ; sur les cartes anciennes et encore sur celle d'Ad. Joanne elle est désignée et inscrite : ALLEMANSE *Rivière*.

Deux ruisseaux qui coulent, l'un de Lacépède à Laffite dans le Lot, l'autre sous le village *des Allemans* (près Cancon) jusque dans Le Tolzac, portent le nom visiblement germanique de SALAMBER ou SALAMBRE. A Cancon cette particularité s'explique par le voisinage d'une colonie de Goths ou d'Allemans établie en ce lieu du IVe au VIe siècle ; d'autant plus que le même fait s'étant produit à Saint-Germain-du-SALAMBRE, en Périgord, le ruisseau qui traverse cette localité porte également ce nom. En Grèce, le Pénée des anciens qui arrosait la délicieuse vallée de Tempé, chantée par les plus grands poètes de l'Antiquité, s'appelle aujourd'hui SALEMBRIA, depuis les invasions des Vandales, Ostrogoths, et autres germains. (1).

II. — RELIEF ET NATURE DU SOL

LES PYRÉNÉES. — M. de Rochas (*op. cit.*, p. 16) a remarqué que c'est dans les Alpes, sur *deux monts* appelés Pyréné, que prenaient leur source : l'Eridanus ou Pô, d'après Denis le periégète, ainsi que la Drave ou Haut-Ister, d'après Hérodote et Aristote. Le premier de ces monts s'appelle aujourd'hui Le Viso, mais le second a conservé le nom de Prenner ou Brenner. Pour lui, Alpes et Pyrénées sont synonymes et signifient « hautes montagnes, pâturages élevés et étendus ».

Pour A. Castaing (*Ethnographie de l'Aquitaine Première*, p. 303), le mot PYRÉNÉES veut dire « hautes montagnes, les plus hautes montagnes ».

Emile Belloc est entièrement du même avis.

Le pech de BÈRE, BIRON. — Adolphe Joanne dit que dans l'Ariège on nomme *piren* ou *biren* les « hauts pâturages ». Dans la vallée de Baros et dans d'autres cantons

---

(1) Pour la signification du mot *Salamber* ou *Salambert* voir l'article MONBAHUS ci-après.

du Couseran, *les crêtes et les pâturages tout à la fois*, se nomment *biren*, ajoute A. Castaing (*op. cit*, p. 303). Enfin, selon Romey et de Rochas, *bar, ber, bir* ou *pir*, en vieux gaëlique, signifiait « crête, sommet, pointe culminante... » Telle est, en effet, la signification de BIRON situé sur le point le plus élevé aux confins de l'Agenais et du Périgord et aussi celle du pech de BÈRE (une tautologie) au confluent du Lot et de la Garonne, culminant au-dessus de Nicole.

Le pech de CAND, CANDES, CONDAT, etc. — Le pech de *Bère* que je viens de citer s'appelait aussi pech de CAND ou *Cangio*. Le celtique *cand* ou *cant* « coin, angle », en gaulois *kon* et *cond*, dérivés du sanscrit *kan, kand* « angle, coin, pointe, blanc, brillant », est la racine de Condé (Nord), de CONDAT-sur-Lot, de CANDES-sur-Garonne, sous Auvillars ; il est aussi le déterminatif du Cantal, du Canigou, voire de CANTECORT, de CANCON (sur lequel je reviendrai) et d'une foule d'autres localités de France situées généralement sur une éminence, une hauteur parfois considérable, mais toujours au confluent de plusieurs cours d'eau ou encore à la rencontre de deux vallées *sur les crêtes*.

PENNE, PEYRAGUDE. — En vieux celtique *pen, penn*, signifiait « tête, faîte ». C'était le nom que les Gaulois donnaient à tout mont acuminé, aux hautes collines terminées par une pointe rocheuse, surtout, et isolées plus ou moins (*pena* dit « roche » en catalan). Telle est l'étymologie de PENNE, ville et ancien château très forts, situés au confluent du Lot et du Boudouyssou. Le rocher qui les surmonte porte le nom de PEYRAGUDE, en latin *petra acuta* « pierre aiguë, pointue ».·

LA PENELLE. — LA PENELLE, avec l'article, est un diminutif de *pen* qui désigne un domaine situé sur une forte éminence en pointe, près Cancon.

LA PLUME. — Ce vocable est une fausse interprétation du bas latin *pinna*, traduisant *penn*, premier nom de cette localité, pris, par un scribe ignorant, pour le latin *pinna* signifiant « plume » en effet, mais aussi « faîte ».

LE PENNAUT est un point culminant des environs de Cancon que l'on doit traduire par PEN-HAUT « mont élevé ».

PUY, PUCH, POUY, PECH, etc. — Les hautes collines qui tiennent à une chaîne de coteaux ou en sont tout à fait séparées et finissent brusquement au-dessus d'une plaine ou d'un vallon, étaient appelées aussi, comme aujourd'hui encore quelquefois, *puy, pouy, puch, pouch, peuch, puech, pech, pé, pic* ou *py,* etc., selon la contrée, — ou par leurs diminutifs *pouchou, pouvet, pézet, picou,* etc. — Mais ces expressions sont relativement plus récentes ; elles ne sont pas celtiques comme l'ont cru de Gourgues et autres ; elles ont pour point de départ le latin *podium* « élévation du sol » prononcé *poudj* (*o = ou, i = j*)... *Pech et* pé sont le résultat, semble-t-il, d'une réaction gauloise tendant à revenir à *pen* : de là l'erreur de de Gourgues.

TUC, TOUQUET, CUQ, etc. — *Puch* prononcé durement et par le changement de la première consonne, dit de Gourges (*op. cit.,* p. 57), nous a donné TUC, *tuq, cuc* ou CUQ, et leurs diminutifs *tuquet,* TOUQUET, *cuguet,* COGUT, COCULOT (par *couc*), etc.. La carte de l'Agenais offre de bien singuliers exemples de ces diverses dénominations employées seules ou en compositions tautologiques pour désigner des localités parfois importantes situées sur des hauteurs.

MONCUC et CUMONT, sont des tautologies composées de *cuc* et du latin *mons, montis,* qui a la même signification.

COCUMONT et CUGURMONT aussi, composés du bas latin *cogolus* « monceau », transformé en *cogulus* « petite colline », et du latin *mons.* C'est en vain qu'on a voulu faire dériver *cuc* et *cogulus* du qualificatif latin *acutus* « pointu » puisque nous avons aussi bien MONTAIGU dont le primitif est *Mons acutus* et qu'*acutus* nous a donné régulièrement le français « aigu ». Dans CUGURMONT l'*r* vient de l'*elle* par rhotacisme.

Voyez dans DU CANGE, les mots bas latin *cogolus, cucho* « amas, monceau », *cochia* « sommet », etc.

MONT, MONS, MON. — Le latin *mons, montis*, le français *mont*, la forme romane *mon*, très usitée, désigne en Agenais une « forte colline ordinairement escarpée » ; son augmentatif latin *montania* « montagne » n'y est pas employé, ni ses diminutifs. Par extension, Mons désignait souvent, aux temps mérovingiens et carolingiens, un établissement plus ou moins barbare et était synonyme de *villa*, de *court*, de château ou de fort, comme *La Roque* ci-après. Je reviendrai en temps et lieu sur l'un et l'autre, pris dans ce sens.

LA ROQUE et ROQUEPIQUET. — Le latin *rupes* signifiait « roche, rocher ». Son diminutif *rupicus, ropica* nous aurait donné, par contraction, le bas latin *rocca*, en roman *roca, rocha, rogua*. Cependant, dit le Dr Meynier, le même mot se trouve dans le celtique : bas breton *roc'h*, gaëlique *roc*, kymri *rwg*, anglais *rock*, et l'on pourrait en inférer que c'est du celtique qu'il est passé dans les langues romanes. Par extension, *roca*, La Roque, a signifié « tour, château » et La Roquette « petit château, petit fief ». C'est d'un diminutif roman barbare, *rocopica*, que nous vient Roquepiquet, près Verteuil.

CAYRE. — Ce nom procède du celtique *cair* qui a été traduit en latin par l'adjectif *quadrarius, a, um*, « taillé à angles droits, équarri ». Devenu le substantif roman *caire*, prononcé en patois *caïré* au masculin, et *caïro* au féminin, il a été très employé en toponymie méridionale. Il y sert à désigner une « butte de forme pyramidale », certaines « collines anguleuses », auquel cas il est du féminin : La Cayre, près Cancon, est un monticule dans lequel on a découvert des traces de cendriers, des débris d'ossements et de poteries antiques. Par extension, il désigne un « château fort » et alors il est ordinairement du masculin : *Belcayre* ou *Beaucaire*, etc.

Le diminutif de Cayre se dit Cayrou en Guyenne et Languedoc, *Chayrou* en Limousin ; il s'applique aux buttes artificielles funéraires, aux tombelles. L'expression Le Cayrol désigne un « village sur une *cayre* ».

Enfin, le françaits « carrière », La Carrière, nous vient de *quadraria*.

PEYRE, *ses composés et dérivés*. — Le roman *peyre*, venant du latin *petra*, signifie « pierre ». Il se trouve seul, en composition, ou comme radical, dans des noms fort différents de forme et d'origine. En Agenais il sert à désigner tout particulièrement *l'emplacement* des monuments dits mégalithiques ou druidiques, dont la disparition devant la culture est aujourd'hui à peu près complète : La Peyre, La Gran-Peyre, Peyrelévade, Peyrelède, Peyre Soule, Pierrehitte ou *Pierrefiche*, Peyresmortes, Les Neuf Peyres, Peyrelongue, Peyre-Sourde, Peyrelate en latin *Petra lata* « pierre large » ;

Quelques antiques chaussées empierrées, gauloises ou romaines : Le Peyrat (*Peyras, tis*, « lieu où abondent les pierres), La Peyrade (*peyras, tis* « *idem* »), Le Peyré, La Peyrigue, Le Perrier (*petrarium*), etc. J'y reviendrai

.Certains villages en terrain pierreux : Les Pierres, Les Peyrets (*petretum, i*, « plein de pierres »), Les Peyroux (*petrosus, i*, « idem »).

Une carrière de pierres ou de moellons : La Peyrière (*petraria*).

LE GRAVIER, LA GRAVETTE. — La nature du sol, ou mieux sa composition, ont aussi contribué à enrichir la toponymie agenaise : Le « gravier », du primitif *grav* ou *graou*, « sable », dans La Grave, Le Gravier, La Gravette, La Gravière, etc.

LA GRÈZE. — Le « grès » (du bas latin *gresum, gressius*) dans Le Grès, La Grèze, et leurs diminutifs Grézillou, Grézet-*Cavagnan* (*gresetum, i*).

ARGELLOS. — L' « argile » (latin *argilla*, grec *argilos)* dans Argellos *et* Argilous.

MARGUERON, MARGASTAU. — La « marne » (du gaulois *marga*, employé par Pline) dans la composition des noms de deux de nos paroisses : Margueron et Margastau.

LA MOULIÈRE. — Les « pierres meulières » (latin *mola*, dérivé *moleria*) dans La Moulière et Les Moulières.

LANNES, LA LANNE. — Les « terres incultes », longtemps sans valeur agricole, sablonneuses, dans LA LANNE, LANNES, etc. (du celtique *lann*). « La traduction de *lanna* par *land*, a fait croire à une origine germanique : *land*, « champ, contrée », sur laquelle j'aurai à revenir plus tard.

LA CALM, LA CHAUME. — Les « terres stériles couvertes de graminées sauvages » (du primitif *calm*, *calmis*, « champ stérile » ; dérivés *chalp*, *chanp*, *champ*), dans LA CALM, LA CHAUME.

LA BOULBÈNE, SÉGALAS. — Les « terres argilo-sablonneuses », « terres à seigle », dans LA BOULBÈNE et dans SÉGALAS, composé du latin *secale* « seigle » et du suffixe possessif d'origine gauloise ou grecque *as*, *atis*.

LE CAUSSE, CAUSSES. — Les « terres trop calcaires », radical latin *calx*, en patois *cals* ou *caous* « chaux », dans LE CAUSSE, CAUSSES.

II. — NOMS D'ORIGINES NATURELLE ET SOCIALE

TEMPS PRÉHISTORIQUES ET EPOQUE GALLO-ROMAINE

I. — LES IBÈRES

Le savant abbé Audierne a établi, par des observations fort judicieuses, dans son remarquable ouvrage l'*Age de la Pierre en Périgord*, qu'aux premiers temps de cette période très reculée de notre préhistoire, le Sarladais et toute notre région furent peu à peu occupés par des peuplades venues du Midi, de proche en proche. Malgré la rareté des cavernes et des abris sous roches, — leurs asiles d'alors (en plus de quelque souterrains-refuges peut être), — les abondants gisements d'excellent silex qu'ils rencontrèrent sur certains de nos hauts sommets durent retenir une partie de ces nouveaux venus, autour de Caubel, de Cailladelle et de Soulaudre entr'autres. Et, en effet, près de Gondon, un autre abbé, M. Landesque, a découvert, il y a de cela une cinquantaine d'années, le plus ancien atelier que nous ayons en Agenais de cette pierre taillée dont ils faisaient leurs meilleures armes et la plupart de leurs outils (*Congrès Archéologique de France, AGEN, 1875*, p. 27).

A l'opposé de tous nos autres envahisseurs, anciens et modernes, ces peuplades arrivaient du côté de l'Espagne, c'est-à-dire de l'Ibérie. En considération de cette particularité on les a nommées *ibériques*, mais elles étaient de race chamique et venaient de bien plus loin... C'est encore à peu près tout ce que l'on sait d'elles, sauf qu'elles nous ont laissé quelques expressions géographiques que *l'on croit* retrouver dans l'espagnol, dans le patois gascon et dans la langue basque. Telles sont : *mendi* « hauteur, montagne » ; *serra* « série de montagnes ou de collines réunies « ; *artig* « défrichement ou essart » ; *garric* « chêne » ; *bastou* « forêt » ; *calm* « plateau stérile » ; *rec, arrec* « ruisseau » ; *sagne, saigne* « terrain marécageux » ; *alisos* « aulne » ; *pen* (?) « sommet, faîte ».

Autour de Cancon on relève le nom de plusieurs localités habitées ou simples lieux dits qui en ont retenus quelques-unes :

MENDIGUE près Cancon, MENDY près Saint-Eutrope, villages sur « hauteur » ;

BOSC DE BASTOU, tautologie qui désigne de grands bois, une ancienne forêt, sillonnée par LE RÈGE (*rec*), un petit ruisseau encaissé qui se jette dans Le Cluzélou ;

LA SERRE, deux villages situés l'un et l'autre sur ou à côté d'une série de collines, etc...

Dans le reste de l'Agenais il doit y en avoir bien d'autres qui seraient à rechercher sur les cadastres et à noter pour une toponymie plus complète et pour l'Histoire même de notre province. En voici plusieurs :

MENDOSSE. — MENDOSSE (mend pour *mendi* « mont », osse pour *otza* « froid » en basque) d'où Mendousse (Basses-Pyrénées), Mendoza en Espagne (*Mendioza* au Moyen-Age). Voyez *Origine des Noms Propres*, par Bourdonné, et *A. Longnon* (*op. cit.*, p. 332) ;

LASSAGNES, ARTIGUES et GARRIGUES ou
LA GARRIGUE si répandus partout ;

LA GÉLISE. — A ce propos — d'après le savant
Hésychius, cité par M. l'abbé Espagnolle, dans l'*Origine
des Aquitains*, p. p. 3 et 100, — *gélos* signifiant en vieux
grec « un endroit boisé près d'une rivière », il est possible
d'en inférer, inversement, que LA GÉLISE, dont le nom
est sensiblement le même, était dans le principe, sinon
encore, « une rivière qui coulait dans une contrée particulièrement boisée » ;... à mons que son radical ne soit le
latin *gelus, i* « glace » ;

L'OSSE ou LOSSE. — ...Alors, comme L'OSSE,
« une misérable petite rivière » qui se jette dans son sein
sous la Tour de HORDOSSE « le fort de l'Osse », elle
signifierait « la froide » (du basque *otza* ou *ossa* celle-ci)
ou à peu près.

II. — LES LIGURES

Les Ligures ou Ligyes, vinrent chez nous après ou en
même temps que les Ibères, débordant des mers du Nord
jusqu'en Italie, avant les Celtes puisqu'ils peuplaient depuis toujours le sud-est de la Gaule lors de la conquête de
Jules César. Certains croient qu'ils nous ont laissé bon
nombre d'expressions géographiques. MM. d'Arbois de
Jubainville et Camille Jullian, qui les ont particulièrement
étudiées, sont très réservés à cet égard. Il est possible que
beaucoup de vocables que l'on ne peut expliquer par les
langues celtiques et latines ou grecques leur appartiennent,
comme les noms terminés en *asque* ou *osque*, par exemple ; « mais on ne peut le démontrer, dit le savant M. G.
« Dottin (*op. cit.*, p. 108, *en note*), puisque le ligure n'a
« pas, comme le vieux celtique, donné naissance à des lan-
« gues que l'on puisse étudier ».

Dans tous les cas l'hypothétique *ligure*, le celte, le latin et le grec avaient tous les quatre le *sanscrit* pour origine,
incontestablement ; il serait au moins étrange que notre nomenclature géographique dérivât précisément de celle de
ces langues que nous ne connaissons pas du tout, ou à peu
près quoi qu'on en dise.

III. — PREMIER ASPECT DE LA CONTRÉE
LES FORÊTS

« Quand, par la vallée du Drot, on descend de Montpazier vers Villeréal et l'Agenais, a écrit M. de Gourgues (*op. cit.*, p. 60), on est frappé du contraste que présentent les deux pays : d'un côté, *les rampes adoucies mais molles de l'Agenais* ; de l'autre, la ligne grandiose mais sévère des hauts plateaux du Périgord, jadis en forêt, où les bastides de Montpazier et de Beaumont ne furent édifiées qu'au XIIIᵉ siècle ».

Dans les temps préhistoriques, *ces molles collines*, les innombrables vallées ou vallons, les grandes plaines qui les séparaient, spongieuses par nature appartenant aux terrains tertiaires, étaient, aussi bien à droite qu'à gauche de la Garonne, marécageuses dans le bas, trop sèches en haut, et couvertes de profondes forêts enchevêtrées de halliers épineux, entrecoupées de clairières elles-mêmes obstruées de genêts, de bruyères, d'ajoncs, de genevriers parfois : elles se terminaient sur la rive gauche par de vastes landes sablonneuses, jusque dans le sud-ouest. A l'époque celtibérienne, semble-t-il, sous l'influence des Phéniciens, des Grecs et autres peuples commerçants et colonisateurs qui s'aventuraient très haut dans tous les recoins du pays, les indigènes y apportèrent sans doute un peu d'ordre ; mais ce sont les Romains et les Gallo-Romains qui mirent vraiment la région en culture régulière et suivie, — aux meilleurs endroits cependant, car les grandes forêts continuèrent d'y végéter encore, pour les besoins des *villæ* et des manses qui s'y répandirent de tous côtés, autour et en dehors des agglomérations urbaines.

Ce premier aspect de notre contrée nous est dévoilé par les historiens de l'Antiquité, par l'état actuel du pays jusqu'à un certain point ; par la nature si variable de son sol, bon, médiocre ou mauvais selon le mélange plus ou moins heureux des trois éléments qui le constituent (calcaire, sable et argile) ; par des groupes plus ou moins compacts ou dispersés de noms de lieux habités remontant le plus souvent aux périodes celtiques ou romaines ; enfin par les racines de beaucoup de ces noms — et de quantité d'autres, simples lieux-dits — manifestement celtiques ou latines, se rapportant à la forêt et à ses congénères.

Les principales de ces racines, *cail, caill* et ses variantes (Hipp. COCHERIS), *gau, gal, gault* (BOREL, d'où une gaule « bâton »), *guil, guille, aguille, aguia* (de GOURGUES), *gaja, gayum* (DU GANGE), ayant la même signification que les mots latins *sylva* et *saltus* « forêt », ont été reprises et remarquablement étudiées par de Gourgues (*op. cit*, pages 30 à 56). En Agenais elles ont trouvé leur application dans :

CAILLAS, SAINTE-FOY et SAINT-MARTIN-DES-CAILLES « des bois », LE CAILLA, CAILLATE, CAILLERET, LE CAILLODIER près Villeréal, CAILLAVET, CAILLADELLE, GALLEBESSE, GALOTS, GALOPE, LES GALOPS, GAUX, GAJO, GAGE, GAGET, GAJOUFET, AGUILLE près Les Pailloles, LA GUILLE, LE GUILLA, CAMPGUILHEM (?) et GRAND-GUILHEM (?) plusieurs fois répétés dans les grands bois vers Monbahus, Castillonnès et Biron, FONGUILLÈRE, PECHGUILLOU, GUILLOUNET, GUILLEMOLLE, enfin ANDEGUILS, BONAGUIL, PUYFORTAIGUILLE.

ANDEGUILS ou ANDEGUILH, — dans la forêt de Verteuil, signifierait « grande forêt », *and*, en celtique, étant une particule *augmentative* d'après d'Arbois, *intensive* d'après G. Dottin.

BONAGUIL (*Bonegails* ou *Bonaguilh* au XIIIᵉ siècle), — Diverses interprétations de ce nom célèbre parmi nous, sont possibles :

Bona est l'habillement latin du celtique *bon*, annonçant une « station, un poste frontière », ou simplement « une borne frontière », avec ou sans logis (*Meta, limes, terminus*, dit Du Cange) ; variante : *boyna* et *bosina*, qui nous ont donnés BOUYNE, et BOUYNET ou BOYNET ; diminutif : *bonellus*, d'où nos BOUNEL et BONNET.

Conf. Bonn (Bavière Rhénane), Bonne (Haute-Savoie), Bonnet (Meuse), etc.

En grec *bounos*, signifiait « colline, lieu élevé ».

Avec *guilh* ou *guil* il forme un composé, BONAGUIL, qui semble devoir désigner un « poste frontière en forêt ». Garde-Galan, en Périgord, était un poste de garde en forêt, d'après de Gourgues ; Guillemard, en Rouergue, était et est encore une grande forêt.

Cependant, le latin *acus* ou *acutus* « aigu » a fait *agulha* en roman, « aiguille » en français, et le deuxième terme de BONAGUIL pourrait n'être qu'un déterminatif qui donnerait à l'ensemble la signification de « poste frontière situé sur un sommet aigu ». Oui, mais ce remarquable et pittoresque château, qui commendait un défilé aux limites de notre province, est assis sur un promontoire assez facilement accessible d'un côté et rien moins qu'aigu.

Enfin, me dira-t-on encore, *guil* est peut-être le résidu de *Willo*, abrégé familier d'un nom propre tudesque tels que Willibadus (Guillebaud) ou Willibertus (Guillebert), qui aurait été joint à *Bona,* existant déjà, lors de sa prise de possession par un chef barbare de ce nom, pendant les invasions — comme il est advenu de tant d'autres dont j'aurai à parler... Ceci est encore possible ; mais, dans ce cas, peut-être aurions-nous eu *Bonaguilhem* — comme il y a Puyguilhem en Dordogne, Montguilhem dans le Gers ou Montgaillard en Maine-et-Loire — au lieu de BONAGUIL tout court qui a ma préférence en tant que « poste frontière en forêt » et s'accorde mieux avec PECHGUILLOU, un pech dans les bois près Cavarc et avec l'étrange dénomination suivante.

LE PUYFORTAIGUILLE (*Le Puyfortéguille,* en 1556). Au moyen-âge, LE PUYFORTAIGUILLE a été traduit en latin par *Podium fortis acus. Podium fortis* « puyfort », comme Montfort, Roquefort, etc., est rationnel ; mais que vient faire ici *acus* puisque l'assiette de cette localité, escarpée certes, n'a rien de particulièrement aiguë. Je crois plutôt à PUYFORT EN GUILLE, c'est-à-dire « en forêt » ; d'autant plus que dans ces parages s'étendait autrefois, dit M. de Bourrousse de Laffore (*Revue de l'Agenais,* 1879, p. 151), « la forêt noble d'ANGUILH « grande forêt » transformée aujourd'hui en partie en un vaste et magnifique vignoble par M. Roch Barsalou ». *Aguila* et *Agui-*

lares, sont le nom de deux quartiers forestiers près Cau-
terets.

LE SAUMONT, SAUMAGNE, SAUMÉJAN. —
En haute latinite (Cicéron, Virgile) *silva* ou *sylva* est
« une forêt », « un grand bois » ; *saltus*, traduit en vieux
français par *salt, sault*, et en patois par *saou*, est aussi
plus particulièrement « un grand bois », « une forêt »,
dans César, Virgile, Plaute, etc. ; c'est « une propriété
rurale » pour Cicéron ; « une clairière », « un pâturage »
dans Virgile encore et Varron ; enfin « un défilé étroit en
forêt », « un pas de montagne », pour César et Tite-Live.

Saltus semble nous avoir donné en composition avec
mons, montis « mont », LE SAUMONT, *de Saltumonte*,
« passage en montagne boisée » ou « mont en forêt » ; et
SAUMAGNE, *saltusmajus* ou « la plus grande forêt » ; SAU-
MÉJAN, *saltusmeianus* ou « le bois moyen », en basse latinité, etc.

CABALSAUT. — *Saltus* entre aussi dans la composition de CABALSAUT : « partie supérieure de la forêt »
peut-être.

IV. — LES VOIES DE COMMUNICATION

Les premières voies de communication furent les
fleuves et les rivières dont les hommes de la préhistoire
remontaient le cours en barque, ou autrement, beaucoup
plus haut qu'il ne semblerait aujourd'hui possible de le
faire. Sur le Lot, les Grecs avaient établi un *emporion*
(en latin *emporium* « entrepôt et marché ») à son confluent
avec La Diège (L'Adige?) en un lieu dit encore St-Julien
d'*Empare* (*Emporo*, en patois du pays) dans le voisinage
de la région des « *montagnes brûlantes* », attirés par là,
sans doute, par le grand concours des fidèles païens autour
des feux sacrés.

Plus tard et pendant bien longtemps encore, des
pistes perdues dans la forêt, communes à l'homme et aux
fauves, avec refuges de loin en loin et stations ou relais de
distance en distance, leur livrèrent passage, en attendant
les grandes et magnifiques routes que les Romains vain-

queurs et colonisateurs y établirent. Celles-ci étaient presque aussi larges que les nôtres, dallées ou simplement empierrées, avec trottoirs (*crepidines*) pour les piétons, à l'usage surtout des légions et aussi des trafiquants et des voyageurs.

Le pays des Nitiobroges, situé à un carrefour très fréquenté, entre la Méditerranée et l'Océan, le nord de la Gaule et l'Ibérie, en fut sillonné. Quelques-unes, minutieusement étudiées par M. l'abbé Dubos, longeaient la Garonne sur plusieurs parcours nécessités par l'instabilite du cours de ce fleuve.

EYSSES. — Une des principales allait d'Agen à Périgueux (alors *Vesunna*) et se continuait vers le nord par Argenton. Elle *coupait* le Lot à EYSSES, à gué ou plutôt sur un de ces ponts rudimentaires alors très usités, composés de deux ou plusieurs piles en enrochement ou en maçonnerie sur lesquelles on jetait un tablier fait de gros troncs d'arbres que fournissaient en abondance les chênes plus que séculaires des forêts d'alors. De là le nom latin d'*Excisus* ou *Excisum* attribué à la *mansio* ou « station » devenue bientôt une ville qui y fut créée : *ad excisum fluvium* « à la coupure de la rivière », (*excisus fluvius* « rivière coupée »*) d'où EYSSES en roman. Elle passait à CALCAT (*Calcatus*), à Cailladelle où on en voit encore d'assez beaux restes, à ROUMAGNE (*Romania*), à CÉSAR, à Montaud, d'où, après avoir franchi la frontière, elle allait *traverser* la Dordogne à *Trajectus* (1) : *ad trajectum fluvium.*

---

(1) A propos de celle-ci, M. de Gourgues (p. 12, *op. cit.*) écrivant en 1864, observe : « La ligne de fer qui se construit sous le nom de Grand-Central est appelée à remplacer cette voie ; mais il y aura cette différence pour le pays, que les ingénieurs gallo-romains avaient pris leur direction au sortir de Vésone par *Trajectus* et *Excisum*, et que les ingénieurs français *ont préféré* aux belles plaines de Bergerac et de Villeneuve, riches et peuplées, un *parcours dans les bois et les landes*, ce que Bergerac et Villeneuve étaient peut-être avant le *Cami Ferrat*, aux temps préhistoriques. »

On n'ignore plus que c'est par l'influence et grâce à la toute puissance du frère utérin de Napoléon III, le duc de Morny, — acquéreur à un prix modique de l'usine de Fumel en décadence, — secondé par *d'autres* habiles intéressés du pays même, que ce parcours absurde fut choisi et imposé..., au grand dam de Bergerac et de Villeneuve, mais pas des *autres* !

LA TÉNARÈZE. — Une autre, la plus ancienne peut-être, dite « route de César » (*iter Cæsarensis*, dont il fut fait TÉNARÈZE en passant par *Tercesarens*, *Tessarens* et *Ténarès*) venait d'Ibérie par Sos, où elle a été particulièrement déterminée et étudiée, se rendait à Aiguillon, y perdait son nom et se confondait d'abord avec une voie suivant le Lot jusqu'à Eysses, puis avec celle d'Eysses à Cahors (alors *Divona*) et à Clermont, dite voie CLERMON-TÈZE, jusqu'à Monsempron. De là, elle se dirigeait à travers la vallée de L'Allemanse — en plusieurs points de laquelle M. Ludomir Combes et, tout dernièrement, M. L. Coulonges, ont fait de si remarquables découvertes préhis toriques, — vers Les EYSIES où elle *coupait* La Vézère et La Beune pour aller plus loin encore.

LES EYSSIES. — LES EYSIES, *de excisis fluviis*, c'est le pluriel d'EYSSES. Cete localité — une capitale peut-être aux âges préhistoriques, — est située un peu en amont du confluent de La Vézère et de la Beune, et il y a eu là, de toute antiquité, deux gués, un sur chacune des deux rivières qui s'y rejoignent, où passait, dit de Gourgues, une route gauloise très ancienne.

LA PEYRIGNE. — Je dois signaler encore LA PEYRI-GNE, en basse latinité *Petrinia*, signifiant littéralement « lieu où il y a beaucoup de pierres », qui allait à *Lugdunum Convenarum* (auj. Saint-Bertrand de-Comminges) à travers le sud-est de l'Agenais.

UN RACCOURCI (*compendium*) de CAHORS à BORDEAUX. — Et aussi une vieillle route gauloise, simple piste d'abord semble-t-il, qui laissait *La Clermontèze* à Monsempron, allait à LA CAUSSADE (*via calciaía*), sous Monflanquin, suivait Le Cluzélou, coupait la route de Vésone vers Laubère (*ad bera*), montait à Périlhac (*Primuliacum*), à la La Serre et se continuait par Saint-Maurice-d'Aurignac, Lauzun, Duras, Targon et Créon sans doute, jusqu'à BORDEAUX, appelé alors *Burdigala* en latin, ou *Bordi cala* en gaëlique... ce qui veut dire : « Réunion d'abris grossiers en planches (cabanes ou entrepôts) où il y avait un port ». Nous dirions aujourd'hui : « La ville du port ».

Voyez pour *bord*, *bordes*, COCHERIS, p. 120, et ESPA-GNOLLE (*Orig. des Aquitains*, p. 80) ; et pour *cala* : cale, calanque, Calais, *Cale* ou *Portus-Cale* (aujourd'hui Porto) d'où vient le nom de Portugal, *Portucalia*, etc.

En Agenais, le souvenir des routes gauloises et des voies romaines, aujourd'hui à peu près disparues, — souvent sous l'effort des riverains quand ils les virent servir de passage aux invasions au lieu de leur apporter le bien-être et la fortune, — nous a été conservé par la tradition et les minutes des anciens notaires où elles servent souvent de confrontation et figurent sous les noms les plus divers : *Cami ferrat* ou *herrat*, *La Ferrande*, *La Caussade*, *lo Calcat*, *lo Peyré*, *lo Peyrat*, *lo Peyral*, *La Peyrade*, *l'Estrade* (« strata »), *La Carrérasse*, *Cami de César*, *de Na (dona) Bruniquel*, *Cami Romieu* ou *Romiou*, etc., selon la région.

ROMESTAING. — Une seule de nos localités, avec LE MAS-d'Agenais sans doute (*mansio*), paraît avoir retenu le nom des nombreuses *mansiones* ou *stationes* qui jalonnaient ces routes, c'est ROMESTAING, dans le canton de Bouglon, dont le nom latin était *Romana Statio* « Station Romaine ». Les autres avaient reçu ou reçurent par la suite des dénominations particulières, comme Eysses, ou même ont disparues.

(*A suivre.*)   LUCIEN MASSIP.

La Compagnie des Pénitents Blancs de Cocumont

(LOT-ET-GARONNE)

AUX XVII⁰ ET XVIII⁰ SIÈCLES

(Suite)

Chapelle des Pénitents Blancs

L'ancienne église paroissiale de Cocumont, située sur un coin de la commune, loin de tout centre d'agglomération, ainsi que l'église de Briolet, son annexe, ne permettaient pas facilement la pratique des devoirs religieux.

L'édification d'une chapelle, au bourg, non loin de la halle, centre de la vie locale, sur la grande route de la Garonne aux Landes, devint nécessaire au moment de l'organisation de la Compagnie des Pénitents Blancs. Aucun document ne permet de fixer exactement la date de sa construction. Quoique entièrement démolie depuis plus d'un demi-siècle, il est cependant possible de donner sur ses dimensions et dispositions des détails précis. Les restes des murs et fondations dont les traces sont très apparentes devant l'église actuelle, ainsi que le plan cadastral de 1830, permettent de montrer et de définir l'emplacement qu'occupa jadis cette chapelle. Sa position allait du nord-est au sud-ouest et la porte d'entrée était à l'ouest. Elle avait comme dimensions 14 mètres 60 de longueur sur 4 mètres 10 de largeur. Une tribune spécialement réservée aux hommes était élevée au fond de la chapelle du côté nord. Une petite tour carrée en bois servait de clocher.

Siège de la compagnie, ce fut toujours dans ce temple de prière et de recueillement qu'eurent lieu les admissions des membres, les nominations des officiers et toutes les assemblées générales où furent prises les délibérations intéressant la compagnie des Pénitents Blancs.

Mais au début de la Révolution, lorsqu'il fut question de l'organisation des communes et de la circonscription des paroisses, la municipalité répondant à une demande du district de Marmande, en date du 28 avril 1791, écrivit ceci : « La municipalité estime que la paroisse de Cocu-« mont étant composée de 1.500 âmes, l'église doit rester « et être maintenue ; que celle de Briolet, son annexe, éloi-« gnée de la maîtrise de demi-lieue est composée de « 500 âmes et que les chemins étant très mauvais d'une « église à l'autre, demande que le service divin soit fait « par M. le Curé de Cocumont, comme par le passé. De « plus, que la chapelle des Pénitents Blancs, qui est dans « le chef-lieu du bourg, doit être conservée, attendu que « les deux autres églises étant éloignées, les infirmes et les « malades du bourg dont la population est de plus de « 300 âmes, seraient privés de messe. »

Malgré ces diverses considérations, la chapelle fut désaffectée et servit de salle de réunions au Conseil général de la commune qui, par une pétition, demanda d'y tenir ses séances. Et, en effet, le 24 juin 1793, le citoyen Louis Mellet, administrateur du district de Marmande, présida, dans la chapelle des « ci-devants Pénitents Blancs », une réunion de la municipalité.

Revenus de la Compagnie

Les revenus financiers de la compagnie se composaient, au début, des droits d'admission et des versements annuels de chaque membre.

Cette association, dont les bases principales reposaient sur la pratique des devoirs religieux, sur la charité et le dévouement, fit naître en sa faveur des sentiments généreux qui se manifestèrent par des donations testamentaires. C'est ainsi que Mme Anne Boutin, par testament, en date du 23 mars 1722, légua à la compagnie des Pénitents Blancs de Cocumont, une somme de 3.700 livres, dont les intérêts devaient servir à faire dire des messes pour le repos de son âme et pour les vieillards infirmes et autres habitants du bourg de Cocumont.

De même, M. Jollis, curé de la paroisse de Mazerolles, légua une somme de 15 livres pour faire dire des messes de *requiem* pour les confrères décédés.

Les revenus ordinaires qui provenaient des cotisations des membres ou des quêtes et offrandes particulières étaient peu élevés.

Les ornements servant au culte étaient des plus modestes. La chapelle qui ne possédait, comme matériel, que le strict nécessaire, était loin de connaître le luxe, aussi un confrère, le sieur Etienne Ducourneau, avocat, connaissant les faibles ressources financières de la compagnie, légua la somme de 700 livres pour servir aux réparations et entretien de la chapelle, aux ornements, linge et luminaire de l'autel.

C'est en présence d'une situation si précaire que ces bienfaiteurs apportèrent aux Pénitents Blancs leur aide généreuse.

A ce mouvement si favorable au prosélytisme succéda une période de relâchement du sentiment religieux. Une philosophie réformatrice et épicurienne se manifesta de toutes parts, apportant des idées de rénovation sociale qui détournèrent les esprits de la religion catholique. La preuve de ce ralentissement est fournie par le document établi au moment de la déclaration des biens d'église et où il est mentionné que le 24 décembre 1753, la compagnie ouvrit le tronc placé dans la chapelle pour recevoir les offrandes et que cette opération n'avait pas été faite depuis plusieurs années.

Soli arité confraternelle

Les statuts dans leur texte primitif établissaient, que lorsqu'un confrère était malade, le prieur devait le faire visiter et soigner et s'il venait à décéder la compagnie prenait à sa charge les frais des funérailles.

En se penchant sur la douleur et en soulageant les détresses cette association avait trouvé dans l'assistance mutuelle un remède palliatif contre les principaux risques sociaux, la maladie et la mort. Cette aide bienveillante que chaque Pénitent trouvait aux heures difficiles ne pouvait que donner au cœur un consolant réconfort. De plus, ce secours mutuel supprimait ce qu'il y a d'un peu humiliant dans la charité, puisqu'il sauvegardait la dignité de l'homme et le grandissait même en lui donnant une notion plus noble et plus élevée du devoir social.

Une note inscrite dans le *Livre de Raison* de Noël Deschans, fait connaître les moyens qu'employait la compagnie afin de se procurer les ressources nécessaires pour servir d'entr'aide aux confrères malheureux. Rédigée sous une forme de compte rendu analytique de séance, elle dit : « Ce jourd'hui seizième juillet 1780, à la réunion de la « compagnie tenue à l'issue des vêpres, à trois heures de « relevée, il a été fixé qu'on établissait un annuel pour « venir au secours des confraires nécessiteux pendant leur « maladie et pour les frais et honneurs funèbres de leur « enterrement.

« Cet annuel sera payé volontairement depuis qurante « sols, trente, vingt et dix sols, suivant les facultés dus « chaquun.

« Un tableau général de tous les confraires sera formé « et fixera les contributions dus par chaquun. Des commis- « saires seront nommés pour faire le recouvrement dudit « annuel. »

Ainsi donc, la Compagnie des Pénitents Blancs accordait aux sociétaires nécessiteux des secours pour maladie Ce versement volontaire n'est-il pas un premier éveil des esprits aux idées pacifiques de solidarité humaine? De nos jours, c'est le but essentiel et la raison d'être d'un grand nombre de sociétés de secours-mutuels.

La Cloche des Pénitents

Les membres de la Compagnie des Pénitents Blancs ne vivant pas en commun n'avaient par conséquent aucun caractère de congrégation régulière. Ce n'était simplement qu'une union de plusieurs personnes éprises d'un même idéal divin et animées de sentiments de piété, de concorde et de charité.

La chapelle, édifiée spécialement pour leurs réunions, resta longtemps muette, la compagnie n'ayant pas de cloche pour appeler aux offices divins que l'on y célébrait régulièrement chaque dimanche.

Mais peu de temps avant les grands événements qui transformèrent toutes les institutions politiques, religieuses et sociales de la France, une petite cloche du poids de 80 kilos fit entendre sa voix d'airain et devait, ainsi que le mentionne l'inscription qu'elle porte, servir « *pour l'usage de Messieurs les Pénitents de Cocumont* ».

Le seigneur de l'époque, M. de Rayne, et Mlle Cathalot, probablement principaux donateurs, furent choisis pour parrain et marraine.

La bénédiction solennelle eut lieu le 1er juillet 1788, après consentement et pouvoir donné par l'évêque de Bazas ainsi que l'établit le procès-verbal qui fut dressé à ce sujet :

Procès-verbal de la Bénédiction de la cloche de Messieurs les Pénitents Blancs, de la paroisse de Cocumont au diocèse de Bazas :

« Vu la Commission de Monseigneur l'Illustrissime et
« Révérendissime Jean-Baptiste-Amédé de Grégoire de
« Saint-Sauveur, évêque et seigneur de Bazas, Conseiller
« du Roy en tous ses conseils, qu'il a eu la bonté de me
« donner en date du 20me de juin 1788, pour faire la céré-
« monie de la bénédiction de la cloche qui doit servir à
« la chapelle située dans le bourg de Cocumont pour
« Messieurs les Pénitents Blancs de ladite paroisse : Je
« soussigné, prestre administrateur de Saint Jean-Baptiste,
« déclare à sa grandeur que pour satisfaire à ses ordres

« iay fait la visite de ladite cloche et l'ay trouvée selon les
« règles canoniques.

« Assisté de M. Dumas, curé de Romestaing, qui a servi
« de diacre, de M. Fieuval et de M. Plaisance, prestres
« qui ont servi d'assistants, j'en ay fait la bénédiction
« selon les règles prescrites dans le nouveau rituel de
« notre diocèse, le premier juillet de l'année courante.

Il est écrit autour de la cloche :

« L'année 1788. P. R. L'usage de MM. les Pénitents
« de Cocumont, Parrain M^{cs} R^e de Rayne, ch. de l'ordre
« royal de Saint-Louis, Lieutenant-Colonel D. G. N. F^{rie}
« Dineri, seigneur des baronniers de Cocumont et Mont-
« pouillan. Marraine D^{lle} Mr A. Cathalot-Chartier J. et
« Vigouroux.

« Fait à Cocumont, le premier juillet.

« Dumas, prestre assistant ; Fieusal, prestre assistant :
« Plaisance, prestre assistant ; de Junca, prestre commis.
« Fortis Lostau, archiprestre de Cocumont (1). »

Lorsque le 23 Floréal an II (12 mai 1794), le district de
Marmande ordonna la descente et le transport immédiat
des cloches pour être fondues en canons « afin d'exter-
« miner, dit la lettre de l'agent national du district, les
« ennemis de la République », l'arrêté de réquisition ne
mentionna pas la petite cloche des Pénitents. Elle fut
respectée.

Le décret du 11 Prairial an III (30 mai 1795), qui pro-
clama la liberté des cultes maintint néanmoins l'interdiction de la sonnerie des cloches.

Les cérémonies du culte catholique qui recommencèrent
à Cocumont, le 23 Thermidor an III (11 août 1795),
n'eurent lieu que dans l'église annexe de Briolet, l'église
paroissiale et la chapelle des Pénitents servaient toujours
de lieux de réunions. Mais la loi du 7 Fructidor an V
(24 août 1797) qui abrogeait tous les décrets et toutes les
mesures de persécution était à peine promulguée qu'un
mouvement de réaction religieuse et royaliste à la fois

---

(1) Archives départementales de la Gironde. — Famille de Rayne.

éclata et le Directoire incapable d'assurer la liberté des cultes exécuta son coup d'Etat du 18 Fructidor an V (4 septembre 1797). Les sonneries des cloches et tous les signes extérieurs du culte furent de nouveau sévèrement prohibés et l'observation des jours décadaires exactement surveillés. Ce fut une seconde Terreur.

Pendant toute la période d'interdiction, le Conseil municipal qui tenait ses séances dans la chapelle réunissait ses membres au son de la cloche des Pénitents Blancs. De même, la Société populaire sonnait cette petite cloche la veille et le jour du décadi pour assembler tous les citoyens à la séance des décades où ce jour-là il était fait lecture des lois.

Dissolution

Le drapeau tricolore venait à peine de flotter sur la Bastille que de toutes parts, comme un violent vent d'orage, partit un mouvement de destruction. L'assemblée nationale voyant ces manifestations de l'âme populaire se développer avec une si grande unanimité prit, le 4 août, le grand parti d'abolir le régime féodal. De plus, voulant accomplir le serment fait le 20 juin 1789, elle rédigea la *Déclaration des droits de l'homme et du citoyen*. La nouvelle Constitution qui fut établie eut à examiner de graves et importantes questions. Celle touchant à l'organisation et aux biens d'église donna lieu à de nombreuses propositions. C'est au cours de ces discussions que, le 26 octobre 1789, la Constituante suspendit l'émission des vœux monastiques solennels des personnes de l'un et de l'autre sexe Puis par la loi du 2 novembre 1789, décréta que les biens du clergé *seraient mis à la disposition de la nation*. La compagnie des Pénitents Blancs de Cocumont, afin de se soumettre à cette loi constitutionnelle, dressa un état de ses revenus et présenta, le 18 février 1790, une déclaration ainsi conçue :

Déclaration dès biens et revenus des Pénitents Blancs établie dans le bourg de Cocumont au diocèze de Bazas l'an.... du consentement et aprobation de l'évêque diocézain :

« Anne Boutin, par son testament du 23 mars 1722,
« légua à la compagnie des Pénitents Blancs : 1° Une
« somme de 2.000 livres qu'elle a placée à rente constituée
« chez les religieuses de la Croix de la ville d'Aiguillon ;
« 2° Une somme de 1.200 livres qui lui était due par sieur
« Pierre Jollis, sieur de Bonneau, et qui par succession de
« temps passa et est encore dans les mains du sieur Jollis,
« avocat, habitant de la ville de Bazas ; 3° Enfin une
« somme de 500 livres qui lui était due par sieur Deymier,
« notaire royal de la ville de Sainte-Bazeille-sur-Garonne
« et qui est aujourd'hui entre les mains de sieur Grassa-
« beau, juge de Cocumont.

« L'intérêt des sommes cy-dessus placées à rente cons-
« tituée entre les mains desdits sieurs Jollis et Grassabeau
« et religieuses d'Aiguillon, est exactement payé chaque
« année et employé suivant la destination de ladite Anne
« Boutin à faire dire tous les premiers lundi de chaque
« mois, une messe de requiem pour le repos de son âme
« et une messe toutes les fêtes et dimanches de l'année
« pour les vieillards infirmes et autres habitants du bourg
« de Cocumont qui en étaient privés avant la fondation
« d'Anne Boutin à raison de l'éloignement des églises
« paroissiales.

« Sieur Jollis, curé de la paroisse de Mazerolles, voisine
« de Cocumont, par son testament du 13 juillet 1708,
« légua une somme de 15 livres à la susdite compagnie,
« à la charge de faire dire tous les ans trois messes de
« requiem pour les confrères décédés et de faire dire
« également chaque année, le jour de la fête du patron
« de la compagnie. Cette somme est exactement payée
« chaque année et employée à sa destination.

« Etienne Ducourneau, avocat et confrère dans la susdite
« compagnie, sachant qu'elle n'avait aucun fonds pour
« subvenir aux réparations et entretien du corps de cha-
« pelle, aux ornements, linge et luminaire de l'autel, par

« son testament et ses codicilles du 20, 24 juillet et 7 août
« 1747, légua à sa compagnie une somme de 700 livres
« qui est aujourd'hui dans les mains du sieur Grassabeau,
« comme acquéreur de l'hérédité du sieur Ducourneau.
« L'intérêt de cette somme est exactement employé et
« souvent insuffisant pour remplir l'intention du sieur
« Ducourneau.

« Le 24 décembre 1753, la susdite compagnie qui
« n'avait depuis plusieurs années visité le tronc qu'elle a
« dans la chapelle pour recevoir les charités des fidèles,
« l'ouvrit et y trouva une somme de 200 livres qu'elle
« plaça le même jour à rente constituée chez le sieur Four-
« cade, habitant du lieu.

« Sur les intérêts payés par les sieurs Jollis, Grassabeau
« et les religieuses d'Aiguillon, le bureau des décimes du
« diocèze de Bazas exige chaque année une somme de
« 24 livres, de sorte qu'il ne reste que la somme de
« 161 livres pour l'aumônier de la compagnie.

« Je soussigné, certifie exacte et vraye la déclaration
« cy-dessus. Signé : Laujacq de Lisle, prieur de la Com-
« pagnie de Cocumont. »

Cette déclaration constitua l'acte de dissolution de cette
association. Ce fut à compter de ce moment la dislocation
complète de la compagnie des Pénitents Blancs de Cocumont.

CONCLUSION

Cette association, qu'emporta le torrent impétueux de la
Révolution, depuis si longtemps ensevelie dans le silence,
ignorée des générations actuelles, mérite que de nos jours
son souvenir soit rappelé.

Les quelques documentts épars qui ont pu être groupés
montrent la dignité morale de nos ancêtres, leur sentiment
religieux et leur respect pour les choses saintes, leur esprit
de discipline et de fraternité.

En présence de cette œuvre d'amélioration morale fondée au cours du XVII° siècle, il est permis de dire combien le présent est solidaire du passé.

Par l'union et la solidarité, les Pénitents Blancs élevèrent jusqu'à la notion de l'intérêt commun les conceptions égoïstes de chacun et suivant le beau langage de M. Raymond Poincaré, ancien président de la République, ils obtinrent que « le sentiment de l'égalité « dépouillé peu à peu par le rapprochement des cœurs de « ce qu'il a si souvent détruit, de médiocre et d'envieux, « s'enoblit, se fortifie et se féconde par le sentiment de la « fraternité (1) ».

Les associations mutualistes ont pris à Cocumont un bel essor, mais est-ce qu'en voyant cette union et cette confiance entre les diverses catégories sociales il n'y a pas lieu de se souvenir que la compagnie des Pénitents Blancs fut au nombre des premières associations génératrices d'initiatives privées et d'efforts individuels ?

Apôtre de l'admirable évangile social dont les vertus principales sont la prévoyance et la solidarité, la compagnie des Pénitents Blancs de Cocumont a droit à un hommage de pieuse et profonde gratitude.

C'est la seule idée dominante et l'unique but de cette petite monographie.

A. VEILHON.

---

(1) Discours au XI° Congrès national de la Mutualité, à Montpellier, mars 1913.

CHRONIQUE

Les Souhaits du Nouvel An. — Comme chaque année, l'échange des cartes et des vœux, classiques désormais, s'est effectué entre la Société de Montauban et celle d'Agen. M. le Chanoine Calhiat tenait la lyre pour la première, et pour la seconde, notre distingué collaborateur Ferrère, docteur ès-lettres.

Voici vœux et répliques.

I. — *Souhaits de la Société Archéologique de Montauban.*

1926

Noces de Diamant de la Société

Ecce novus jubilæus adest, et festa reducit
Quæ cum communi plausu celebrantur apud nos.
Tempus enim fluxit jam sexaginta per annos,
Ex quo gaudemus sub cælo lumine vitæ,
Et memorare decet rursum quæ gesta fuerunt,
A caris nostris ducibus, doctisque magistris.
In fastis nostris illorum nomina fulgent.
Sunt etenim mystæ, scriptores atque poetæ
Quorum quisque meret nonnullos laudis honores.
Ut præstet nobis cum cantu lingua triumphum,
Tu quoque, cara soror, celebra solemnia nostra.
Nempe flat in nostro docto grege spiritus unus ;
Sicque gregi tribues pretiosum pignus amoris,
Et te dicemus veram fidamque sororem.
Propterea Dominus mea pro te vota secundet
Et bona multa tibi largus concedat amanter !!!

La Société Archéologique de Tarn-et-Garonne.

***

Vœux de la Société Archéologique de Montauban

(TRADUCTION)

Voici un nouveau jubilé. Il ramène des fêtes célébrées chez nous avec un commun enthousiasme. Soixante ans se sont écoulés depuis le jour où nous jouissons de la lumière du ciel.

C'est le moment de rappeler ce qu'ont fait nos chers présidents et nos doctes maîtres, dont les noms brillent dans les fastes de notre société. Il y a des prêtres, des écrivains et des poètes qui méritent chacun leur part de louanges. Afin que, pour notre triomphe, la parole se joigne aux chants, célébrez aussi, chère sœur, notre fête. Car, dans notre docte compagnie souffle un même esprit. Ainsi, vous lui accorderez le précieux témoignage de votre amitié, et nous pourrons vous appeler notre vraie et fidèle sœur. Que le Seigneur favorise les vœux que nous formons pour vous, et qu'il se plaise à vous combler de biens.

F. FERRÈRE.

Réponse aux vœux de la Société Archéologique de Montauban

Quidquid tu gaudes, pariter gaudemus et ipsi,
Atque tuus noster jubilæus. Laude superbis
Quum merita, sicut nostro lætamur honore.
Sic veterum similem mentem decet esse sororum.
Sors quia communis, communis spiritus. Et spes
Est eadem vitæ. Longum etsi viximus ævum,
Ætas vernat adhuc pollens, fatique timore
Immunis. Nostro nequeunt obstare labori
Tempora, nilque potest mutatio publica rerum.
E solio reges truduntur, bellaque gentes
Conturbant, quarum quædam periere potentes.
Omnia miscentur. Sed nos, ut culmina montis
Fulgura contemnunt, stamus recti ante ruinas.
Nunc huc, nunc illuc hominum in deversa trahuntur
Ingenia, et rerum cursu fluctuque moventur,
Falsaque tum leviter veris, tum veraque falsis
Subjiciunt. Vero nos vitam impendimus omnem.
Gaude, cara soror, viridi sanctaque senecta,
Ingenium quæ servat idem, viresque feraces.
Gaude laude tua, magno doctoque virorum
Concilio parta, quam nil subvertere possit ;
Atque, favente Deo, vigeat concordia nostra
Per multos annos, grato fecunda labore.

F FERRÈRE.

Réponse aux vœux de la Société Archéologique de Montauban

(TRADUCTION)

Toutes les fois que vous vous réjouissez, nous nous réjouissons avec vous. Votre jubilé est le nôtre. Quand vous êtes fière d'éloges mérités, nous ressentons la joie d'un honneur qui serait à nous. Ainsi il convient que deux vieilles sœurs aient la même pensée. Car leur sort est commun, commune aussi leur inspiration. Elles ont aussi la même confiance dans l'avenir. Bien que nous ayons vécu de longues années, notre âge est encore dans son printemps, avec toute sa puissance, et ne craint rien pour ses destinées. Les temps ne sauraient faire obstacle à nos travaux, et les révolutions ne peuvent rien contre nous. Des rois sont précipités du trône, des guerres bouleversent les nations, dont quelques-unes, même puissantes, sont tombées. Le trouble est partout. Mais nous, comme les sommets des montagnes, qui se moquent de la foudre, nous restons debout en face des ruines.

Les esprits des hommes sont entraînés ici et là, dans des directions diverses, et poussés par les fluctuations des événements. Au hasard, ils substituent tantôt le faux au vrai, tantôt la vérité à l'erreur. Nous, nous consacrons à la vérité notre existence tout entière.

Soyez heureuse, chère sœur, de votre verte et vénérable vieillesse, qui conserve le même esprit, et ses forces fécondes. Soyez heureuse de votre renommée que vous a procurée votre pléïade de savants, renommée que rien ne saurait détruire. Puisse, avec la protection du ciel, notre union s'affirmer à travers les âges, dans la fécondité de nos agréables travaux.

F. FERRÈRE.

Allocution de Me Jacques Amblard. — Elu président de la Société pour l'année 1926, Me Jacques Amblard, bâtonnier de l'Ordre des Avocats, à prononcé l'allocution suivante à la séance de janvier de notre Compagnie :

MESSIEURS ET CHERS COLLÈGUES,

Je tiens tout d'abord à vous remercier de l'honneur que vous m'avez fait en me nommant Présiddent de la Société des Sciences, Lettres et Arts pour l'année 1926. Je prise particulièrement cette dignité, aussi je me demande si je la mérite vraiment.

Mes craintes sont encore accrues, lorsque je considère les qualités éminentes de mon prédécesseur, M. le chanoine Couzard. Sa modestie aussi grande que ses mérites me pardonnera de vous rappeler qu'il est l'auteur d'*Une ambassade à Rome au temps d'Henri IV*, véritable chef-d'œuvre du genre, où se révèle à la fois un historien de race et un fin lettré.

Notre distingué Président est aussi à ses heures poète français ou poète latin et, dans sa *Sainte Hélène*, on retrouve à chaque page des qualités de force et de style telles qu'il nous permettra de regretter une fois de plus que notre revue et notre Société n'aient pas profité plus souvent d'une collaboration qui leur aurait été précieuse entre toutes.

Pour me donner du courage et justifier votre choix si flatteur, j'ai dû relire l'histoire de notre Société ; elle est, en effet, pour moi, plus qu'un foyer intellectuel, mieux qu'une réunion intime d'amis choisis, c'est une véritable famille.

Je ne saurais oublier, en effet, que mon trisaïeul, Claude Lamouroux, la fonda avec Lacépède en 1776 et la présida en 1788, que son premier adhérent fut mon trisaïeul J.-B. Martinelli, que mon bisaïeul Jacques-Nicolas Labat en fut président en 1842, et que mon bisaïeul Chéri Amblard collabora activement à ses travaux et, enfin, que mon cousin si regretté de tous, Philippe LAUZUN, en fut, pendant 20 ans, le secrétaire perpétuel.

Je m'excuse d'avoir rappelé ces souvenirs personnels, je l'ai fait pour vous prouver que je compte exercer le mandat que vous m'avez donné avec zèle et activité.

J'ai foi dans l'avenir, car la Société Académique a su, avec ce sens aigu de l'opportunité qui caractérise notre race Gasconne, traverser toutes les Révolutions, éviter tous les écueils, dompter toutes les intrigues.

Comme le vaisseau de la ville de Paris, elle flotte parfois, mais elle ne sombre pas ; tout d'abord société littéraire et musicale, elle devint, après la Révolution, timidement une société d'agriculture. (Les agriculteurs paraissent toujours aux politiciens moins dangereux que les littérateurs ces idéologues, ces rêveurs.)

Sous la poussée romantique, l'agriculture, détronée, cède la place à la poésie, et ceci jusque vers 1860, où l'histoire locale prend une place prépondérante presque excessive ; lorsque j'eus l'honneur d'y être admis, c'était une société uniquement archéologique, où les poètes et leurs amis étaient vus d'un œil inquiet et soupçonneux. La poésie est morte avec Jasmin ou à peu près, dit gravement Philippe Lauzun, on avait pas confiance dans la qualité des rimeurs et on avait peur de la quantité, qui aurait encombré les pages de la Revue et remplacé les dissertations archéologiques sur des découvertes préhistoriques par des odes enflammées, vantant en mille alexandrins compacts les beautés de la nature ou les charmes de la vertu.

Aussi, permettez-moi de trouver que, depuis cette époque, notre Compagnie a évolué à son avantage, puisque les talents les plus variés y trouvent leur place.

Comme elle a survécu à la Révolution, elle a survécu à la Guerre, qui a tué tant de sociétés de province ; elle a su vaincre, rare mérite, la crise de la vie chère, c'est-à-dire pour nous, celle du papier cher.

Jamais, me semble-t-il, elle ne fut plus brillante, nos trente-six membres résidants ont autour d'eux une Cour nombreuse et fournie de plus de 200 membres correspondants, et je m'en voudrais ne pas dire à qui est due cette prospérité sans égale.

En grande partie, à notre cher secrétaire perpétuel, M. Bonnat qui, espérons-le, gardera perpétuellement ce titre, en repoussant les appels intéressés des Sirènes Bordelaises ; et, quoi qu'il soit, en passant, je tiens à lui dire notre cordiale affection et à rendre hommage à ses rares qualités, chères entre toutes aux avocats de tous les temps : l'esprit, l'indépendance, l'énergie et le caractère.

A ses côtés, on ne saurait trop louer le zèle et le dévouement de M. l'abbé Marboutin, la sévère économie de M. le commandant Labouche ; on devrait bien l'envoyer donner quelques leçons à nos éphémères ministres des finances.

La Société, sous ces auspices, peut avoir confiance dans l'avenir. Fière, libre, indépendante et toujours jeune malgré ses cent cinquante ans, elle sera toujours le refuge de ceux qui préfèrent aux agitations factices et vaines de la place publique, le calme reposant, la douceur prenante des discussions historiques et littéraires.

Jacques AMBLARD.

Inventaire supplémentaire des monuments historiques. — Voici la liste des édifices inscrits pendant les mois de décembre 1925, de janvier et de février 1926, sur l'inventaire supplémentaire des monuments qui, « sans justifier une demande de classement immédiat, présentent cependant un intérêt archéologique suffisant pour en rendre désirable la préservation ».

I. — Par arrêtés du 30 décembre 1925, signés Daladier :

1. Le château du *Fréchou*, avec son pigeonnier, appartenant à M. Achard, qui y demeure ;

2. L'église de *Foulayronnes* ;

3. L'église Notre-Dame de *Gontaud* ;

4. L'abside de l'église de *Gueyze* ;

5. L'église de *Houeillès* ;

6. La façade occidentale de l'église de *Lagupie* ;

7. Les restes de l'église de Cazeaux, à *Laplume*.

Ces églises appartiennent en fait aux communes où elles sont situées.

II. — Par arrêtés du 7 janvier 1926, également signés Daladier :

8. La tour romaine d'Eysses à *Villeneuve-sur-Lot* (certainement par erreur, la tour étant déjà classée comme monument historique) ;

9. La pile gallo-romaine de *Saint-Pierre-de-Buzet*, appartenant à la commune ;

10. Les ruines du château de *Sauveterre-la-Lémance* appartenant à M. Rabot, ruines déjà classées comme la tour d'Eysses et le château d'Estillac ;

11. Les ruines du château de *Montgaillard*, propriété de Mme Chevalier ;

12. Le château de *Lasserre*, à Mme la baronne de Gervain ;

Et les édifices religieux suivants, propriété de leurs communes respectives :

13. L'église de *Lannes* ;

14. La tour isolée servant de clocher à l'église de *Layrac* ;

15. La porte (vantaux compris) de l'ancienne église Saint-Benoît à *Marmande* ;

16. L'église de *Montagnac-sur-Lède* ;

17. L'église de *Monteton* ;

18. L'église de Saint-Nicolas à *Pujols* ;

19. Le portail de l'église de Cadillac à *Roumagne* ;

20. Le chœur de l'église *Saint-Caprais-de-Lerm* ;

21. L'église de *Saint-Hilaire* ;

22. L'église paroissiale de *Saint-Maurin* ;

23. L'église de *Saint-Pastour* ;

24. L'église de *Saint-Pierre-de-Buzet* ;

25. Le portail de l'église de *Sainte-Colombe-de-Duras* ;

26. L'église de *Sainte-Colombe-de-Laplume* ;

27. Le chœur de l'église du Laurier, à *Sainte-Colombe-de-Villeneuve* ;

28. L'église de *Sérignac-de-Laplume* ;

III. — Par arrêté du 18 février 1926, encore signé Daladier :

29. Le *pont roman sur la Gélise*, appartenant à la commune de *Barbaste* et non à l'Etat, comme l'avait indiqué à tort un arrêté d'inscription du 25 décembre 1925, qui demeure annulé.

IV. — Par arrêtés du 22 février 1926, toujours signés Daladier :

30. L'église de Cazeaux, à *Lannes* ;

31. La tour d'*Espiens*, propriété communale ;

32. L'église de Cabalsaut, à *Castelculier* ;

33. La chapelle Notre-Dame du Bourg, à *Agen*, propriété de la ville ;

34. Le château d'*Estillac*, appartenant à M. de Flaujac (voir l'article de tête de cette *Revue*).

Société Académique d'Agen. — Dès le début de la *séance de Janvier*, M' Jacques Amblard remercie ses collègues de l'honneur qu'ils lui ont fait en l'appelant à la présidence pour l'année 1926. Il rappelle les liens très étroits qui l'unissent à une compagnie dont son ancêtre, Claude Lamouroux, fut un des fondateurs, en 1776, et que son cousin, Philippe Lauzun, dirigea comme secrétaire perpétuel pendant 20 ans. Il ajoute quelques mots aimables pour le bureau de la Société, « fière, libre, indépendante et toujours jeune malgré ses 150 ans d'existence ».

L'ordre du jour portait ensuite : « Souhaits de nouvel an en vers latins de M. Ferrère, docteur ès-lettres », l'un des deux ou trois poètes qui manient encore en France la langue et la métrique virgiliennes. C'était nous convier à un petit régal littéraire. En quelques hexamètres d'une forme élégante et d'une grande élévation de pensée, M. Ferrère évoque l'année qui vient de finir et les grands événements qui l'ont marquée. Il se réjouit d'avoir vu la Société archéologique de Montauban célébrer ses noces de diamant, en attendant que celle d'Agen fête son cent-cinquantenaire en 1926.

Le Lot-et-Garonne militaire de la Révolution, du Consulat et de l'Empire ne cesse de fournir au commandant Labouche une mine inépuisable d'observations curieuses. Aujourd'hui, ce sont les quatre frères Delard de Campagnol, originaires de la région de Penne, que cet érudit nous présente. L'aîné fut un « professeur et un novateur dans l'arme de l'artillerie ». Colonel d'un régiment où servait Bonaparte alors lieutenant, il fut général dans l'armée des Alpes. C'est lui qui fut reçu, avec une cordialité que relatent nos Annales, par Napoléon et Joséphine, à Agen, en 1808. Le troisième, après une belle carrière dans l'armée royale, repartit sur le Rhin en 1792 à la tête des volontaires agenais et villeneuvois. Les *Mémoires* de Gouvion Saint-Cyr et les dossiers des archives de Lot-et-Garonne prouvent qu'il se conduisit toujours brillamment. Lui aussi devint général. Le dernier, qui ne servit pas la République, fut, en Amérique, un grand ami du colonel de Malvin de Montazet, un autre agenais. La région de Penne peut s'enorgueillir de cette belle famille.

M. Labouche signale, en outre, un savant article paru dans la *Nature* du 9 janvier, sous la signature de M. Lucien Mayet, docteur ès-sciences, chargé du cours d'anthropologie et de paléontologie humaine à l'Université de Lyon. Il s'agit de l'homme fossile aurignacien découvert à Libos. M. Mayet attribue au squelette, dont malheureusement le Lot-et-Garonne est privé, « de 15.000 à 18.000 ans d'ancienneté ».

L'église de Samazan, que décrit avec un soin minutieux le docteur Lepargneur, de Bouglon, pour si archaïque qu'elle soit, ne remonte qu'au deuxième tiers du XVIe siècle. Mais telle qu'elle apparaît à travers son récit, elle ne manque pas d'intérêt dans le cadre pittoresque où elle dresse son clocher massif, avec son abside d'un aspect un peu trop « retapé », sa nef doublée d'un bas côté, ensemble robuste et sobre d'une belle patine brune déposée par le temps. Le docteur Lepargneur publiera sa remarquable description artistique et archéologique dans un des prochains fascicules de la *Revue de l'Agenais*.

Avant de se séparer, la Société procède à l'élection, comme membre correspondant, de M. Simonnet, curé de Prayssas.

La *séance de février* tenue par la Société a été marquée par deux importantes communications, la première, de M. le chanoine Durengues, sur les œuvres de l'abbé Rajade ; la seconde, de M. Bonnat, archiviste départemental, sur l'inventaire supplémentaire des monuments historiques.

L'abbé Rajade est-il bien l'auteur de l'intéressant *Voyage à Paris de Moussu Lysandro*, qu'à si finement analysé et commenté M. Bordes au cours d'une de nos dernières réunions ? Le chanoine Durengues, qui détient une partie des manuscrits de cet ecclésiastique, ne le pense pas. Il en attribue la paternité à un officier de la garnison de Lyon qui fait, d'ailleurs, allusion à son titre et à sa qualité au cours du récit. L'abbé Rajade n'aurait fait que recueillir cette pittoresque odyssée.

Il a glané bien d'autres histoires, amusantes, lestement écrites, pleines d'esprit gascon, dans cette région de Tournon où vécut *Moussu Lysandro*. M. Durengues en cite quelques-unes qui ne manquent pas de saveur piquante, comme l'aventure comique du père Jérôme, religieux picpucien, à la recherche de victuailles soustraites à sa gourmandise, comme le sermon de l'abbé Mazet, qui régenta Tournon de 1833 à 1866, sur les dangers d'incendie qu'offre la danse, homélie d'une candeur et d'un réalisme parfois déconcertants, dans le goût des moralités du Moyen-Age et des sermons du XVI° siècle.

Après cette communication, M. Bonnat cite la série, très abondante, des édifices lot-et-garonnais qui viennent, en décembre et en janvier, d'être inscrits sur l'inventaire *supplémentaire* des monuments historiques. Mais cette inscription, explique-t-il, ne comporte pas le *classement* ; elle ne donne droit à *aucune subvention*, contrairement à l'espérance des municipalités intéressées ; elle laisse à la charge du propriétaire, particulier ou commune, tous les frais d'entretien et de restauration. C'est, en somme, une servitude nouvelle, d'ordre artistique et touristique, qui frappe les édifices : leurs propriétaires ne peuvent en modifier l'aspect sans avoir prévenu l'administration préfectorale et sans avoir communiqué les plans et projets de transformation à la direction des Beaux-Arts.

Il importait que ces précisions fussent fournies pour dissiper des illusions et éviter d'amères déceptions.

La séance se termine par l'élection, comme membre correspondant, de M. de Lafaurie, d'Agen.

René BONNAT.

BIBLIOGRAPHIE

P. COURTEAULT. — *Commentaires de Blaise de Monluc, Maréchal de France.* T. III (1563-1576). — Paris. A. PICARD, 1925. Collection de textes pour servir à l'étude et à l'enseignement de l'histoire.

Voilà un volume impatiemment attendu par les fervents du XVIe siècle. Il couronne magnifiquement une œuvre remarquable, dont le premier volume parut en 1911, et, le second en 1914 : Onze ans se sont écoulés entre cette date et 1925. Mais les horreurs de la guerre expliquent, hélas !, suffisamment ce retard involontaire. Au reste, ce temps a été mis à profit pour ce volume, puisque l'auteur a pu ainsi connaître et utiliser des travaux importants sur cette période.

Après sa magistrale thèse « *Monluc, historien* » et son charmant petit volume « *Blaise de Monluc* », M. Paul COURTEAULT était tout désigné pour donner l'édition définitive des Commentaires. Déjà M. le Baron de RUBLE, de 1864 à 1867, avait donné de cet ouvrage un texte enrichi de notes et de documents fort précieux. Mais ce texte pris sur l'édition de Buchon et sur un manuscrit de la Bibliothèque Nationale, laissait à désirer. M. Courteault, ayant admis pour base l'édition de 1592, de Florimond de Raymond, et utilisant celles qui sont venues dans la suite et les manuscrits de la Bibliothèque Nationale, a, je le crois bien, donné l'édition définitive.

Cette partie, l'établissement du texte, représente un travail acharné, long et minutieux. M. Courteault ne s'en est pas contenté. Il a voulu autant que cela était possible identifier les noms de lieux et de personnes, et ceci représente un travail encore plus ardu que le premier. Monluc, en effet, grâce à une mémoire extraordinaire, a cité les petits et les grands châteaux, les villes et les villages, et jusqu'au plus petites bicoques qu'il a rencontrés sur son chemin. Il a nommé ses compagnons, des plus illustres chefs aux plus humbles des soldats, et ses commentaires fourmillent de noms propres. C'était donc tache dure et pleine de difficultés. Déjà, dans les deux premiers volumes on avait pu constater que cette partie du travail avait été faite de main d'ouvrier. Ce troisième volume est bien digne des deux autres, et même leur est supérieur.

Cela ne veut pas dire qu'en y regardant de très près, on ne puisse pas relever quelques défaillances et cela se comprend dans un travail de cette ampleur. Je me permettrai de signaler une faute d'impression à la page 13 note 2 : Cambon pour Caubon. Le Séridos de la page 26 est plutôt Jean de Saint Gresse, seigneur de Séridos, dans la paroisse d'Asques, auquel Monluc accorda en 1571 un certificat honorable que M. Noulens donne au T. i de ses *Maisons historiques de Gascogne*, p. 437. M. Vindry a induit M. Courteault en erreur au sujet de François de Montpezat, p. 287. Celui dont il s'agit ici était fils d'Alain de Montpezat et de Marie de Monlezun. Il ne fut ni sénéchal d'Agenais ni maître de la garde-robe du roi ; et il mourut en 1580. De son mariage avec Nicole de Livron, il eut entre autres enfants, un fils aîné du nom de François lui aussi qui fut capitaine des quarante-cinq et maître de la garde robe du roi. Ces petites fautes sont si rares qu'elles disparaissent dans la perfection de l'ensemble.

Ce troisième volume commence au mois de mai 1565 et finit à février 1576. Il intéresse tout le Sud-Ouest, et plus spécialement l'Agenais. C'est l'époque, où notre pays est bouleversé par les guerres de religion, où catholiques et protestants sont engagés dans une lutte cruelle, où les prétendus réformés poursuivent les prêtres « comme lièvres en Beauce » et les tuent, où ils démolissent couvents, presbytères et accumulent sur notre sol, infiniment plus de ruines que les Jacobins de la Révolution, auxquels cependant on en impute un si grand nombre. Dans cette période si troublée Monluc se démène, se déplace ,se transporte au nord, au sud, au centre partout où le service de Dieu et de la religion a besoin de son épée.

Désormais les historiens de nos villes, de nos villages, de nos châteaux et de nos paroisses, pourront puiser à pleines mains, dans cette édition des Commentaires, des renseignements pour leurs études. Ils y seront grandement aidés par un Index très bien compris qui remplit 130 pages et qui, à mon humble avis, est un modèle du genre.

J. R. MARBOUTIN.

The french Quaterly, revue anglaise, périodique, éditée à Strasbourg, à l'imprimerie alsacienne : *Les Papiers de Calonne*, publiés par Christian de PARREL (Volume VII, bulletins de mars, juin, septembre et décembre 1925).

M. Christian de Parrel (Londres, 19, Stanley Gardens, Kensington Park Road) qui s'intéresse vivement aux choses de l'Agenais, a découvert récemment, en Angleterre, certains papiers d'un contrôleur général des finances de Louis XVI, de Calonne. Ces documents avaient été remis par sa veuve (femme en premières noces de Joseph Micault d'Harvelay, née de Nettine) au gouvernement britannique ou saisis par lui à la suite de son décès. Après une longue absence de la terre de France que De Calonne avait quittée en avril 1787, et une longue vie errante en Europe qu'il parcourut en tous sens, dissipant son immense fortune pour la cause de la contre-révolution, ce fugitif, presque ruiné, avait obtenu, à la paix d'Amiens, sa radiation de la liste des émigrés. Il quitta donc Wimbledon, pittoresque village des environs de Londres, pour rentrer à Paris. Il y sollicita, en vain, un emploi de Premier Consul, et mourut bientôt dans cette ville, le 30 octobre 1802.

Les documents publiés et réunis en une première série consistent en six lettres adressées à Calonne par Mirabeau (quatre lettres), par Mgr de Marbeuf, prédécesseur de Talleyrand sur le siège épiscopal d'Autun (une lettre), par Necker (une lettre) ; trois lettres de la duchesse de * * * à Calonne, une lettre de Calonne à la duchesse de * * *.

Il est superflu de faire ressortir l'intérêt que ces documents inédits peuvent contenir pour les travailleurs de la grande histoire et nous nous excusons de ne pas essayer d'en présenter une analyse qui en affaiblirait la valeur. Ces documents sont datés de 1787 à 1791.

Une autre série de papiers a été insérée dans les bulletins de septembre et décembre 1925. Ils consistent en seize lettres du Maréchal de Castries à Calonne (10 janvier, 1er juin 1792). Une lettre du maréchal de Castries au comte d'Artois (21 avril 1792) ; une copie de la réponse du comte d'Artois à la lettre précédente (23 avril 1792) ; une minute d'une lettre de Calonne probablement adressée au maréchal de Castries en avril 1792.

L'ensemble est annoté avec soin par M. Christian de Parrel que nous estimons avoir fait une œuvre utile en tirant ces feuilles jaunies de l'oubli.

Commandant LABOUCHE.

Paul CHACK : *On se bat sur mer*. Paris, avenue Rapp, 20. — *Les éditions de France*, 1er chapitre : *A la manière de Surcouf*.

...Un jour de novembre 1915, une nouvelle extraordinaire secoua les escadres immobiles. Un chalutier français venait de prendre à l'abordage un navire turc.

A l'abordage ? Oui. Comme autrefois : corps à corps, un contre quatre, comme faisait Surcouf.

Et l'auteur narre l'histoire étonnante de ce chalutier commandé par un officier d'élite et ce brillant marin était notre compatriote !... Oui, c'est d'un agenais que M. Paul Chack conte les prouesses dans des pages remplies d'un récit écrit avec vigueur et élégance. En les parcourant, on remarque aisément combien la conduite magnifique du lieutenant de vaisseau Lacombe, commandant le chalutier, le *Nord-Caper*, montre qu'il avait voulu opérer à la manière du célèbre corsaire français Surcouf, aux exploits restés légendaires. Il se peut aussi qu'il ait voulu s'inspirer du sang-froid et de l'héroïsme de cet autre grand marin de la 1re République, l'Agenais La Crosse, fait contre-amiral en nivose an V (19 janvier 1797), après la lutte mémorable et acharnée de treize heures de son vaisseau, *Les Droits-de-l'Homme*.

Quelle splendide citation que celle de l'aviso auxiliaire, le *Nord-Caper*, portant le motif suivant : « *Pour la façon brillante dont ce bâtiment qui n'avait pas dix hommes armés, a enlevé à l'abordage une goëlette turque montée par quarante-trois hommes armés, dont onze officiers !* »

Et on ne peut s'empêcher d'être ému à la lecture des lignes qui suivent, écrites avec talent et nous faisant assiter à la rentrée des vainqueurs dans le grand port de Malte (page 50) :

« Le voici. Entre deux lignes de dreadnoughts et de croiseurs de bataille, il s'avance, rafiot minuscule, peinture rongée par la mer, cheminée encroûtée de sel, dunette encombrée de butin mis en tas, matelots aux postes de manœuvre, haillonneux.

« Couvert de gloire.

« Des hourrahs sans fin. *La Marche Lorraine* et la *Marseillaise* que jouent les Anglais. Tous les bâtiments crient leur admiration à cette poignée d'hommes à défroque râpée, qui amène prisonnière la troupe magnifique, alignée entre la cheminée et le mât de misaine, les beaux gaillards flambant neuf qui, eux, sont les vaincus... Elégants officiers en grands manteaux clairs, en bottes vernies... mais dont les sabres sont sur la passerelle, dans la chambre de veille, avec le pavillon rouge à croissant et étoile blancs, le pavillon de la goëlette... Sous-officiers, soldats superbes, hauts de six pieds, faces d'ébène ou de bronze patiné, vêtus de kakis tout neufs, impeccables... Surveillés par deux ou trois petits gars de chez nous et par l'interprête, arsenal vivant.

« Oui. Trente hommes, dont vingt étaient sans armes, trente marins commandés par un fameux chef, avec leurs poings, avec leur furie française, et sans verser une goutte de sang, ont capturé 43 soldats d'élite, turcs, bédouins, arabes, armés jusqu'aux dents.

« Le chalutier stoppe, l'ancre tombe. Des yoles se hâtent, arborant les marques d'amiraux. Tous veulent voir et savoir.

« Et, sans attendre, le commandant en chef de l'armée navale française, fait, des vareuses élimées de nos matelots, le plus bel uniforme du monde, en y accrochant la fourragère glorieuse qu'aucun bâtiment de surface de la flotte française n'a encore obtenue. »

Aujourd'hui, comme naguère, le Lot-et-Garonne peut rester fier de ses marins et du capitaine de vaisseau Lacombe, actuellement commandant le cuirassé *Lorraine*, et, lieutenant de vaisseau sur le chalutier le *Nord-Caper*, en novembre 1915. (1)

Com^t LABOUCHE.

---

1. Une communication de notre excellent collègue M. le député Emmanuel Chaumié nous annonce que M. le capitaine de vaisseau Lacombe vient malheureusement de mourir des suites d'une congestion cérébrale qui l'avait frappé en janvier 1926. (*R. B.*)

René BONNAT, archiviste, correspondant du Ministre de l'Instruction publique. Inventaire des Archives Départementales de Lot-et-Garonne. — Période Révolutionnaire. — Série L., Tome second. — Agen, Imprimerie Moderne.

La série L., de nos Archives Départementales constitue le fonds le plus précieux des documents permettant d'alimenter l'histoire révolutionnaire en Lot-et-Garonne. On ne sait en quel triste état ce fonds nous est parvenu. Les dossiers détruits ou dispersés sous le gouvernement de juillet ne se comptent plus. Et par le rapport de M. Bonnat, paru en 1908, nous savons combien notre distingué et laborieux archiviste a fait, déjà à cette époque, d'efforts pour reconstituer ce fonds si important. Il n'a pas cessé de rester attaché à cette besogne, délicate et parfois ingrate, dans les années qui ont suivi.

La disparition des documents en 1833, 1843 et 1845, vendus et par suite détruits, a constitué une sorte de vandalisme que l'on ne peut s'empêcher de blâmer aujourd'hui. Evidemment trop de personnes intéressées, anciens acteurs ou héritiers de fonctionnaires en vue, ont voulu faire disparaître des dossiers compromettants pour eux ou leurs parents. Peine inutile ! La part de vérité essentielle à connaître pour l'histoire locale apparaîtra toujours aux chercheurs honnêtes et consciencieux. Elle finit par voir le jour restant dépouillée de toute critique trop personnelle.

Depuis 1908 deux gros volumes ont paru, dûs à M. Bonnat. Le premier renferme des documents spécialement relatifs aux administrations du département, créées le 9 janvier 1790, jusqu'à l'institution de la Préfecture, en l'an VIII. Dans le tome 2, qui vient de paraître, volume de 400 grandes pages, nous relevons la série des renseignements suivants :

Dans l'introduction, un tableau de districts (9), cantons (73), municipalités (284), avec une population totale de 368.000 habitants.

Dans une première partie, le relevé et l'analyse lumineuse des dossiers des administrations ou conseils, que notre savant archiviste a parcourus et résumés avec autorité et méthode, dans un style clair et concis.

Dans la partie suivante, ce sont des documents spéciaux et relatifs aux districts qui sont relevés avec la même conscience et le même soin.

Tout nous fait supposer que cet ouvrage important comportera encore un ou deux tomes. Nous les attendons avec impatience, priant l'auteur des deux premiers que nous apprécions à leur haute valeur documentaire, d'achever le magnifique travail déjà fait et l'ensemble de ce bel inventaire qui laissera aux archives départementale d'Agen une nouvelle trace lumineuse de son passage.

Commandant LABOUCHE.

*
* *

Les amortissements d'Alphonse de Poitiers (1247-1270), par Pascal GUÉBIN. — Ligugé (Impr. Aubin), 1926. — Gr. in-8.

Voilà une étude solide, bien charpentée, claire et précise, un petit modèle de discussion diplomatique et juridique, qui fait honneur à son auteur, M. Guébin, professeur à l'école Lavoisier.

C'est l'histoire d'Alphonse de Poitiers à la recherche de ressources financières. Le frère de Saint Louis essaie de prendre l'argent où il est, tout comme certains de nos hommes politiques contemporains, et, comme eux, il tape sur le clergé. Pendant 24 ans, le domaine d'Alphonse de Poitiers en Poitou, en Saintonge, en Auvergne, dans le pays Toulousain, en Agenais, dans l'Albigeois, le Quercy et le Rouergue fut mis en coup réglé et l'objet d'une enquête qui fit encaisser, rien que sur une centaine d'établissements religieux, plus de 5,000 livres de droits, somme considérable pour l'époque. Plusieurs catégories de recettes exceptionnelles furent alors perçues, notamment des droits d'amortissement ou de main-morte.

Dans les 70 pages qui forment l'œuvre de M. Guébin, et, qui constituent un tiré à part d'articles parus dans la Revue Mabillon en 1925, on peut puiser quelques renseignements intéressants et souvent inédits sur les couvents de l'Agenais.

En 1251, pour lutter contre l'hérésie, il favorise les dominicains et il accorde à ceux d'Agen, moyennant finance, une charte d'amortissement pour une maison provenant de Raymond de La Marche et l'autorisation d'acquérir les autres immeubles nécessaires à l'agrandissement de leur couvent.

En 1267, ordre est donné à deux enquêteurs d'envoyer un projet de charte au comte pour les bénédictins de *Clairac* et de demander à l'abbé ce qu'il offre pour l'obtenir.

Pour les Grandmontais de *Garrigues* (commune de Saint-Pardoux), ordre, en 1268, au sénéchal d'Agenais et du Quercy, de s'occuper d'un legs reçu par le couvent, et en 1270, taxe d'amortissement pour un revenu de 15 livres arnaudines.

En 1269, ordre au même sénéchal, qui a saisi un revenu de 12 sous arnaudins légué au prieuré des bénédictins de *Monsempron*, de négocier le paiement des droits.

En 1270, pour la chapellenie fondée par Etienne de Béziers, à Sainte-Livrade, taxe d'amortissement pour un revenu de 15 livres que le neveu d'Etienne est autorisé à acquérir dans les fiefs et arrière-fiefs du comte de Poitiers.

Enfin, on trouvera quantité d'observations curieuses sur les vieilles coutumes en ce qui touche à la main-morte dans l'examen juridique et comparé des chartes d'amortissement. C'est la partie la plus importante de l'œuvre de M. Guébin. Regrettons simplement que le tableau par lui tracé ne soit pas achevé et qu'il ait laissé dans l'ombre, provisoirement, l'action d'Alphonse de Poitiers sur les établissements de Templiers et des hospitaliers de Saint-Jean de Jérusalem. Là encore nous aurions à glaner. C'est partie remise. Souhaitons que nous ne perdions rien pour attendre.

René BONNAT.

Le directeur-gérant : René BONNAT.

AGEN — IMPRIMERIE LABORDE, BOULEVARD DE LA RÉPUBLIQUE

SCEAU DE L'ÉVÊQUE BANDELLO

(Voir page 89)

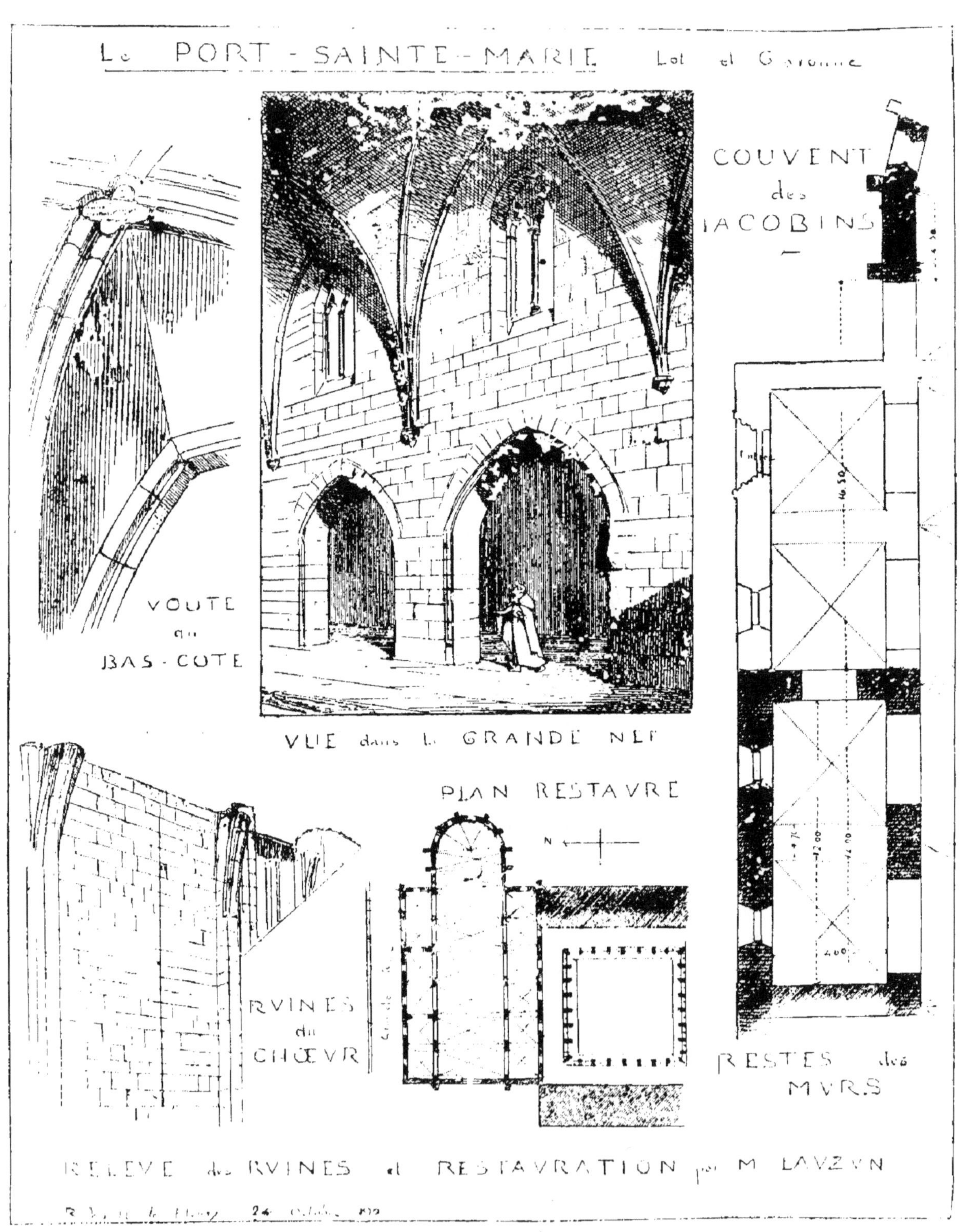

Le Couvent des Jacobins de Port-Sainte-Marie

Mathieu Bandello

SON TOMBEAU - SES ARMOIRIES

En 1924, un fervent amateur de l'histoire de Port-Sainte-Marie, forma le projet de rechercher le tombeau de l'évêque d'Agen Mathieu Bandello ou Bandel, enterré, dit la tradition, dans l'église du couvent des Jacobins de cette ville. Propriétaire d'une partie du Chœur de cet édifice, Monsieur Olivier retraité des chemins de fer et comptable à la librairie Ferret de Bordeaux, avec un zèle, un soin et un désintéressement dignes d'éloges se mit à l'œuvre. A ses frais, sans l'aide de personne, dans le seul but d'apporter sa collaboration à l'histoire, et à la gloire de sa petite patrie, il fit creuser profondèment le sol de l'arrière chœur, et, s'il ne réussit pas à découvrir le tombeau de Bandello, son travail ne fut pas inutile pour l'archéologie. Il convient donc de le féliciter vivement et de faire des vœux pour que son exemple suscite des imitateurs aussi désintéressés.

Une tranchée, ouverte en travers de cette abside, fit mettre à jour un tombeau bâti en pierres et en briques au côté droit de l'autel. Il avait 2,15 de long sur 0,60 et 50 cent. de large. La profondeur très grande, un rebord établi à une petite distance du sol, et un nombre considérable d'ossements extraits de cette fosse nous ont prouvé que nous étions en face d'un charnier, comme ceux que nous connaissons à la grange de Durance et dans l'église Pompiey.

Les tombes de cette espèce se composaient d'un sarcophage fixe, dont le fond ouvert était coupé par des traverses de pierre ou de bois. Au-dessous s'étendait une fosse profonde, dans laquelle coulaient les liquides de la décomposition, et tombaient les ossements décharnés. C'était la fosse commune, où, les frères du couvent, ve naient se remplacer tour à tour, enveloppés dans un suaire.

Combien de cadavres avaient été déposés dans ce tombeau depuis sa construction ? Les ouvriers ont retiré de ce charnier de très nombreux ossements, sans que nous puissions faire un dénombrement.

Bandello a-t-il voulu être enseveli comme un simple frère pêcheur ? Peut-être. Mais ses frères Jacobins ont-ils permis qu'un évêque sorti de leur ordre aille finir dans la fosse commune ? C'est douteux.

Une simple tradition nous dit que Bandello a été enseveli dans le couvent du Port-Sainte-Marie. Argenton paraît avoir été le premier à la fixer en ces termes : « Mathieu Bandel ou Bandello, nommé au mois d'août 1550, se démit en 1555, il mourut à Bazens, ancien château des évêques d'Agen, en 1561 et fut enterré au pied du maître autel des Jacobins de Port-Sainte-Marie, où on pouvait lire autrefois son épitaphe. Il avait été dominicain. »

Les auteurs agenais Barrère, Andrieu, St-Amans, etc., ont à peu près tous répété l'affirmation de l'abbé Argenton. M. Lauzun ajoute que Bandello avait par testament demandé que son corps fut transporté dans l'église des frères Prêcheurs du Port. Malheureusement, il n'indique pas la source de ce renseignement.

Agenton était un historien sérieux et avisé, il n'a pas affirmé sans preuve. Admettons donc que vraiment Bandello a bien été enseveli au Port-Sainte-Marie, et, non pas dans la fosse commune, puisqu'au dire de notre annaliste agenais, on pouvait lire sur son tombeau son épitaphe.

Les fouilles minutieuses et très bien conduites de M. Olivier n'ont pas amené la découverte du tombeau recherché. Peut-on espérer le retrouver un jour ? Peut-être.

M. Momméja ancien conservateur du Musée d'Agen écrivait vers 1903. « Si, faisant un pélérinage au pays du maître conteur, vous descendez du train à Port-Sainte-Marie, vous trouverez tout d'abord les ruines de l'église des Jacobins.. On y pénètre par une cour où vaquent porcs et volailles, parmi des détritus sans nom. Cela n'a pas même l'excuse d'être pittoresque et coloré. Ce réceptacle d'ordures est l'emplacement d'une des chapelles de droite de l'église ruinée ; deux autres apparaissent, délabrées, mais gardant encore leurs voûtes. En écartant la paille et les fagots dont elles sont obstruées, on aperçoit des restes de peintures souillées comme à plaisir, et des masques grotesques, geignant et grimaçant sous le poids des arcs-doubleaux et formerets, auxquels ils servent de cul-de-lampe. De la nef, plus de traces ; un jardin où prospèrent, en saison, les concombres rabelaisiens et les indécentes citrouilles... Dans ce qui fut le chœur, un reste de voûte abrite l'antre d'un forgeron ; des vignes grimpent autour et par un éclairage favorable ce lieu fait songer aux créations de Heber Robur. A grand peine, parmi la ferraille et le charbon, reconnaît-on la place occupée jadis par le maître autel, au pied duquel Bandello voulut dormir son dernier sommeil... (1) »

Ce morceau est pittoresque mais faux. A ce compte le maître autel aurait été en dehors de l'église et à côté du chevet. C'est ailleurs qu'il faut chercher.

Si Argenton a raison c'est au pied de l'autel qu'on doit trouver. Peut-on préciser ? La partie qui appartient à M. Olivier est le fond du chœur, et mesure environ six ou sept mètres. En admettant que l'autel fut adossé au mur du fond, il pourrait y avoir dans cet espace place pour l'autel et le tombeau. Mais, et c'est plus probable si l'autel était détaché du mur et à la distance d'un mètre, c'est dans la partie de l'église occupée par le jardin de M. Ducourneau qu'il faudrait chercher.

M. Ph. Lauzun dans son petit travail sur « *Le Couvent de Jacobins du Port-Sainte-Marie* » écrivait : « Si donc à cinq ou six mètres des murs existant, et autour d'un mur moderne qui coupe aujourd'hui l'ancien sanctuaire dans toute sa largeur, on avait la curiosité de procéder à des fouilles, nul doute qu'à l'endroit que nous indiquons on ne découvre la tombe du prélat... à moins que huit ans après, en 1569, les hordes sauvages de Mongommery ne l'aient déjà violée, ou encore, plus tard, les iconoclastes de 1793. (2) »

(1) Ad. Van Bever et Ed. Sansot-Orland. — Œuvres galantes des Conteurs Italiens. — Paris 1903, p. 216.

(2) P. Lauzun — Le couvent des Jacobins de Port-Sainte-Marie. — Agen, Imp. Moderne. — 1905, p. 42.

Cette réserve est sage, car ce n'est pas seulement en 1569 que les huguenots s'emparèrent du couvent des Jacobins du Port-Sainte Marie. Déjà en 1562, l'année après la mort de Bandello ce monastère fut ravagé et pillé par les bandes protestantes à deux reprises différentes.

L'enquête sur les débuts du protestantisme en Agenais faite en 1538 nous apprend que Nostradamus, médecin et astrologue fut un des premiers à apporter les nouvelles doctrines au Port-Sainte-Marie (1). Un pharmacien Pierre Rivière fit du proselytisme après lui. Arrêté, il fut condamné par le Parlement de Bordeaux à faire amende honorable à la porte de l'église Notre-Dame. Cela n'arrêta rien. Les protestants se multiplièrent, et devinrent audacieux. En 1551, Jean de Valier, vicaire général de l'évêque Bandello, faisant sa visite au Port, apprit que les huguenots venaient jusque dans les églises pour troubler les offices. (2)

Leur audace provocante ne fit que croître. Ils ne se contentèrent pas de chanter les psaumes de Marot, ils s'en prirent bientôt aux images et aux églises. En 1559 on signale des brisements de croix et d'images à Montesquieu, à Agen et dans les environs.

En décembre 1560, dans la juridiction du Port-Sainte-Marie, un oratoire fut rompu pendant la nuit, les églises de Niolles et de St-Martin de Lozet sur la rive gauche de la Garonne furent pillées et leurs images de bois brûlées. (3)

L'année suivante 1561, l'année de la mort de Bandello, les religionnaires eurent de fréquentes et nombreuses assemblées, notamment à Frégimont chez le Seigneur du lieu, un Montpezat-Laugnac. A Port-Sainte-Marie au mois d'octobre ils commirent trois meurtres, à Agen ils se saisirent de plusieurs églises pour y faire leur prêche. Cet exemple fut suivi au Port. Les protestants s'emparèrent de l'église Notre-Dame et du couvent des Domini-

---

(1) Recueil de la Société des Sciences Lettres et Arts d'Agen — 2ᵉ série T. XVI (1893), pages 28, 53, 55.

(2) Archives départementales de Lot-et-Garonne — Fonds de l'évêché — C. 4.

(3) Bibliothèque nationale. L'Eglise de Niolles n'existe plus, elle était située dans la plaine, entre Saint-Laurent et Bruch. — Saint-Martin de Lozet dont il ne reste que des ruines se trouve sur la route qui longe le bas des côteaux, entre Bruch et Feugarolles.

cains, d'où, ils chassèrent prêtres et religieux, et, qu'ils convertirent en temples.

Un édit du roi, en date du 19 janvier 1561 (c'est-à-dire 1562 nouveau style) obligea les réformés à restituer les églises usurpées, et leur donna la liberté de prêcher et de célébrer leur culte, mais en dehors des villes. Obéissant à cet ordre, les réformés du Port assemblés le 15 février 1561 (1562 N. S.) devant la porte de l'église Notre-Dame, dirent en s'adressant au notaire Barbe, « qu'ils se déspartent à présent dud. temple N. D. dans lequel leur ministre a prêché la parole de Dieu publiquement, faict les prières et administré les sacremenz puys deux moys en ça, déclarant que dorsnavant ils n'entendent y entrer pour l'éffaict de la dénonciation de la parole de Dieu, ny autrement l'occuper, aud. recteur ou ses vicaires suyvant la deffence et bon vouloir du Roy.... et ont laysse la clef dans la serrure. »

Se transportant, ensuite, au-devant de la porte du couvent des Jacobins, ils firent la même déclaration « et, après avoir fermé la porte dud. temple ont laysse la clef dans la serrure » et, comme ils s'en retournaient, ils rencontrèrent deux consuls auxquels, ils déclarèrent qu'ils ont abandonné les églises dont ils s'étaient emparés et qu'ils requeraient acte de leur délaissement.

Le même jour, 16 février 1562, Pierre Escolles pardevant notaire, parlant à Georges Lassalle et Antoine Baudon consuls, leur dit, qu'il y avait quatre mois, lorsque les huguenots s'emparèrent du couvent des Jacobins, le prieur au moment de partir lui remit les clefs et l'inventaire des meubles. Ayant eu connaissance de l'édit du roi, le prieur a fait savoir qu'il allait rentrer dans sa maison dans trois jours. Ce délai est passé, le prieur n'est pas revenu. Escolles voudrait bien se débarrasser des clefs mais les consuls refusent de les recevoir. (1)

Cependant les Jacobins revinrent bientôt dans leur couvent, et tout sembla rentrer dans l'ordr. Ce fut une trêve de courte durée.

---

(1) Etude de M. Beyries. — Minutes Barbe 1568.

Dans la nuit du 16 au 17 avril 1562 (la nuit du mercredi au jeudi après Quasimodo), les portes de la ville d'Agen furent livrées par trahison aux religionnaires, qui au nombre de sept ou huit cents s'emparèrent des consuls et des jurats, et se rendirent maîtres des églises et couvents de la cité.

Cet exemple fut imité par les villes voisines. Au Port-Sainte-Marie l'émeute eut lieu dans la nuit du 19 avril (samedi). Après s'être saisi des portes, notamment de la porte de la Barbecane qui touchait au couvent des Dominicains, ils firent entrer des étrangers et s'assemblèrent sur la grande place au nombre d'environ 80. Puis se précipitant sur les églises ils s'en emparèrent et les pillèrent. Au couvent des Jacobins, ils chassèrent les religieux et massacrèrent l'un d'entre eux.

Ils intallèrent les ministres à la place des prêtres et proscrivirent le culte catholique. Un jour ayant entendu dire qu'un prêtre célébrait la messe dans l'église Saint-Germain, ils y coururent armés d'épées pour l'en empêcher. Pendant une semaine entière ils furent maîtres de la ville, ayant faits prisonniers les consuls. L'enquête faite quelques temps après dit qu'ils allèrent dans les maisons catholiques, emportant toutes les armes qu'il y trouvaient. « En diverses fois et de nuit, il ont abaptu tous les authelz et imaiges et croix, pilhé et bruslé tous les ornements des églises de la ville et Juridiction. » Le couvent des Jacobins était leur quartier général. Ils en avaient saccagé et ruiné l'église de telle sorte que de longtemps les religieux ne purent la réparer. (1)

Le 25 avril, apprenant l'arrivée de Burie et de Monluc, les conjurés quittèrent la ville. Les uns gagnèrent le camp des réformés à Orléans, les autres allèrent rejoindre les troupes de Duras, vers Targon.

L'état du couvent des Jacobins était tel que les religieux ne purent y rentrer qu'au mois d'août, après quelques restaurations sommaires.

Ces deux évênements séditieux à quelques mois d'intervalle, eurent liieu dans l'année qui suivit la mort de Ban-

____

(1) Archives de M. du Repaire, château de Fontirous.

dello. Les émeutiers étaient presque tous de Port-Ste-Marie, Pierre Bouycy, Jen Arnaud, Jean Tourault, Aubert Dusolier, Naudou Fompeyre, Jeannot Grés, Pierre Soulbier, etc., ils connaissaient tous la sépulture de l'évêque. Faut-il croire qu'ils la respectèrent ? Ce n'est pas probable, et ce n'était pas dans les habitudes de ces fanatiques qui poursuivaient le papisme jusque dans les tombeaux, en même temps qu'ils détruisaient les images, autels et églises.

Cependant l'enquête que je viens de citer n'en parle pas et aucun document de l'époque n'a pu nous renseigner. Il reste donc un doute, et un petit espoir de retrouver peut-être le tombeau de Bandello.

Les armoiries de Bandello. — J'ai trouvé il y a quelques temps une pièce en parchemin portant une empreinte fort bien conservée du sceau épiscopal de Mathieu Bandello. Ce sceau rond de 0,048 de diamètre, est orné des armes parlantes de l'évêque. L'écu aux bords découpés, porte trois bandes, dont nous ignorons les émaux. Le chef est chargé d'un aigle, l'aigle allemand. Sur les bords supérieurs de l'écu reposent à droite une crosse, à gauche une mitre. Dans le champ du sceau, entre l'écu et l'inscription, se déroulent des rinceaux. L'inscription encadrée par deux filets est en capitales romaines et se lit ainsi :

M. BANDELLVS EPISCOPVS A.

« L'aigle impérial d'Allemagne se retrouve, nous dit Victor Bouton, *Traité de Blason* dans les armoiries flamandes et italiennes. Les Gibelins avaient tous un aigle au chef de leurs armes par concession de l'empereur » Bandello lui-même nous dit que sa famille portait l'aigle dans ses armes par concession spéciale de l'empereur Othon. « Mi mostrô anco esto Enrico (Bandello) il privilégio autentico d'Ottone, primo di questo nome imperadore... In esso privilégio si vede come Ottone alla famiglia Bandella, sovra le sei bande dell'insegna loro, donno l'aquila...» Nouvelle 23 de la 1re partie.

J. R. MARBOUTIN.

Gérard de Lacuée et son régiment

1805-1806

Nous avons tous appris que Minerve était sortie toute armée du cerveau de Jupiter ; mais depuis de longs siècles. il ne suffit pas de frapper le sol pour en faire sortir des légions. Aux armées, il faut avec l'instruction technique une formation morale qui sans nuire à l'initiative de chacun, l'assujetisse en toutes circonstances aux volontés du commandement. Et cette nécessité s'impose surtout aux levées issues de la conscription et du service obligatoire, particulièrement aux époques troubles où ces levées reflètent les passions et les préjugés de la nation dont elles sont issues. Avec les séjours dans les pays étrangers, les troupes se désaccoutument des pratiques de la vie militaire sur le sol national et perdent l'observation minutieuse des règles relatives à la discipline, à l'attitude et à la tenue. Nulle époque que celle du consulat n'offre à ce sujet des élèments plus intéressants pour l'observation, quand on parcourt les registres d'ordres et les mémoires nous faisant connaître un aperçu de l'esprit des citoyens armés à la suite d'une longue période de révolution et au moment où ils vont être mis à l'épreuve par l'ouvrier d'élite qui s'appela Bonaparte.

Les *Souvenirs du général de division duc de Fezensac*, presqu'un agenais, nous fournissent des indications sérieuses sur une demi-brigade de l'époque que commandait au camp de Boulogne le chef de brigade Gérard Lacuée, le second fils du président Lacuée (1). Il devait être tué, le

---

(1) Premier Président de la cour d'appel d'Agen (1747-1824), père du génér l comte de Cessac, ministre d'état et membre de l'académie française.

9 octobre 1805, au pont de Günsbourg, comme son frère Antoine, quelques années plus tard, à Eylau. Et en souvenir de ces soldats, une rue de Paris aboutissant au pont d'Austerlitz rappelle les hauts faits du premier, tandis qu'à Agen, les deux frères ont donné leur nom à une ancienne artère de la ville, leur lieu de naissance (ancienne rue de l'Annonciade.)

Comme le dit très bien Jules Andrieu dans *Les Oubliés*, on ne connaît guère sur les deux colonels Lacuée que quelques petites et vagues notices ou des saluts élogieux donnés au passage par divers auteurs agenais ayant eu l'occasion d'écrire leur nom. *L'Histoire du département de Lot-et-Garonne* de Saint-Amans leur accorde à peine deux notes de cinq lignes (T. II. p. 241 et 242), et Proché dans ses *Annales de la ville d'Agen* (p. 103), leur a fait les honneurs d'un sec paragraphe. Ils méritaient plus que cela et nous essaierons, un jour, de combler cette lacune. Pour le moment, rappelons brièvement les services de Gérard et donnons la physionomie de son régiment.

Né à Agen, le 25 décembre 1774, Gérard était sous-lieutenant à la 14ᵉ demi-brigade, dès le 11 octobre 1792, époque du départ des premiers volontaires nationaux du département. Hussard en 1794, il redevient officier, passe dans l'état-major, est nommé capitaine en 1794 et chef d'escadron, l'année suivante, par Bonaparte qui l'amène en Egypte. Sa valeur est déjà connue, car le 5 février 1794, à l'armée des Pyrénées-Occidentales, il avait fait preuve d'un tel courage, qu'il fut signalé à cette occasion à la Convention Nationale. Plus tard, il fut blessé à la prise de la Croix-des-Bouquets, et, en Egypte, où il reçut un coup de feu au visage, dans le premier combat de la flotille. Aussi, dirons-nous comme J. Andrieu, Agen s'est lui-même honoré en inscrivant sur ses vieux murs le nom de ce héros.

Mais revenons à notre sujet et reprenons la recherche de la physionomie de ce corps dont le commandement a été confié par le Premier Consul au brillant et jeune colonel de 30 ans, Gérard Lacuée.

De Fezensac arrive dans la demi-brigade comme engagé volontaire en septembre 1804, alors quelle fait partie du camp de Montreuil, c'est à-dire de la gauche de l'armée de l'Océan. Le camp aurait du s'appeler le camp d'Etaples, car on avait établi les barraques près de cette petite ville, sur la rive droite de la Canche et près de son embouchure, mais à 12 kilomètres de Montreuil. Les trois régiments de la division campaient sur une seule ligne ; la 25ᵉ légère, la 59ᵉ de ligne (demi-brigade de Lacuée) et la 56ᵉ de ligne. (1)

Nous ne nous étendrons pas sur les détails très complets donnés par Fezensac concernant l'installation et le couchage sommaires des officiers, des sous-officiers et des soldats, la nourriture additionnée d'eau-de-vie et de vinaigre et particulièrement le repas du soir composé surtout de pommes de terre accomodées au mauvais beurre avec des oignons et du vinaigre. Nous ne ferons que mentionner le pain noir de munition, au goût acide et désagréable, grâce au seigle qui entrait dans sa composition. Mais nous rappelerons quelques détails de la tenue bizarre et irrégulière portée à cette époque de transition. La grande tenue était celle de l'ancien régime sauf la couleur, avec chapeau à tricorne coiffé droit, cheveux coupés en brosse avec une queue sans poudre. Les officiers remplaçaient les grandes guêtres par des bottes à revers, singulière mode pour l'infanterie. En petite tenue ou tenue habituelle, les effets étaient peu soignés et parfois même par suite de tolérance prenaient un aspect spécial. Dans le camp, la tenue du sergent major le plus élégant d'alors ferait honte au dernier soldat d'aujourd'hui dont pourtant la coupe des effets et le bonnet de police uniforme manquent d'élégance pour ne pas dire autre chose.

« M. Lacuée me plaça dans la compagnie d'un bon capitaine et mon début fut assez ridicule, écrit de Fezensac. Après m'être engagé, mon capitaine eût la complaisance de me mener au magasin pour me faire habiller. Je recommandai au maître tailleur de m'envoyer mes effets le plus tôt possible. Il ne me répondit que par un sourire : Vous ignorez que nous avons ici une habitude, me dit le capitaine, on ne porte pas les habits aux soldats, ce sont

____

(1) Souvenirs du Général de Fezensac.

eux qui vont les chercher. En retournant au camp, je lui
dis qu'avec un pareil costume, je croirais jouer la comédie,
plaisanterie fort déplacée à faire à un officier, lui-même,
ancien soldat « Je le conçois, me répondit-il, mais j'ai peur
que le spectacle ne vous semble long ; et vous savez que
les billets une fois pris, on n'en rend pas la valeur. » Je
suis bien aise d'établir ainsi la réputation d'esprit de mon
premier capitaine fut-ce même à mes dépens. »

Il y aurait beaucoup à relever dans l'existence de ce
jeune engagé, à la belle montre, au linge fin, à la bourse
assez bien garnie et qui fit l'objet de l'admiration de tous,
en proclamant que Fezensac avait un louis à manger par
jour, manière des soldats d'exprimer la fortune. Mais nous
devons nous limiter. Qu'il suffise de rappeler que ce jeune
conscrit crût devoir faire l'éloge du cuisinier, grosse erreur du début, ne sachant pas encore que l'usage des militaires de tous les temps est de crier contre tout le monde et
de trouver mauvais tout ce qu'on leur donne. Passons
en revue les officiers et la troupe de la demi-brigade, en
commençant par le chef de corps. Et sur ce dernier pre-
nons le texte même des *Mémoires* :

« Le colonel Gérard Lacuée, commandant la 59ᵉ demi-
brigade, réunissait à un excellent cœur, beaucoup d'esprit
et une imagination exaltée. Le Premier Consul qui avait du
goût pour lui, le prit pour aide de camp. Mais les principes
républicains de Lacuée et l'intérêt qu'il témoigna au général Moreau à l'époque de son procès, lui attirèrent la
disgrâce de son général ; et ce fut pour lui témoigner son
mécontentement qu'il lui donna le commandement de la
59ᵉ demi-brigade « Je vous donne, lui dit-il, un des plus
mauvais régiments de l'armée ; il faut le rendre, un des
meilleurs. » Personne ne convenait moins que Lacuée à
cette tâche. Homme du monde plus que militaire, il ignorait les détails du métier ; il n'avait jamais servi dans l'infanterie ; il succédait à un colonel qui avait pillé la caisse
de son régiment et qui ne craignait pas de dire que les
compagnies du centre pouvaient être en guenilles, pourvu
qu'il eut de beaux sapeurs, une belle musique et une belle
compagnie de grenadiers. Le mauvais état de l'habillement
valut même à la 59ᵉ le surnom de *Royal décousu*. Lacuée,

incapable de remettre de l'ordre dans une pareille administration, disait avec raison qu'il laissait faire le quartier-maître, parce que quand il y regarderait il n'en serait pas moins attrapé par lui. Les manœuvres lui plaisaient plus que l'administration, et au bout de peu de temps, il apprit à bien commander son régiment. Quant à la partie morale, il y réussit comme on devait l'attendre d'un homme tel que lui. Cependant ses qualités mêmes lui furent quelquefois nuisibles. Il avait trop d'esprit pour ceux qu'il commandait et ne savait pas toujours se mettre à leur portée. Ses éloges étaient trop fins pour eux ; ses reproches trop amers. Il n'en était pas moins aimé de plusieurs officiers, honoré et respecté de tous. »

Quand Fezensac lui fit une visite avant de s'engager, Lacuée, étonné de son ignorance complète des choses militaires, lui dit « que s'il ne consultait que son attachement pour sa famille et pour lui, il en éviterait tous les ennuis du métier, qu'il lui servirait de secrétaire et que ce serait pour lui une société agréable et bien douce au milieu de l'exil où il était condamné ; mais qu'il s'agissait de son avenir militaire, qu'il fallait apprendre à connaître ceux qu'il était destiné à commander un jour, que le moyen d'y parvenir était de vivre avec eux. « En vivant avec les soldats, ajouta-t-il, on apprend à connaître leurs vertus ; ailleurs, on ne connaît que leurs vices. » Paroles d'un grand sens et dont Fezensac devait bien reconnaître la justesse dans son rapide avancement et sa brillante carrière. Toujours il devait se proclamer d'ailleurs le modeste élève de Gérard Lacuée.

La demi-brigade ou le régiment (suivant la vieille dénomination rendue définitive en 1805) ayant à sa tête, Gérard Lacuée, s'était distinguée dans les guerres de la Révolution et faisait partie de la division Desaix à Marengo ; dix sous-officiers et soldats y avaient reçu des fusils d'honneur pour leur conduite pendant cette journée. En 1802, le corps tenait garnison à Clermond-Ferrand lorsque le nouvel évêque, M. de Dampierre, y fut installé solennellement, en vertu du concordat. Nous ne pouvons pas comprendre aujourd'hui combien alors des cérémonies religieuses, des honneurs accordés à un évêque semblaient étranges. Aussi le capitaine de musique imagina de faire jouer à la cathédrale les airs les plus ridicules, tels que : *Ah ! le bel oiseau, maman !* en choisissant de préférence le moment de l'entrée de l'évêque. Aussi la demi-brigade fût-elle envoyée à Luxembourg.

Quelques mots sur les officiers, d'après les souvenirs de Fezensac :

Les deux chefs de bataillon étaient Savary, frère du duc de Rovigo, vif, animé, colère, inégal dans sa manière de servir et Silbermann, alsacien, froid, méthodique, d'une tenue parfaite. Tous deux, devenus à leur tour chefs de corps, moururent au champ d'honneur, comme leur ancien colonel. Les officiers sortaient des rangs des sous-officiers ; tous avaient fait la guerre, la plupart étaient des gens de peu d'éducation. (1) Quelques-uns pour réparer ce désavantage, s'étaient donné une demi-instruction assez confuse. Leurs manières étaient communes, leurs politesses, des politesses de soldats. Le plus distingué de tous, le capitaine Baptiste devait être colonel du 25ᵉ léger. Le plus original, le capitaine Villars, gascon de naissance et de caractère, exagérait tout, même ses actions d'éclat et ses blessures, bien qu'il en eût de très réelles. Le premier sous-lieutenant de Fezensac fut Saint-Michel, plus tard, général de division à Toulouse.

Quelques agenais servaient dans la demi-brigade comme officiers ou sous officiers. C'étaient Bourran de Villeneuve, Delmas et Cazal, de Fumel, enfin, Decours, de Castillonnès. Nous ne dirons rien d'une cinquantaine de caporaux ou soldats lot-et-garonnais confondus dans les effectifs des compagnies. Mais nous nous arrêterons un instant sur Decours, homme très brave mais dont les duels ne se comptaient déjà plus, à cette époque. Il mérite une mention spéciale car s'il ne devint que capitaine il avait la capacité pour faire un chef de corps. Fezensac dit de lui : « D'une famille noble de Castillonnès (ce dont il se vantait

---

(1) L'école de Saint-Cyr précédemment à Fontainebleau ne date que de 1808. (Ce fut le 2 juillet de cette année que l'école militaire se transporta par la route à Saint-Cyr ; les élèves firent la route à pied, le sac sur le dos et en trois jours.)

beaucoup), aussi gascon que son origine, Decours, était aussi brillant à la guerre que querelleur et duelliste en temps de paix. Mais lettré et fort intelligent, il était à peu près le seul au régiment ayant une véritable instruction. »

Ce Decours, Louis-Antoine François, né le 24 janvier 1782, (1) était le fils de Jacques de Cours de Thomazeau, capitaine au régiment de la Reine, officier à l'île de la Martinique où il s'était marié avec une belle créole ; tandis que Louis, devait épouser en 1815, une demoiselle de Vassal.

Jacques de Cours, c'est-à-dire le père, rentré des Antilles, à Castillonnès, en avait été maire. Il avait fait exécuter les belles promenades établies sur les anciens fossés. Il possédait un hôtel donnant sur la promenade de la Mouthe par une terrasse, belle demeure, bâtie par Louis, l'architecte du grand théâtre de Bordeaux. Elle appartient aujourd'hui à la famille de notre distingué collègue, Guy de Montard, ingénieur des arts et manufactures, à qui elle est parvenue par héritage. En 1776, se plaça un incident curieux dans l'histoire locale. A la distribution des rameaux par Martial de Crémoux, curé, M. de Laborie, procureur du roi, voulut exiger que les palmes lui fussent présentées avant d'être offertes au maire, M. de Cours, sans hésiter, le fit jeter hors de l'église par ses mandes. D'où plaintes et procès. Ce dernier fut gagné par M. de Cours, qui n'entendait pas qu'on pût oublier ses prérogatives de premier citoyen de la ville. (2)

Quand au fils Louis-Antoine-François, l'ami de Fezensac, et le protégé de Gérard Lacuée, il avait hérité des qualités et de l'originalité de son père. On montre encore aujourd'hui dans son ancien hôtel, la cave où il enfermait un loup dressé pour le suivre à la chasse. Ce loup faillit lui causer des histoires fâcheuses avec des enfants. Il se trouva dans l'obligation de s'en défaire. Or,

------

(1) Décédé le 10 octobre 1834.

(2) Dans les archives du tribunal révolutionnaire de la Dordogne, il est fait mention du jugement et de l'exécution d'un parent rapproché du maire, un autre De Cours, soupçonné de vouloir émigrer. On l'exécuta, sans avoir même rempli 'es blancs laissés sur les imp imés.

dit qu'il en fit préparer la dépouille pour lui conserver l'apparence de la vie. Dans son testament, il légua mille francs à la ville pour le creusement d'un puits au milieu de la place. Mais ce puits ne donna pas d'eau ; il fut comblé. Regrettons-le pour Castillonnès, où la question de l'eau a été toujours des plus essentielles à réaliser.

Profondèment honnête, bon pour ses hommes comme officier, juste et plein d'équité pour ses métayers, il fut le son vivant, un bouillant et irréductible partisan de l'empire qu'il avait tant défendu sur les champs de bataille et même en allant enclouer un canon dans une redoute russe à la Moskowa. Aussi se rappelle-t-on encore dans le pays, qu'après 1814, lors des passages fréquents des troupes royales, le capitaine Decours se plaçait bien en évidence sur sa terrasse, ne souffrant pas un instant qu'un officier le regardât avec trop d'insolence. Sans cela, c'était un duel et un duel sérieux. (1)

Mais revenons aux subordonnés du brillant colonel ou chef de brigade Gérard Lacuée, que nous avons un instant perdu de vue, pour insister sur le compte de ce bouillant Decours, possédant à la fois, les qualités d'un agenais et les défauts excusables du martiniquais.

Les sergents-majors et les sergents de la 59ᵉ demi-brigade ne se distinguaient guère des officiers. Ayant à peine un commencement d'éducation, aucune fortune, beaucoup contractaient l'habitude de boire et arrivèrent à peine aux grades de lieutenant ou de capitaine.

Les plus malheureux au camp étaient certainement les sergents-majors dépositaires des fonds des compagnies que les capitaines auraient dû garder dans leurs barraques où ils auraient été placés en sûreté. Et comme l'on convenait généralement que les sergents-majors ne pouvaient se tirer d'affaires avec leur faible solde, c'était bien à eux que pouvait s'appliquer le mot de M. de Talleyrand, qu'il ne

---

(1) Les De Montard possèdent encore plusieurs portraits des De Cours. Ils ont aussi le brevet de chevalier de la légion d'honneur de Louis, Antoine, François, daté du 7 août 1823, il porte cette mention « pour prendre rang à partir du 14 mai 1806. » Le titulaire avait été, en effet, proposé à l'Empereur, à la suite de la prise du pont de Gunsbourg (octobre 1805).

connaissait personne qui pût vivre avec son revenu. Aussi ne se montrait-on sévère que pour les manœuvres dont le soldat aurait été victime. Faire sauter des journées d'hôpital ou compter des absents comme présents, n'étaient que des fautes vénielles puisqu'on ne volait que l'état, singulière morale à laquelle on était conduit par l'insuffisance de la solde. Les soldats connaissaient ces tours de passe-passe et en faisaient justice. « Le sergent major connaît l'arithmétique, disaient-ils, pose zéro et retiens neuf. » Les soldats ne se faisaient d'ailleurs aucun scrupule de tromper les marchands et ces hommes, fort honnêtes du reste, trouvaient cela très simple. Persuadés que chacun les volait, depuis le ministre, jusqu'à leur sergent-major, depuis les fournisseurs de l'armée jusqu'aux paysans, les petits vols qu'ils pouvaient faire leur semblaient une revanche très légitime.

Les chefs s'occupaient peu de l'instruction et sauf quelques grandes manœuvres commandées par le futur maréchal Ney, on ne faisait pas grand'chose au camp de Montreuil. Chaque colonel intruisait son corps comme il le voulait. Les vieux soldats assistaient à des théories et rarement à des exercices. Les recrues seules étaient très prises. Aussi, un jour, un adjudant-major désignant un vieux sergent pour instruire les recrues, celui ci répondit avec un accent gascon : « Je ne suis pas dans le cas, Monsieur, L'exercice, je ne la sais pas — si je la savais, on ne me la montrerait pas ; si je ne la sais pas je ne peux pas la montrer. » (L'exercice est féminin dans le langage du soldat). La familiarité était permise, le plus souvent entre chefs et subordonnés et, dans une promenade militaire, un officier ayant dit d'un ton dégagé au sergent Fezensac, tout en jouant avec son épée : « Sergent, nous *fons* là une belle promenade — Oui, mon lieutenant, répondit Fezensac ; mais moi qui ai un sac et un fusil à porter, je trouve que nous *vons* un peu loin. »

Qu'est-ce donc qui occupait cette jeunesse dans les moments non employés à l'exercice, au nettoiement des armes, aux soins de propreté pour lesquels on se montrait du moins assez sévère ? Rien du tout, écrit Fezensac. Dormir une partie du jour, après avoir dormi toute la nuit ;

chanter des chansons, conter des histoires, quelquefois se disputer sans savoir pourquoi, lire quelques mauvais livres qu'on parvenait à se procurer ; c'était leur vie, l'emploi de la journée des sergents comme des soldats, des officiers comme des sergents. Cependant les mœurs étaient meilleures qu'on n'aurait pu le croire. D'abord, on ne voyait pas de femmes ; on n'allait jamais à Montreuil distant de trois lieues....... Dira-t-on que cette privation devait engendrer des désordres d'autre nature ? Il y en avait sans doute ; mais en très petit nombre.

Il n'était pas question de religion. Les régiments n'allaient à la messe que dans les villes, car par une singulière contradiction, Bonaparte pensait que la piété convenait aux femmes et non aux hommes. « Je n'aurais pas voulu, disait-il, avoir une armée bigotte » ; assurèment il devait être satisfait à cet égard.. .. ..

Malgré le peu de travaux du camp, l'armée ne retira pas moins de grands avantages du long séjour qu'elle y fit. La vie du camp préparait aux marches et aux campements. On s'était accoutumé à vivre ensemble. Les généraux et leurs officiers se connaissaient, s'appréciaient mutuellement. Des liens de fraternité ainsi qu'une noble émulation existaient entre les demi-brigades. La 59ᵉ guidée et bien en mains, sous le brillant Gérard Lacuée, son chef, s'améliora peu à peu grâce à ses avertissements et à ses réprimandes. Et son corps sans grande dicipline intérieure devint peu à peu le magnifique régiment de 1805. L'épée avait été peu à peu retrempée grâce au bon ouvrier qu'était Gérard Lacuée dont le rôle était de suivre la direction indiquée par le plus grand des patrons, Bonaparte.

Nous terminerons par quelques lignes sur le combat de Günsbourg et la mort de Gérard Lacuée survenue le 9 octobre 1805.

Ayant reçu une blessure grave, il mourut quand on le transportait de l'autre côté du pont. Son dernier mot fut d'ordonner à l'officier qui le conduisait de le laisser mourir et de retourner au combat. « Le régiment a fait son devoir, dit-il, je meurs content. »

« La perte du colonel Lacuée fut vivement sentie dans l'armée et particulièrement dans son corps devenu un régiment. Ceux qui l'aimaient le moins, écrit Fezensac, ceux que lui-même traitait le plus sévèrement, rendaient justice à ses belles et nobles qualités. Il fut enterré le jour même dans le cimetière de Günsbourg. Les régiments qui se réunissaient dans cette ville y assistèrent ; mon capitaine prononça un petit discours que je regrette de n'avoir pas conservé. Le colonel Colbert, ami particulier de Lacuée, voulut avoir sa dragonne et par un souvenir militaire de son affection, il se promit de donner avec elle un bon coup de sabre et il a bien tenu parole.......» Quand à Fezensac il est superflu de dire qu'il éprouva une grande douleur. Lacuée lui avait témoigné la tendresse d'un père ; il lui devait sa nomination d'officier, et la lettre que Fezensac écrivit ce jour là même à sa mère fut souvent interrompue par ses larmes... .. ..»

Dans le décret impérial du 14 février 1806, Napoléon voulant honorer la mémoire des chefs de la grande armée, morts glorieusement sur le champ de bataille, donna leurs noms à des places et à des rues se formant à Paris, aux abords du Pont du Jardin des Plantes, sur l'emplacement de l'Arsenal. Ainsi devaient se trouver consacrés cinq noms de généraux et de colonels dont celui de Lacuée. La rue qui devait porter le nom de ce dernier devait avoir quinze mètres de largeur et lier deux parties populeuses de la capitale. Elle se trouve aujourd'hui entre le boulevard de la Bastille et l'avenue Daumesnil (12ᵉ arrondissement). Elle rappelle le souvenir d'un grand agenais et d'un officier d'un grand avenir tombé à la fleur de l'âge.

Une main amie (1) traça, en 1805, sinon avec la perfection désirable du moins avec fidélité, le tableau de la prise du pont de Günsbourg et les derniers instants du colonel dans cette affaire qui l'immortalisa. Nous en détachons ce dernier passage :

---

(1) *Discours en vers sur le passage du pont de Gunsbourg* où R. Noubel rend hommage au dévouement du Colonel (Tome II du recueil, p. 421). Lauzun en fait une mention élogieuse dans sa *Société Académique*, p. 103.

Gérard dont le sang coule et que l'obstacle irrite,
Bientôt de ses soldats a réuni l'élite :
« A moi braves, dit-il, la victoire ou la mort ! »
Il s'élance avec eux ; tout cède à leur effort.
Le pont dont leur audace a franchi les barrières,
Reçoit avec effroi nos phalanges guerrières :
Sur le bord délivré l'intrépide Gérard
Du bataillon vainqueur arbore l'étendard :
Il triomphe..... o regrêts !..... une atteinte mortelle
Ouvre à son noble sang une source nouvelle.
Il tombe environné des ombres de la mort,
Vers l'ennemi qui fuit, son œil se tourne encore
« Marche-t-on ?... Du germain ai-je vu la défaite ?
« Gérard, nous triomphons ; ta gloire est satisfaite. »
Il entend, il expire : et ses braves guerriers
Couvrent son corps sanglant de pleurs et de lauriers. (1)

Commandant LABOUCHE.

(1) *a)* Dans cette affaire de Günsbourg, d'autres agenais se distinguèrent tels que *Bourran* de Villeneuve capitaine de la garde impériale, *Delmas* de Fumel, lieutenant, *Decours*, de Castillonnés, sergent-major, *Cazal*, de Fumel, sergent-major, ces trois derniers du 59e. et l'adjudant *Menne*, Maurice, quatrième fils du conseiller de préfecture. Tous furent faits, à cette occasion, chevaliers de la légion d'honneur par l'Empereur.

b) Le frère aîné de Gérard, Antoine, colonel du 63e, devait se distinguer à la bataille d'Eylau (1807). Déjà blessé deux fois et malgré les chirugiens de son régiment qui devaient chercher à le retenir, il reviendra au feu et tombera en combattant.

Un second frère Gérard Jean devait devenir intendant général de l'armée d'Aragon, puis député de Lot-et-Garonne en 1833.

c) Certains musées de province, tels que le musée normand de Rouen, possèdent des assiettes décoratives, style empire, représentant la mort de Gérard Lacuée.

TOPONYMIE AGENAISE

Essai SUR L'ORIGINE ET LA SIGNIFICATION DES
NOMS DE LIEU DE L'AGENAIS

(Suite)

V. — LES PLUS ANCIENS LIEUX HABITÉS

La pratique assidue de la Toponymie Agenaise ne tarde pas à démontrer, en fait d'onomastique, que le Bordelais à l'ouest, le Périgord au nord, le Quercy à l'est, ont largement envahi l'Agenais — faut-il s'en étonner vraiment ? — et que le Toulousain au sud-est, la Gascogne surtout au sud-ouest, sont remontés presque jusqu'à la Garonne et l'ont même un peu dépassée en certains points comme à Tonneins. C'est à peine s'il reste autour d'Agen, dans son arrondissement, à l'est de celui de Marmande et dans la région de Villeneuve, quelques noms de lieux, habités ou non, qui doivent être *agenais*. Comme il n'y paraît guère, une sérieuse étude des dialectes ou des parlers locaux pourrait seule nous fixer à cet égard.

Cette particularité, en rendant mon travail très ardu, fait que les noms des lieux, habités surtout, sont de toute provenance et de tous temps. On ne peut les classer que par leur ancienneté apparente ou supposée et en tenant compte de leur importance, passée ou présente, jusqu'à un certain point.

En l'absence d'un Dictionnaire Topographique, d'un Dictionnaire des Noms Anciens de Lieu du Lot-et-Garonne, ainsi qu'il en existe dans plus de vingt départements français, entr'autres chez nos voisins de la Dordogne, j'ai dû m'en rapporter pour le choix des principaux aux annales de la province, aux dires de nos historiens locaux : au Pouillé historique du docèse d'Agen de M. le chanoine Durengues pour ceux des paroisses, aux écrits de MM. Samazeuilh et de Bourrouse de Laffore pour ceux de toute la partie de l'Agenais s'étendant au sud de la Garonne, mais surtout aux publications plus récentes et si sûres de M. G. Tholin.

Le plus grand nombre des localités qu'ils signalent, situées généralement sur des points stratégiques (comme Penne, La Plume, Bonaguil, Le Puyfortaiguille, Cuq, Cocumont, Puch, Romestaing, etc., dont j'ai déjà défini les noms), le long des frontières, des cours d'eau, des routes, paraissent avoir été utilisées surtout, — dans leur ensemble ou en partie, — pour la défense ou la garde du pays : d'abord durant la période celtique et un peu avant notre ère, en un moment où celui-ci ne devait pas être aussi sauvage qu'on le croit en général puisque sous le roi Teutomat, fils d'Ollivicon, on y put, en un tournemain, rassembler, monter, équiper et armer un important corps de cavalerie et recruter, en outre, cinq mille fantassins contre César ; puis, à l'Epoque Gallo-Romaine, au dire de Sidoine Apollinaire, lors des premières invasions et conquêtes germaniques ; enfin aux temps Barbares et durant le Moyen-Age.

AGEN et les NITIOBRIGES. — Chaque nation gauloise avait, généralement sur des hauteurs aussi inaccessibles que possible, un *oppidum* ou *opidum*, un *dunum*, plusieurs même, qui étaient des lieux de *refuge*, places fortes ou camps retranchés. AGEN (rien de la ville romaine ni de l'actuelle n'existait encore si ce n'est quelques huttes de pêcheurs) était un de ceux-là. C'était même l'*opidum* principal des NITIOBRIGES (1), nos premiers ancêtres gaulois, dont le nom pourrait signifier en celtique, d'après G. Dottin (*op. cit.* pages 88 et 92) « forts au combat » : en

---

(1) Comme les appelle Jules César dans ses *Commentaires*, invariablement.

vieil irlandais *brig* veut dire « force », *nith* « combat » et ce sous-dialecte est celui qui se rapproche le plus du celtique primitif...

AGEN, était alors situé sur le côteau de l'Ermitage, au-dessus des grottes qui règnent derrière et à la suite de l'église et du couvent qui s'y trouvent de nos jours. L'entrée de quelqu'une de ces grottes était sans doute très grande et se voyait de fort loin. Il n'en fallut pas davantage, aux temps primitifs, pour appeler ce promontoire et plus tard la place forte sans doute établie au dessus, AGENNUM ou AGINNUM, c'est-à-dire « l'*opidum* où se remarque l'ouverture d'une caverne », « l'*opidum* de la caverne », puisque d'après le *Glossaire Gaulois* de Roget de Belloguet, AGENNUM, ou AGINNUM en tenant compte de la prononciation locale, voulait dire voulait dire en cette langue « ouverture d'une caverne, une fente ou crevasse de rocher ». Le savant hagiographe Tillemont, dit à propos de Saint Caprais, que ce saint se retira auprès d'Agen, du côté du septentrion. « On y a fait une chapelle dans une caverne où on prétend que Saint Vincent s'était aussi caché, et que son corps y a été enterré d'abord ». Agen était à ce moment descendu dans la plaine.

Cette étymologie qui ne remonterait pas au delà des temps celtiques (500 à 600 ans avant J.-C.) parait assez plausible ; mais, étant certain que la finale *um* dont AGENNUM se trouve alourdi est d'origine romaine, elle pourrait être autre, abstraction faite, bien entendu, de soi-disant légendes ou traditions et des fables romanesques dont on nous a bernés jusqu'ici... Ainsi, en sanscrit, *açan* singnifiait « rocher » si nous en croyons d'Arbois (*op. cit.* p. 179, en note) ; or, régulièrement, AGEN pourrait en dériver et tirer son nom de l'éclatant bandeau de rochers blanchâtres qui ceint le front du promontoire sur les flancs duquel s'accrochent aujourd'hui ses agréables villas. Il est fort possible en effet, que, pour les premières tribus sédentaires de la plaine, encore à demi submergée, et les farouches pêcheurs des îles groupés à ses pieds, auxquels il offrait sur sa crête un observatoire et un refuge au moment du danger, c'était simplement *açan* « le rocher » et que ce nom lui soit resté quand des peuplades nouvelles plus guerrières ou plus défiantes, ont voulu y établir un asile puissant autant que collectif. Enfin remarquons aussi qu'en irlandais, d'après Mone, A majuscule veut dire « colline », *gaun* « forteresse », et que telle pourrait être encore l'étymologie d'AGEN ; mais jusqu'à un certain *point*.

SOS. — On croit que SOS, aujourd'hui aux confins-sud de l'Agenais, était avant l'arrivée des Romains en Gaule, la capitale d'un petit peuple *aquitain* indépendant. Son nom, très ancien sans aucun doute, échappe à l'analyse. Il semble avoir pour radical une racine primitive impliquant la suprématie en quelque chose ; et on suppose qu'il désignait « un suprême refuge, une haute forteresse capitale » assez semblable à l'*opidum* des Gaulois et ayant une similitude avec SOS, en Espagne : l'antique et puissante forteresse où naquit en 1458 Ferdinand le Catholique, dans la province de Saragosse.

PUJOLS. — Un autre *opidum* des Nitiobriges se voyait au sommet des hautes collines bordant le Lot, vers Villeneuve, sur le plateau de PUJOLS dont l'archiprêtré porte encore le nom de *de Opere* (?), mauvaise lecture de *de Opido* « de l'*opidum* », par Jean de Valier en 1520.

PUJOLS est formé du radical latin *podium* « puy » et d'un suffixe que certains croient celtique et sur lequel je reviendrai ; il signifie « village sur un puy ». L'*opidum* était à côté, à la pointe d'un promontoire aujourd'hui sapé par les carriers de Villeneuve pour en extraire divers maté-riaux de construction.

TONNEINS. — Cet important chef-lieu de canton a dû être sinon un *opidum* du moins un puissant *dun* établi sur un promontoire rocheux dont la pointe aujourd'hui disparue, emportée par les eaux, s'avançait alors en Garonne.

Il devint à l'Epoque Gallo-Romaine, le chef-lieu d'un *pagus* sans doute, d'un *Pagus Dunensis*. Le durcissement de la dentale initiale de *Dunensis*, aux Temps Barbares, peut-être l'influence du vieux norois *tun* « ville, cité » lors des incursions des Normands, en fit TUNENSIS qui, à peine dénaturé et prononcé *Tounensis* puis *Tounenx*, nous a donné finalement *Tonnenx* ou TONNEINS : ses habitants s'appellent *Tonneinquais*.

Le lac de Thoune, appelé dans la Chronique dite de Frédégaire *lacus Dunensis*, « le lac du Dun », révèle aussi un antique *dun* ou *dunum* dans le nom de cette ville de Suisse écrit aujourd'hui *Thun*.

DURAS. — Cette localité est assise sur un haut promontoire dont se détache un fort éperon, au confluent du Drot et de la Dourdèze. Le radical de son nom est le vieux celtique *dur* signifiant « forteresse », « citadelle » ; la désinence *as, at, atis*, est un suffixe, indicatif de présence en un lieu, d'origine gauloise mais qui pourrait être de provenance grecque. DURAVEL (Lot) serait un diminutif de DURAS, d'après le Dᴿ Meynier.

MONHEUR, MASSURT. — Dans les composés dont il est la désinence, *dur* a souvent subi la syncope du *d*, et *ur* s'est transformé en *er, oir, or, eur, urt* et même *art* dit le Dᴿ Meynier : Issoire « la forteresse d'Iccius », Mandeure « forteresse en marais », Anglure (Marne) « la forteresse de l'angle », etc. Nos MONHEUR « mont fortifié » et MASSURT « manse ou mas fortifié » en sont des exemples. Cette altération de *dur*, expliquée aussi par A. Longnon (*op. cit.* p. 35), daterait de la domination franque seulement.

RAT. — « Le *ratos, ratum*, des Gaulois était une place fortifiée par une levée de terre, un grand camp retranché », dit encore le Dᴿ Meynier. Tels étaient : *Argentoratum*, l'ancienne Strasbourg, et notre modeste RAT, un point culminant jadis fortifié, près Puymirol, signalé par M. Ernest Lafont ; encore *Le Cap del Rat*, vers Thézac, peut-être.

MARMANDE. — Cette sous-préfecture, dont le nom semble composé de deux mots celtiques présumés, *mar* « grand » et *mand* « marais », a été peut-être un *opidum* ou un *dunum*, établi sur un renflement du sol au milieu ou dans le voisinage des anciens grands marais de la rive gauche de la Garonne, comme le faisaient les Gaulois des bouches de la Meuse, de l'Escaut et du Rhin.

Mar, entre dans la composition de plusieurs noms gaulois à titre de déterminatif : *Marmagus* « grand champ », *Marcombe* « grande combe », *Caymar* « grand cayre », *Guillomar* « grande forêt » etc. (Voyez G. DOTTIN *op. cit.* et de GOURGUES). *Mant, mint, mand,* seul ou en composition, a servi à dénommer anciennement un certain nombre de localités jadis ou encore entourées de marécages : Mantinée, Mantoue, Minturnes, Mant (Landes), Mantes (Seine-et-Oise), Manteyer (Hautes-Alpes), Mandeure-sur-Doubs, Mantoche-sur-Saône, etc. (V. *Ch TOUBIN, Essai d'Ethymologie*). (1)

Cependant s'il faut en croire le Dr Meynier (*op. cit.*) MARMANDE, de même que son homonyme du département de la Vienne, se serait appelé d'abord *Marcomannia* « la cité des Marcomans ». Elle aurait été fondée par une bande de ce peuple germain, pillard et destructeur au premier chef, ravageur de l'Italie et de certaines parties de la Gaule, durant le IIe et le IIIe siècles, qui s'y serait fixée à l'Epoque Gallo-Romaine. (2) Défaits par Aurélien, cet empereur les y aurait sans doute établis à titre de lètes ou de colons ? Ce n'est pas impossible : nous le verrons à propos de Seyches, de Francescas, d'Allemans et autres.

GAVAUDUN. — Cette place forte a toujours été appelée *Gabaldunum* en latin.

Des révolutions, des dissenssions intestines agitaient presque continuellement les Gaulois et provoquaient dans leurs nations des migrations intérieures. De petits groupes quittaient leur pays et allaient demander à d'autres nations plus fortunées ou moins peuplées que la leur, la sécurité et les moyens d'existence que celle-ci ne pouvait ou ne voulait plus leur donner.

Tel fut le sort, avant l'ère chrétienne probablement, d'un groupe de Gabales (habitants du Gévaudan, *pagus Gabalitanus*) qui vint se fixer et créer un *dunum*, sur un énorme rocher taillé à pic, isolé de tous côtés, dans un cirque sauvage des gorges de la haute vallée de la Lède...

---

(1) MANDASSAGNE, moulin sur le Drot, comprend *mand,* « marécage » et *sagna* « marécage » en roman : c'est une tautologie.

(2) *Marcomans* signifiait « les hommes de la frontière »... ou « les cavaliers ».

Plus de mille ans après, cette forteresse, pourvue de tous les moyens de défense de l'époque, fut un des boulevards des *Henriciens, Agenais* ou *Albigeois,* en même temps que Penne et Casseneuil.

En Aveyron et en Lozère on appelle encore *gabachs* et *gavauds,* identique celui-ci à Gabales, les habitants du haut pays Lozérien ; tandis que dans le Haut Agenais les termes de *gavaches* et de *pataris* ou *patarins* (hérétiques) sont devenus des termes de mépris.

ALBRET, LABRETONIE. — La même infortune advint à des Bretons et à bien d'autres, sans doute, à l'époque Gallo-Romaine. De là viendraient les noms de BRETTES, BRETONNIE, LABRETONIE, en Agenais, et le nom célèbre d'ALBRET (jadis *Labrit* ou LEBRET) dans les Landes, anciennes colonies bretonnes ? « Les *Brith* ou *Brettes,* les *Britanni* des Romains, ont beaucoupp essaimé en Gaule », dit le Dr Meynier (*op. cit.*)

LÉSENNE, LACENNE ? — De là viendraient aussi les noms de LÉSENNE (St-Etienne de) et LACENNE (St-Pierre de) qui paraissent bien désigner deux de ces antiques groupements de *Senones* immigrés que l'on rencontre en France de ci de la ? *Senensis pro Senonensis,* dit Du Cange. *Senensis* a fait *Sennès* et *Senne* ou *Cenne.* LACENNE a ceci de particulier qu'elle a du recevoir à une époque un peu plus récente une colonie de *Pictes* (les peints) ancêtres présumés des *Pictavi, Pictones* ou Poitevins, ou traduction latine des *Brith* ou Bretons qui se peignaient le corps. De ce fait elle prit immédiatement le nom de *Pictavilla* « la villa des Pictes » que l'on traduisit en français par VILLEPINTE. Mais, plus tard encore, elle reprit son ancien nom de LACENNE qu'elle porte toujours. (Voyez l'abbé Durengues, *op. cit.* et CF. *Redones* et Rennes, *Turones* et Touraine).

ANTHÉ et LES VENNES ? — De là viennent encore probablement les noms d'ANTHÉ, près Tournon, et des VENNES, près Seyches, apportés vers la même époque, l'un par des réfugiés *Andegavi,* appelés *Andes* par César (les Angevins d'aujourd'hui) et l'autre par des immigrants Vénètes dont la capitale actuellement Vannes se pronoçait autrefois VENNES. (V. Augⁱⁿ *Longnon, op. cit.* p. 101)...

SÉNESTIS. — Tandis que des *Silvanectes* s'établissaient dans la belle plaine qui s'étend sous le Mas.. « *Silvanectes*, nous apprend Longnon (*op. cit.* p. 103), s'est réduit dès l'époque mérovingienne à *Selnectis* dont une métathèse fit *Senlectis* qui, à l'usage, est deven Senlis dans l'Oise » et Sénestis chez nous, par élision de l'elle.

BAJAMONT et MONVIEL ? — Les *Bajocasses* et les *Veliocasses*, autres Gaulois du nord. ont aussi essaimé par ici, semble-t-il. Ces deux noms étaient accentués sur l'antépénultième et leur finale *casses* était atone. En sorte que si le *Saisimentum* de 1271 dit vrai, BAJAMONT, qu'il appelle *Bajolmonte*, doit se traduire par « le mont sur lequel était *Bajoiolum* ou *Bajolmons* (le *vicus*, le village des Bajocasses) », au lieu de *Bajuli Mons* « le mont du bailli » comme le pensait M. Tholin.

De même que MONVIEL pourrait être « le mont des Veliocasses », par métathèse.

Voir pour cette série de noms de lieu le remarquable article de MM. Marichal et Mirot dans *LONGNON* (*op cit.* p. p. 97 et suiv.) : *Souvenirs des anciennes populations de la Gaule.*

MEILHAN (*mediolanium*), MEYLAN et MADAILLAN (*mediolanum*). — On sait que le *mediolanium*, d'autres fois *mediolanum*, en gaulois *milan* ou *mylan*. littéralement « *champ du milieu* », était le lieu d'assemblée générale des Gaulois, le *champ des harangues et du feu*, ordinairement situé en rase campagne. Ceux-ci s'y réunissaient en grand nombre toutes les fois que le besoin s'en faisait sentir, pour y légiférer et rendre la justice, y *palabrer* de cent'manières, et pour certaines'cérémonies'religieuses aussi : autour du *feu sacré*. Il a fait place plus tard au *champ de mai* ou *plaid général*. Beaucoup d'entr'eux sont devenus comme deux des nôtres, des centres de population parfois importants. Milan en Italie, Millhau (Aveyron). Evreux et Saintes sont les plus connus (A. *LONGNON*, *loc. cit.* p. 60.)

MONTAUT. — Cette désignation s'est appliquée tout d'abord, plus particulièrement, à la forte colline dite aujourd'hui MONTAUT-LE-JEUNE, située un peu au nord du village moderne dit, lui, MONTAUT-LE-VIEUX, tout à fait sur les confins des Pétrocoriens et des Nitiobriges : là même où fut érigé au moyen âge le fort château féodal de ce nom, un des plus puissants du pays.

Les Celtes, dans leur langage l'appelaient *alt* « la plus haute colline » (*COCHERIS, loc. cit.* p. 56) ; ils y avaient établi, sur son sommet, un poste frontière et, non loin de là, sur l'emplacement occupé par le village, un grand marché d'échange entre les deux nations. Les Romains, à leur tour, sur le dernier emplacement, construisirent un vaste *castrum* ou camp retranché, qu'ils nommèrent *Montaltus* ou *Montaltis*, quelquefois *Montaldis* : en ajoutant au nom primitif, *alt*, dont ils firent un déterminatif, le mot *mons, montis* « haute colline » ; c'est une tautologie. Puis, ils y firent passer la grande *via d'Aginnum* à *Vesunna,* — si elle n'existait pas déjà ! — et il ne tarda pas à s'y créer une petite ville qui devint plus tard le siège du *premier* archidiaconé du diocèse d'Agen, lors de l'établissement du Christianisme.

LA PEYRE-DE-LAUTAR et le MOULIN-DES-ABÉSQUÉS. — Les limites des diocèses d'Agen, d'un côté, de Sarlat et Périgueux, de l'autre, arrivaient alors jusqu'à Montaut, disons-le incidemment, et se continuaient dans le nord le long de la frontière de la seigneurie de Cancon, par LA PEYRE-DE-LAUTAR « la pierre-borne de l'Autel ou du diocèse », — un lieu dit LAUTARD porte encore ce nom, — et par le MOULIN-DES-ABÉSQUÉS « le moulin des Evêques », aujourd'hui disparu, mais dont l'emplacement porte toujours cette dénomination indicatrice de borne d'évêché. Voyez mon *Histoire de Cancon*, p. 125, la *Notice sur Castillonnès,* par *BOUYSSY*, p. 113 et de Gourgues (*op. cit.* p. 14 et suivantes). Le Saint-Avit-de-Sénéselles qui était du diocèse de Sarlat et dont parle ce dernier auteur à la page 21, doit être identifié, sans doute, avec le hameau de SAINT-CHAVY, au sud de Lougratte et non loin de LAUTARD. SAINT CHAVY, pour *Sanch Avit*, est la traduction romane du latin *Sanctus Avitus* « Saint Avit ».....

M. de Gourgues ajoute encore à propos de ces limites

qu'avant 1169, « Pierre Minet (pour d'autres Jean d'As-
« sida), évêque de Périgueux, prit sur les *Brabançons* (rou-
« tiers ou hérétiques) le château de Gavaudun. On doit
« penser que les liens du service féodal ne lui auraient pas
« permis d'entraîner hors de son diocèse les milices qu'il
« avait rassemblés ». *Gavaudun était-il donc aussi en Périgord ?* Toujours est-il qu'il est expressément désigné, *cent
ans après,* dans l'acte d'hommage que les principaux seigneurs et villes de l'*Agenais,* rendirent en 1271, au roi de
France. Il figure au chapitre II du *Saisimentum* consacré au
diocèse d'Agen comme faisant partie de la baillie de Monflanquin à ce qu'assurèrent les consuls de cette dernière
ville, de même que Cancon et Monségur, *sauf pour la
juridiction.*

TOURNON. — En bas latin *tornus,* identique au *tor,
torr, torn* celtique, en vieil espagnol *torno,* prononcé *tournou,* c'était aussi bien « un mont, une colline en pointe
partageant deux cours d'eau », que « une enceinte circulaire », « une tour », dit Du Cange : Or, nous disons en
patois *Tournou* pour *Tournon.*

Bien qu'on ait voulu donner de TOURNON cette définition
assez naturelle au premier abord, l'étymologie de ce nom
de lieu, dont il existe en France plusieurs exemples, ne serait pas aussi simple, d'après M. d'Arbois de Jubainville
(*op. cit.* p. 170), Tournon (Indre-et-Loire) anciennement
Turno-magus, écrit *Torno-magus* par Grégoire de Tours
(*Historia Francorum*), date du premier ou du deuxième
siècle de notre ère et signifie — comme notre TOURNON,
sans doute — « le champ, le domaine de Turnus ». Turnus était un *cognomen* ou surnom que divers Romains et
Gallo-Romains ont porté : l'un de ceux-ci a été un correspondant de Sidoire Appolinaire.

LAUZUN et PÉRILLAC. — LAUZUN, appuyé sur le
tangible voisinage de *Primuliacum* (auj. PÉRILLAC, près
Cancon) et d'Agen, *est* ou *a été,* à n'en pas douter, l'*Eluso*
ou *Elusio, Elusionis* (ainsi appelé indifféremment) que
Sulpice Sévère, auteur d'un *Abrégé de l'Histoire Sainte,*
surnommé le Salluste chrétien, l'ami et le biographe de
Saint Martin, a habité un certain temps à la fin du IVe siè-

cle. (1) De multiples controverses que j'ai lues attentivement ne sauraient prouver le contraire. La forme *Eluso* rappelle *Elusa* qui fut l'antique nom d'Eauze (Gers) prononcé *Eouzo* en patois.

Elusio, génitif *Elusionis*, dériverait du gentilice romain Elusius connu par une inscription de Capoue : c'est l'épitaphe de l'affranchi M. Elusius (Voyez d'*ARBOIS*, *op. cit.* p. 520).

Eluso ou *Elusio*, prononcé d'abord *Elousou* ou *Elousiou*, nous a laissé après aphrèse de l'*é* initial (2) *Louzou*, *Louziou*, prononcé *Loouzu*, *Laouzu*, *Loouziu*, indifféremment, enfin *Lauzun* en français, en vertu de certains phénomènes phonétiques du sous-dialecte d'une petite région où *touquet*, *boulit*, *couffit*, *Monbaus* et *Cautiacus* (primitifs de Monbahus et de Cauzac) sont dits aujourd'hui *tuquet*, *cuffit*, *Monbahiu*, *Cahuzac*, ou *Cayza* même.

Cependant tout document écrit des temps gallo-romains ayant disparu, où à peu près, les clercs du moyen-âge, pour les besoins de leurs écritures, la rédaction des chartes, le traduisirent en latin par *Laudunum* !.. En ce faisant ils ont commis une erreur aussi manifeste que les scribes du *Cartulaire de Conques* en traduisant Milhau (*Médiolanium*) par *Amiliavum*, et Plenpeuilh (village sur un contrefort) par *Pendente Pediculo*, « à pou pendant » !... D'autant plus que *Laudunum* qui est le primitif de Laon (Aisne) et peut-être même de Lyon, — Loudun est un ancien *Juliodunum*] — serait synonyme, d'après M. Camille Jullian, de Clermont ou de Montclar et que LAUZUN est loin d'être situé sur un mont escarpé : les terres d'alentour étaient même marécageuses.

Quant au changement de *Primuliacum* en PÉRILLAC, on peut l'expliquer par la chute d'abord des voyelles sourdes, d'où *Primliac*, et la prosthèse d'un *c* de soutien dans ce dernier nom, d'où *Périmliac* ou PÉRILLAC. On sait que *Primuliacum* était une importante *villa* que Sulpice Sévère

---

(1) Quelques auteurs l'en croient originaire même, ou le font naître à Agen.

(2) Accident fréquent en roman : *gleiza* pour *ecclesia*, *limar* pour *élimare*, *Milhac* pour *Æmiliacus*, etc.

fit construire non loin de Cancon alors qu'il habitait à *Eluso* ou *Elusio*. Les ruines et les épaves de cette maison de campagne couvrent près de deux hectares de terres aujourd'hui cultivées. Pendant de nombreux siècles, elles ont été fouillées et pillées sans jamais être épuisées. Vers le milieu du XVI° siècle, un seigneur de Cancon y fît pren-dre quelques petits futs de colonnes en marbre blanc pour servir de montants à des *chauffe-panses* (petites chemi-nées). De nos jours encore on y a trouvé et on y trouve tou-jours des antiquités variées : poids de métier à tisser, débris de tuiles à rebords, de poteries samiennes, etc.

AIGUILLON, LOUPILLON, CARPILLOU, AUVI-GNON. — M. l'abbé Alis (*Histoire d'Aiguillon*, p. 2) croit que cette ville a pris son nom de sa situation sur une pointe de terre à la jonction du Lot et de la Garonne : « *Aculeus, Aculeo, Acilio, Esquillonum, Aguyllon, Aiguillon*, dit-il, tels sont les noms que l'on trouve inscrits dans les vieilles chartes. »

La dernière de ces dénominations, traduction française de la première qui est latine, signifierait « aiguillon », « pointe, saillie de terre » produite par la réunion de deux cours d'eau ; mais plus anciennement, Bec d'Ambès, Condat, Candes (le pech de Cand est situé en face) étaient les vocables employés chez nous par les Gaulois pour dé-signer une semblable situation.

A la pointe de cet emplacement les Romains construisi-rent un grand camp (*castrum*) avec mur de soutènement et rempart du côté du fleuve ; et sans doute s'y trouvait-il déjà un *opidum*, un *dunum*, — un *Lugdunum* peut-être que le nom de Lunat (*Lusna, Ludnam*) porté par ce camp encore au moyen-âge pourrait faire conjecturer. — Il y eût là, en outre, une *statio* en même temps *fines* ou limite du *pagus* d'Agen seulement, car celles de la nation des Nitio-briges allaient plus loin.

Cependant d'Arbois de Jubainville (*op. cit.* p. 377) as-sure que notre AIGUILLON et celui de la Vendée sont des *Aculio, Aculionis* dérivés du gentilice romain Aculius (écrit Aqulius dans la marque d'un potier relevée à Aix en Provence) au moyen du suffixe possessif *o, onis*,... de mê-

me que *Lupilio* (aujourd'hui LOUPILLON), *Carpilio* (auj.
CARPILLOU), *Alvinio* (*auj.* AUVIGNON), *Elusio* (auj. LAU-
ZUN) viennent des gentilices Lupilius, Caprilius, Alvinius,
Elusius, développés à l'aide du même suffixe...

Saura-t-on jamais qui des deux à raison ?.. Je dois faire
observer, toutefois, que *Aculeus, Aculeo,* même *Acilio,*
indiqués par M. l'abbé Alis comme étant les premières désignations d'*Aiguillon* n'ont rien de bien certain, et, aussi
qu'une pierre taillée trouvée près de là, à Saint-Côme,
porte, gravés en creux, les mots *Ambisso vico* (*Ambissus
vicus* « le village d'Ambès ou du confluent »). D'où l'on
pourrait croire qu'il y avait à côté du *castrum* romain une
bourgade dont le nom suffisait pour indiquer le confluent,
tandis qu'en bonne place se dressait la villa d'Aculius et
ses dépendances : *Aculio,* dénomination qui a eclipsée toutes les autres et se rapproche étrangement d'*Acilio* ; si
étrangement qu'il est probable qu'*Acilio* est une mauvaise
lecture d'*Aculio !* (1)

BOUGLON. — Il y a en Agenais, en outre d'Aiguillon,
de Loupillon, de Carpillou, d'Auvignon, de Lauzun, quelques autres noms de localités formés d'un nom d'homme,
et du suffixe possessif o, *onis.* Ceux-ci étant plutôt d'origine gallo-romaine c'est le moment d'en parler. BOUGLON
est le plus connu sinon le plus ancien ; puis viendront Argenton et Curton, Caubon, Granon, Magnon, et Moron : et
tous, *chose bien singulière en vérité,* ont pour radical un
cognomen.

Le radical de BOUGLON est le *cognomen* ou surnom Bu-
colus ou Buculus « le bouvier », d'où viennent le titre des
Bucoliques, célèbres pastorales, et le gentilice d'origine
germanique Buculius (Voyez Dr *MEYNIER, op. cit.*).
Développé à l'aide du suffixe qui nous occupe, Bucolus ou
Buculus fit *Bucolo, onis,* et donna, par le fait seul de la
prononciation romane, *Bougoulou* ou *Bougouloun,* puis
Bouglon, en français. De même que le surnom Catharus,

---

(1) RÉBÉQUET (île). — L'île de *Rébéquet* ou *Rebecquet* située près d'Aiguillon,
au confluent du Lot et de la Garonne aurait pour signification : « entre deux cours d'eau »
(*île* sous entendu) pour les uns, et « second *bec* » ou « seconde pointe » pour les autres ;
celle-ci serait d'origine celtique.

d'origine grecque, a fait, toujours avec ledit suffixe, *Catharo*, *Catharonis*, *Cadaronis*, puis Charonne, près Paris, en français.

ARGENTON. — ARGENTON est ainsi que Curton le voisin de Bouglon. Il en existe plusieurs autres en France, de même que des Argenteuil et des Argentan ; ils ont été parfaitement étudiés et définis par d'Arbois (*op. cit.* pages 492, 531). Si le nôtre n'est pas un *Argentomagus* « le champ d'Argentos », comme Tournon ci-dessus est un *Turnomagus* peut-être, c'est d'un nom d'homme gaulois, Argant, ou d'un surnom gallo-romain, Argentus, qu'il nous vient régulièrement, d'après le procédé que j'ai fait connaître : *Argento*, génitif Argentonis, ARGENTON en français.

CURTON. — CURTON est appelé aujourd'hui Saint-Martin-de-Curton. Au dire encore de d'Arbois (*op. cit.* p. 540), « ce nom de lieu est dérivé du *cognomen* romain Curtus « le court », connu par une inscription d'Afrique ». C'est aussi à l'aide du suffixe o, *onis* qu'on en fit CURTON, c'est-à-dire « le fonds de Curtus ».

CAUBON. — Celui-ci, dit CAUBON-SAINT-SAUVEUR du nom de son saint patron, a pour radical le *cognomen* latin Calvus « le chauve » dont dérive le gentilice romain Calvius que l'on rencontre souvent dans les documents du Haut Empire et qui nous a laissé plusieurs noms de lieux en Agenais. Combiné avec o, *onis*, comme ses congénères, il a fourni *Calvo, onis* qui n'a pas tardé à devenir *Caubo, onis* (al - au, v - b) d'après les règles de la phonétique dialectale du pays, et Caubon en français : « le domaine de Calvus ».

GRANON. — Ce nom d'un lieu près Marmande a pour radical le latin *granum*, quelquefois *granus*, « graine » et, pour signification, « le domaine de Granus ».

MAGNON. — MAGNON, non loin de Tonneins, a pour radical le surnom Magnus « le grand » et pour dérivé le gentilice Magnius d'où viennent nos Magnac et Magnan, ceux-ci signifiant : « le domaine de Magnius » et MAGNON « le fonds de Magnus ».

MAURON ou MORON. — Ce vocable a ceci de remarquable qu'il peut dériver du surnom Maurus ou Morus « le More, noir de peau, originaire de Mauritanie », ou venir du celtique *mor*, applicable à toute surface liquide : à la mer aussi bien qu'aux eaux stagnantes. Dans le premier cas il signifie « l'habitation d'un Maure ou d'un gallo-romain, ou romain, de teint basané ». Dans le second cas il annonce une « habitation en marais ou au bord d'un étang quelconque ; du reste, dans le patois du Gers, *moura*, *moras*, *moret*, *maurou*, veulent dire « marais » et l'abbaye de GROS-MORON, dont parle M. O. Bouyssy, dans sa *Notice sur Castillonnès*, était située dans la plaine du Drot, en terrain primitivement submergé, mais asséché par les moines.

CASTELMORON. — C'est avec cette dernière acception sans doute que *Moron* est entré plus tard en composition dans CASTELMORON (sur Lot), lui donnant ainsi la valeur des deux *Moridun* celtique « *dun* en marais », représentés aujourd'hui peut-être par Seaton, en Angleterre, et par Murten, près Fribourg (G. *DOTTIN*, *op. cit.*, p. 323) : Il y a, en effet, dans le voisinage immédiat de cette localité une source fort abondante, autrefois génératrice d'étangs et de marécages, très vénérée de nos ancêtres gaulois.

La légende, sans aucune donnée sérieuse, attribue la fondation de CASTELMORON, au VIIIᵉ siècle, à un parti de *Maures* réfugiés. Avant les Croisades on appelait tous les musulmans : *Sarrasins* ; le surnom de *Maure* qui leur fut ensuite appliqué, renouvelé de l'antique, est relativement récent. Il est probable que cette localité est une bastide (*castellum*) édifiée en un lieu déjà appelé MORON d'après les principes que je viens d'exposer (1).

____

(1) Toutefois, il n'est pas douteux qu'après la chute de l'Empire Romain des soldats *maures* qui servaient dans ses armées en qualité de cavaliers, ont été chercher un asile, lors de leur licenciement, dans des lieux divers, dans le nord aussi bien que dans le midi. Il y a des Mortagne (*Mauritania*) en Charente-Inférieure, dans le nord, dans l'Orne, les Vosges, la Vendée, etc. ; mais pas en Lot-et-Garonne (LONGNON, *op. cit.* p. 136). D'après M. G. Tholin (*Revue de l'Agenais*, 46ᵉ année p. 362) Castelamouroux (La Bastide) était un ancien *Castrum Maurorum* « Château des Maures ».

VI. LES NOMS DE LIEU, ORIGINAIREMENT TERMINÉS EN *olus*, *oïlus*, OIOLUS, OIALUS, *ogiolus*, *ogolus*, *ogilus*, *ogelus*, *oglus*, *olius*, substantifs et adjectifs.

Le suffixe d'origine gauloise, croit-on, latinisé en *olus*, *oïlus*, OIOLUS, OIALUS, *ogiolus*, *ogolus*, *ogilus*, *ogelus*, *oglus*, *olius*, dont j'ai déjà parlé, a été beaucoup employé durant l'époque gallo-romaine et après pour créer avec un radical quelconque, nom propre ou nom commun, quantité de noms de lieu sur la nature, la formation et la valeur exactes desquels nos meilleurs auteurs en la matière ont beaucoup discuté et ne sont pas tout à fait d'accord. Voyez d'Arbois, J. Quicherat, le Dr Meynier, Hipp. Cocheris, A. Longnon, Durand (de Gros). Aussi ce que j'en dis et vais en dire ne doit être considéré que comme une simple contribution, une pierre apportée à l'édifice. Toujours est-il que les désinences de ces bizarres créations ont tellement changé à travers les siècles, selon les dialectes et la région où elles ont pris naissance, que certaines sont devenues méconnaissables et qu'il faut une grande habitude pour les reconnaître. Voici les plus ordinaires : *euil*, *eil*, *eul*, *iel*, *el*, *els*, *al*, *als*, *ail*, *au*, *eau*, *eaux*, *ol*, *ols*, *oïl*, *uejol*, *uéjouls*, *uech*, *ech*, *ueil*, *ueilhe*, *euge*, *eux*, etc. Dans le *Dictionnaire des Postes* on trouve jusqu'à cinquante-quatre formes françaises de l'une d'elles !

Disons encore que les vocables en question sont tantôt des substantifs, tantôt des adjectifs qui s'accordent en genre et en nombre, tantôt aussi des possessifs, tantôt des collectifs, et que beaucoup d'entre eux sont des diminutifs dans leur radical ou dans le lieu qu'ils désignent ! On comprendra mes réserves !

En Agenais, nous avons de si nombreux exemples de ce curieux genre de noms de lieu que je crois devoir les traiter à part pour mieux en faire ressortir — sinon expliquer, — leur parenté, leur formation et leurs déformations.

PUYMIROL. — Celui-ci se compose de deux termes :

1° PUY « haute colline, mont escarpé », crase de *podium* qui a cette signification en bas latin ;

2° MIROL (*miro-oiolum - mirolium*) « village d'où l'on voit au loin », tiré du bas latin *miro* « je vois, je découvre au loin » (verbe *miro, mirare*).

L'union des deux annonce « un village situé sur un signal », « un village d'où l'on voit au loin et haut perché ». Ailleurs, MONTMIRAIL, en bon français, a la même valeur.

MIRAMONT. — MIRAMONT, qui est beaucoup plus récent, paraît avoir la même origine ; mais en réalité il n'en est rien. *Mont* (une forme de *mons*) est du féminin en latin ; il s'allie ici avec l'adjectif *mirus, a, um*, « admirable » pour créer MIRAMONT, qui est une bastide du XIIIᵉ siècle seulement, à laquelle on donna ce nom signifiant « mont merveilleux » à cause de la beauté des campagnes environnantes sans doute (1). On peut en dire autant de *Mirande* (*mirandus*) en Gascogne et de plusieurs des *Mirabel* (*mirabilis*), Miribel, Mirabeau, etc., que l'on rencontre partout, en France.....

MIRAIL, MÉRIGOU. — ...Mais non de notre MIRAL ou MIRAIL (*Miroialum*) ni de nos MÉRIGOU (*Miroiolum* ou *Mirogolum*) qui remontent chacun à un « village sis sur un mont bien en vue ». TOURNEMIRE en, Rouergue, veut dire : « Observatoire, poste-vigie fortifié, établi sur un *torn*, au *tournant* d'une vallée ».

PUJOLS, POUJOL., PUGET, POUCHOU. — C'est *podiolus* « village sur un mont, une colline », dérivé de *podium* « puy, mont, colline élevée » et prononcé *poudjolous*, qui a engendré tous nos POUJOL, POUJOLS, PUJOL, PUJOLS ; mais c'est à une corruption, *pogium, posium, pusium*, que nous devons nos POUGET, PUGET, POUZET, POUCHOU et PAUSSOU. PUJOLS était employé à la troisième déclinaison, au moyen-âge, à cause de son apparence probablement, car l'*s* qui le termine n'est autre chose que celui de *podiolus* au nominatif de la deuxième déclinai-

____

(1) Le nom de *Miramont* avant la création de la bastide était *Combouly* (*Cumboiolum*) « logis en combe ? » d'autrefois *Combaloba*, en bas latin *Cumbalobia*, « hutte, loge en combe entourée de hauteurs ».

son : Cette observation dite une fois pour toutes les ano-
malies de ce genre.

CASSENEUIL. — En bas latin CASSANOIALUM ou CAS-
SINOGILUM, en patois *Cassanel*, a pour radical, d'après
Houzé et Cocheris, les mots de basse latinité *Casnus, cas-
sus* ou *cassanus*, au sens de « chêne », d'origine gauloise,
et pour signification « le village des chênes ou dans les
chênes ». De larges forêts profondes composées d'arbres
de cette essence, couvraient autrefois les grandes pentes
et les vallons convergeant vers cette localité de tout le
nord-est de l'Agenais. Les forêts de Casseneuil, de Gondon, de Monbahus, les grands bois de Cailladelle, de
Bonnenouvelle, de Gavaudun, de Biron, en sont les faibles
restes.
Cependant d'Arbois (*op. cit.*, p. 531) croit à un ancien
Cassinoiolum équivalent ou diminutf de Cassinomagus,
aujourd'hui CHASSENON en Charente, désignant « le
champ, le domaine du gaulois Cassinos », — comme aux
environs de Paris, ARGENTEUIL (*Argentoiolum*) était au
même titre « le champ du gaulois Argentos, SENEUIL
(*Senoiolum*) le champ du gaulois Senos ou du gallo-romain
Senius, etc.
En aval, au confluent du Drot et de la Garonne, le
même nom s'est contracté en CASSEIL.

BREUIL, LE TEMPLE-DE-BREUIL, etc. — *Bro-
coiolum, Brogilum, Broilium*, « le pays, la région, le
village du BREUIL ou du bois taillis ». Son radical *broc*,
avait en celtique le sens de « bois taillis épineux et brous-
sailleux ». Avec le suffixe qui nous occupe il a donné naissance en Agenais à plusieurs BREUIL, d'un côté et de
l'autre de la Garonne, dont un a été le siège d'une com-
manderie du Temple, un autre a servi à dénommer le bon
et beau pays pourtant de BRULHOIS, un troisième et un
quatrième sont de petits centres de paroisse, etc. Il a également donné naissance au vieux français *broil, broel, brueil*,
et au roman *brel, bruel* : « bosquet et buisson », dit Du
Cange ; et aussi « parc fermé et planté », dit Cocheris ·
« bois taillis », dit le D* Meynier.

BARRAIL, BARRAU (*Barroialum*). — Le *barrum* gaulois dont dérivent ces deux vocables leur donnent la signification de « logis ou village défendu par une enceinte de barres, de bois ou de poutres (V. le Dr Meynier, *op. cit*).

BOURDIELS (*de Bordoialis ?*) (1). — « Réunion de bordes ». Radical celtique, *bourd, bord*, « abri ou maisonnette en planches, habitation rustique » (*COCHERIS, op. cit.*, p. 120).

CASTELS, CASTEILH (*Castellogilus ?*). — « Le village du château ». Radical latin *castellum* « château », diminutif de *castrum* « camp, place forte ». *Ogilus* s'est réduit à *s* dans *Castels*.

FUMEL. (*Fumeoiolum ?*) — « Le village qui jette de la fumée. » Radical latin, *fumeus*, « plein de fumée ». Allusion aux nombreuses forges catalanes qui de temps immémorial y exploitaient le minerai de fer du pays, avant l'usine actuelle.

FAUGUEROLLES, FEUGAROLLES, FOUGUEY-ROLLES, FOUGAYROLLES, FALGUEYROLLES (*Falgariolus*). — Ces cinq vocables désignant cinq localités différentes ont la même valeur. Ils dérivent, sur le côté gauche de la Garonne, du bas latin *feugaria* et, sur le côté droit, de *falgaria*, variantes des primitifs *fulgaria* et *filicaria* « lieu où abondent les fougères » : ils signifient tous cinq « le village, un logis dans les fougères ». Voyez *Du CANGE*, le *Cartulaire de Conques*, et *Recueil de la Société* T. XIII.

FAYOLLE (*Faoiolus ?*), FALS ou FAILS (*Faoialus ?*), FAYEL (*Faiellum*) viennent du latin *fagus* « hêtre » et procèdent du roman *fay, fa, fau, fao, fou* ou *four*. Ces divers dérivés et autres en grand nombre dans certaines régions de

---

(1) *Généralement*, les traductions latines ou de basse latinité que je fais suivre d'un point d'interrogation sont supposées ou proposées par moi ; toutes les autres ont été recueillies dans divers textes du moyen-âge et je les reproduis sans nulle garantie d'authenticité.

la France, désignent « un village dans les hêtres » ; ils sont plutôt rares en Agenais, le hêtre étant un arbre d'assez haute altitude. (V. *Du CANGE* et *DE GOURGUES, op. cit.* p. 49).

FONTEILLES. (*Fontoialus ?*) — « Le village, le logis de la source ». Radical latin *fons, fontis* « source ».

FONTANEILLES. (*Fontanaiolus ?*). — « Le village de la fontaine ». Radical bas lat. *fontana* « source et fontaine ».

GRÉZELS. (*Gresioialus ?*). — « Village, logis en terrain gréseux ». Radical *gresium* « lieu pierreux et gréseux ».

GUDECH-SUR-GARONNE. (*Gudoiolum ?*). — « Village, logis du gué ». Radical bas latin *gudum* pour *guadum* « gué » (Voyez *Du CANGE, op. cit.*)

MAILLOLES. (*Malliolus*). — « Village, logis près d'un mail ».

MAZEYROLLES (*Maceriaiolus ?*). — Réunion de *Mazères* ou *mazières* ». Radical bas latin *maceria* « maison construite en pierre sèches avec enclos », « petite tenure ».

MONTBÉROS. — Montbéros (ou *Fontirou*) autrefois *Montbérols* (*Mons beroiolus ?*) me paraît être une tautologie de composition barbare, dans laquelle rentre le latin *mons* et le primitif *bar, ber, bir* « point culminant, obstacle ». Sa désinence *ols* (Voir le *Saisimentum* de 1271) annonce « un village, un édifice sur un sommet dominant ».

MONTEILS. (*Montogilus, Montoïlus, Montolius*). — Ce vocable annonce aussi par sa composition un sommet occupé par l'homme. Il y avait là, dit M. Tholin (*Arrondissement d'Agen*, p. 150.,) « un petit fort, construit sur de hauts plateaux, ayant servi de poste d'observation pendans les guerres ».'Il a pour variantes Montals, Montech, Montaulieu.

L'interprétation erronée de ce dernier, au moyen-âge, a donné les traductions (!) latines *Mons Oliveus, Mons Olivus* ou *Olivi*, en France, dans des régions ou l'olivier aurait peine à pousser.

NIOLLES. (*Nodoiolus ?*). — « Village en terrain très bas et humide ». Radical bas latin *noda* ou *noa* qui a formé en français les mots *noue, nove, nave* et chez nous en partie *nauze*.

Niolle a tantôt la signification de source, tantôt celle de terre grasse très humide. Voyez Cocheris (*op. cit.* p. 21) et du Cange ; comparez les nombreux Noyelles, Nouette, Noellet, Neuilh, Nieuil, etc., si communs un peu partout.

NAJEJOULS. (*Nuceoiolus ?*). — « Village dans les noyers ». Tiré du latin *nux, nucis*, au pluriel *nuces* « noix, noyer », il s'est sans doute appelé primitivement *Nuceoiolus*, puis *Nuzéjouls* qui désigne encore une localité du Lot, enfin NAJEJOULS par corruption. Dans le *Pouillé Durengues* il est noté *Nujejolz* et *Nogogolhs !...* et dans le *Saisimentum* de 1271, *Nuïojols*.

PAILLOLES. (*Palholas* au XVIe siècle, *de Païolibus*, au XIIIe.) — D'après le Dr Meynier, tiré du latin *palea* « paille », PAILLOLES aurait été « un grenier, un hangar à paille » ; mais il ne fournit aucune preuve d'une assertion qui me paraît du moins douteuse. Son radical ne serait-il pas plutôt *palhum : idem quod pastio* dit du Cange, c'est-à-dire « un cens ou tribut perçu par les seigneurs pour les droits de glandage et de garde des porcs dans leurs forêts» ; d'où *Pailhioiolus, Pailloles* « la demeure de l'agent chargé de percevoir le *palhum*, le village du *palhum* ». C'est souvent ainsi que, par le fait d'une désinence mal interprétée, bien de noms de lieu ont changé de genre.

PARASOL. (*Palatiolum ?*). — « Petit palais ou village du palais ». *Palatium* qui en est le radical viendrait de *palacium* ou *palitium* « palissade » (V. *Du CANGE* surtout) : c'était une résidence royale fastueuse ou une habitation seigneuriale des plus modestes, entourée d'une simple palissade, en pays plat et fertile. Le *Palasol* près Villeneuve, dit *Parasol* par l'effet du rhotacisme, après avoir été la maison-forte d'un miniscule seigneur d'arrière-fief, le long du Lot, est aujourd'hui une belle métairie de rapport.

PEYROLLES. (*Petraiolus ?*). — PEYROLLES, PÉROLS ou PÉREUIL signifient « le village de la pierre, du rocher ou des pierres » avec le latin *petra* « pierre » pour radical.

PINEUIL. (*Pinolium ?*). — « Le village du pin ou des pins ». Radical latin *pinus* « pin ». A PINEUIL, aujour-d'hui en Gironde, il faut joindre PINEL (de *Pinolio*, dans le *Pouillé de Durengues*) et deux ou trois autres localités appelées PINS, LES PINS.

LA POULEILLE. (*Pouloialum ?*). — « Habitation, village dans le marais ». Radical celtique *poll, poul* « creux, marécages » ; allusion aux bords anciennement marécageux de la Garonne, que longeaient néammoins une très antique voie gauloise.

POUMEYROL. (*Pomaroiolum ?*). — « Le village des pommiers », qu'il ne faut pas confondre avec le collectif *pomaretum* « pommeraie » dont il sera question plus loin. Le radical de celui-ci et de celui-là est *pomarium*, de basse latinité, et collectif lui-même.

RIBEYROLES. (*Ripariaiolus ?*). — « Village en plaine au bord de l'eau ». Son radical bas latin est *riparia*, roman *ribeyra* « rivage », s'appliquant à toute plaine basse plus ou moins large ou même tenue, bordant un cours d'eau et en culture.

TILLOLES, TILLOL. (*Tiliaïolus ?*). — « Le village des tils ou tilleuls ». Son radical *tilia*, le « tilleul » de Virgile et d'Ovide, est très probablement d'origine celtique : on trouve *til* dans le bas breton et *teil* dans le gaëlique, dit le Dr Meynier. Le moderne « tilleul » est la traduction directe du dimunitif *tiliola*.

TOUFAILLES. (*Tofoialus ?*). — « Village sur le tuf ». Le tuf, en latin *tofus* qui est le radical de TOUFAILLES, est généralement en Agenais un conglomérat de sable quartzeux grisâtre plus ou moins dense appelé *grès mollasse*.

VALEILLE. (*de Aballoiolas ?*). — Comme Avallon (Yonne), il a pour radical le celtique *aball* « pomme », dont il fut fait primitivement *Aballoiola*, au féminin parce que la sorte d'établissement agricole qu'il avait fonction de qualifier, — *casa* ou *cella*, sans doute, — était de ce genre. Il est devenu *Valelhas* en roman, à l'accusatif pluriel, après la transformation habituelle de sa désinence et l'aphérèse de son *a* initial, pris pour une préposition de tendance, lors de son changement d'adjectif en substantif.

EX. : Casa ou *cella aballoïola* « La case pommeuse », « la case des pommiers » ; puis *de Avalloïolas* ou de *Valelhas* « le village des pommiers » — VALEILLES, en français. C.F. Valeuil (*Avaloil* en 1249) en Périgord et Valuéjols (*Avalogilo* en 928) en Auvergne.

VIGNOLLES. (*Vineaiolus* ?). — « Village dans les vignes ». Radical latin *vinea* « vigne, vignoble ».

VIRAZEIL. (*Viridariolum* ?). — « Habitation, village dans les arbres fruitiers, en verger ». Radical latin, *viridarium* « jardin, verger ». Combien de localités ne mériteraient-elles pas ce vocable en Agenais. ?

VERTEUIL. — Située sur une forte éminence, étroitement contournée par le Tolzat et un de ses affluents, cette localité devrait être nommée, comme on l'appelait en roman et comme on l'appelle encore aujourd'hui en patois, BERTEL ou VERTEL, reproduction textuelle du *vertellus* ou *vertellum* des Gallo Romains « méandre, courbure, détour ». C'est par erreur qu'un scribe ou clerc ignorant en a fait *Verteuil* qui exige un primitif *Vertoialum* ayant contre lui la tradition et l'invraisemblance (Voyez *Du CANGE.*)

C'est un vocable à corriger. comme tant d'autres ; mais tiendra-t-on jamais compte de cette observation ?

LABOUL, LAVOLVE, LAVOULTE. — Les Latins avaient encore pour désigner les sinuosités des cours d'eau le substantif *volutus* qui est aussi le participe passé du verbe *volvo, volvere* « aller en tournant ou en serpentant ». Nos petites localités LABOUL, LAVOLVE, LAVOULTE (peut-être LAVOLP) situées à côté ou sur un méandre, en dérivent.

LARESSINGLE. — Les Cadurciens et les Gascons se servent dans le même cas des désignations *cingle* (latin *cingulum*, « ceinture ».) et *recingle* ou *ressingle* « double méandre ». LARESSINGLE, en Condomois, a été traduit en latin par *castrum de Retrosingulâ* !..

(*A suivre.*)   LUCIEN MASSIP.

DE L'ORIGINE AGENAISE DES COMICES AGRICOLES

Et d'abord qu'est-ce qu'un Comice Agricole ? C'est la réunion dans un chef-lieu de canton des produits du travail et de l'élevage de l'agglomération suburbaine. Après l'exposition des fruits et des animaux vient la distribution des récompenses.

Mais ces récompenses ne vont pas toujours aux meilleurs travailleurs. Il se peut, en effet, qu'un paysan est parfaitement travaillé sa terre, bien nourri ses animaux et que par suite d'intempéries ou de maladies, les produits qu'il expose sont de moindre grosseur ou qualité que ceux d'un voisin plus négligent, mais qui aura eu plus de chance dans ses semis ou dans sa grange.

Le vrai travail n'est pas toujours récompensé..

Nous verrons, dans le courant de cette étude, ce qui a été fait pour encourager le travail avant de songer à primer les résultats.

Et maintenant voyons d'où nous viennent les premiers encouragements à la culture de la terre.

Nous pouvons nommer en tête les Chinois : on sait que certains empereurs avaient été cultivateurs avant de monter sur le trône et l'on cite Yang-Tching qui vers la fin du 18ᵉ siècle descendait dans un champ vers le mois de mars et faisait quelques sillons lui-même pour semer froment, riz, fèves, etc...

En Perse, dit-on, le roi, au printemps, se mêlait à ses laboureurs et écoutait leurs réclamations.

Le savant naturaliste Adanson, d'Aix-en-Provence, nous cite une fête agricole qui se célébrait à l'île de Fer (Canaries) au mois de juin de chaque année.

En France, la plus ancienne société d'agriculture fut fondée à Rennes, par les Etats de Bretagne en 1757.

Celle de Paris fut instituée sous le ministère Bertin, mars 1761 ; mais l'institution des Comices vient un peu plus tard en 1785, fondée par Bertier de Sauvigny, intendant de la généralité de Paris. Vers 1830, une poussée de l'opinion fait multiplier ces sortes d'associations. Mais vers 1760, une fête des *vaillants laboureurs* avait été instituée dans notre Guienne à Lacépède, petite ville du duché d'Aiguillon, aujourd'hui du canton de Prayssas. Remarquez bien le titre : *vaillants laboureurs*. C'est aux bons travailleurs qu'on s'adresse et non aux produits qu'ils pourraient présenter ; c'est la fête du travail avant d'être celle des résultats.

Et voici ce qu'écrivait M. Belloc de Gauzelle, subdélégué de Clairac, à M. de Farges, intendant de la province de Guienne, sous la date du 21 septembre 1769.

« Il y a dans la paroisse de Lacépède un ancien mousquetaire nommé M. de Lapeyrière, de l'âge d'environ 60 ans (il en avait 68 étant né en 1701), mais aussi vert et aussi actif qu'on l'est ordinairement à l'âge de quarante ans. (1)

S'étant retiré sur ses biens il y a environ 25 ans, il s'adonna à l'agriculture et se maria peu de temps après. Avec son activité, sa capacité et son goût pour l'agriculture il est parvenu à retirer de ses biens de qualité médiocre autant de revenus que produisent communément les biens des autres de la meilleure qualité et, insensiblement, il a rendu sa paroisse la plus riche de ma subdélégation en engageant par son exemple, par prières, par menaces (2)..., les cultivateurs possesseurs de fonds, à les bien travailler et bien engraisser autant qu'il leur est possible. Tous ses soins n'ayant d'abord produit qu'une partie des effets qu'il

____

(1) Il s'appelait Jean-Louis et s'était marié en 1745 à Jeanne-Cécile du Casse au Mirail.

(2) Le mot est un peu gros mais il se pouvait très bien qu'il menaçat ses métayers de les renvoyer s'ils ne travaillaient pas bien. C'est dans ce sens qu'il faut prendre l'expression de Monsieur Belloc de Gauzelle.

en attendait il a imaginé un moyen qui est devenu très effi-
cace ; il s'appelle Louis. Il a établi, à commencer il y a environ dix ans (c'est-à-dire vers 1760), une fête le jour de la
Saint-Louis, à laquelle il a donné le nom de Fête des Vaillants. Il appelle à cette fête plusieurs de ses amis et tous
les laboureurs qui se piquent d'être vaillants, c'est-à-dire
qui tirent de leur fond tout le parti possible, sont invités
nés à cette fête et il est défendu aux fainéants d'en approcher sous peine de la *bastonnade*. (1)

J'ai assisté deux fois à cette fête et voici comment je l'ai
vue célébrer. Je me suis rendu la veille avec des Messieurs
et des Dames de Clairac.

A l'entrée de la nuit, il est venu chez M. de Lapeyrière,
habitant le bourg de Lacépède dans une belle maison une
compagnie de laboureurs, armés les uns de fusils, les autres de leurs pique-bœufs garnis de rubans et de fleurs des
champs, ayant à leur tête un tambour et un fifre commandés par un lieutenant, et portant dans une corbeille une
grande couronne artistiquement faite de fleurs champêtres
et de rubans. M. de Lapeyrière reçoit cette couronne de la
main d'un des plus vaillants et des plus anciens laboureurs
nommé par la compagnie, tenant de l'autre main son pi-
que bœuf, avec un compliment dans le goût de ceux de la
nouvelle année. Toute la Compagnie boit et se retire
bientôt.

Le lendemain, vers la pointe du jour, M. de Lapeyrière
est réveillé par le bruit du tambour et du fifre qui joue
quelques airs sous la fenêtre de sa chambre. Vers les 8
heures, cette compagnie au nombre de 50 à 60 environ,
ayant à sa tête les plus anciens tenant en main leurs pique-
bœufs garnis comme on l'a dit de rubans et de fleurs champêtres, marchant 4 par rang, arrive tambour battant et se
forme en ligne devant la maison de M. de Lapeyrière,
lequel paraît *avec son épée au côté* sur le perron, reçoit le

---

(1) Monsieur le subdélégué de Clairac emploie des mots énergiques : menaces, bastonnade. Nous sommes persuadés qu'il a pris pour vérités des exagérations et, peut-être,
des critiques. Le caractère franc et généreux de M. de Lapeyrière, l'esprit de noble et
légitime indépendance qui régnait déjà dans la classe rurale française, tout se réunit pour
prouver cette erreur.

salut de la mousqueterie, se met ensuite à la tête de cette compagnie et marche droit à l'église suivi de tous les amis qu'il a rassemblés chez lui.

Arrivant devant la porte de l'église la Compagnie se forme sur deux lignes pour laisser passer toute la suite et fait après une décharge de mousqueterie. La messe se dit tout de suite. (Les protestants qui forment une grande partie de la Compagnie restent devant la porte de l'église et les catholiques entrent pour entendre la messe).

On fait pendant l'élévation une décharge générale. Après la messe on s'en retourne dans le même ordre chez M. de Lapeyrière et, en attendant le dîner, on danse au dehors et au dedans de la maison. Vers midi M. de Lapeyrière avec ses amis dîne à une table de 30 à 35 couverts ordinairement placée dans le fond d'un vestibule d'environ 60 pieds de longueur sur 25 de largeur. Les laboureurs munis de leur pique-bœufs (ce sont les plus vaillants, les plus anciens et les plus respectables) paraissent avec la couronne portée la veille, la placent sur un grand plat au milieu de la table et se postent autour, debout, tenant leur pique-bœuf à une main et chapeau bas. Ils portent à boire à tour de rôle à M. de Lapeyrière. Pendant tout le repas on converse avec eux sur l'agriculture et on décide quels sont ceux qui ont eu la meilleure récolte relativement à la qualité de leur terrain. Dès que le dessert paraît sur la table, on en dresse au plus vite une auture à l'autre bout du vestibule pour la Compagnie.

M. de Lapeyrière, après avoir demandé à ses amis la permission de les quitter, va prendre place à cette nouvelle table des vaillants, fait mettre à ses côtés ceux qu'on a décidé avoir fait le plus produire leurs fonds et dîne une seconde fois à cette table avec les meilleurs laboureurs qu'il appelle ses amis et choque sans cesse avec ceux qui sont placés à ses côtés (1). Il y aurait un long détail à faire de

----

(1) Il y a ici certainement exagération ou confusion. Il était très facile à M. de Lapeyrière d'honorer les vaillants et francs laboureurs sans s'astreindre pour cela à la pénible obligation de dîner deux fois et de choquer sans cesse avec des nouveaux convives. On parle souvent des estomacs d'autrefois. Si le fait était vrai, nous comprendrions l'admiration dont on les rend l'objet.

tout ce qui se passe pendant ce repas des vaillants. Après le dîner, le reste de la journée se passe en jeu de commercé et en danses jusqu'au souper.....

La Gazette de France du 14 septembre 1772 fait une description de ces fêtes à peu près semblable à la narration ci-dessus.

Mais outre ces amusements M. de Lapeyrière cherchait encore le côté pratique.

Le 15 mai 1776, M. Dupré de St-Maur, intendant, écrivait à M. Belloc de Gauzelle : j'ai reçu la lettre que vous m'avez adressée au sujet des Vaillants Laboureurs. Les bons effets qui en résultent prouvent l'utilité de cet établissement et font honneur à son inventeur. Je veux bien à l'exemple de mon prédécesseur y contribuer ainsi que vous le proposez et, puisque vous avez observé qu'une décharge de capitation en faveur de deux laboureurs de chaque paroisse qui ont mérité le prix de culture est capable d'exciter les autres, j'en joindrai à mes ordonnances pour trois paroisses ainsi que M. de Lapeyrière le désire.

Et le narrateur finit ainsi :

N'est-il pas étonnant, n'est-il pas pour nous heureux, glorieux même, de pouvoir revendiquer pièces en mains tout à la fois l'idée première et l'application première des solennités, des concours, des fêtes qui ont pour but de perfectionner, de recommander, d'honorer l'agriculture ? (1) »

De LAPEYRIÈRE.

------

(1) Cette famille existe encore à Lacépède et au Mirail, canton de Damazan. Plusieurs de ses membres se sont distingués dans la carrière des armes.

Enos de Labat, seigneur de Lapeyrière (père du chef des vaillants laboureurs) était capitaine au régiment de Champagne. En 1703 il avait été mis au poste de Genolhac près Alais pour le défendre contre les Camisards. Il soutint l'attaque des fanatiques avec beaucoup de conduite et de vigueur et après en avoir tué plusieurs il les en chassa, mais malheureusement il y fut tué lui-même.

(Histoire du fanatisme de notre temps par Brueys). Jean-Louis, chef des vaillants, mousquetaire, fit la campagne d'Allemagne en 1734. 1701-1784,

René Callixte, Capitaine au régiment de Picardie, se retira au Mirail comme lieutenant-colonel et chevalier de Saint- Louis, 1756-1849.

Louis- René, 1815-1884, son fils, vécut au Mirail.

Gabriel, ancien officier de cavalerie, chevalier de la légion d'honneur, au Mirail 1856-1859. Stéphane, né en 1865.

Sur le même sujet, lire l'article de Jules Andrieu, *Revue de l'Agenais*, 1883, p. 485.

La Légende de Palissy

Tristement accoudé sur l'étroite embrasure
De la fenêtre vide éclairant la masure
Où le jour s'éteindrait bientôt, faute de bois,
Palissy revivait une dernière fois
Les mille et un tourments de sa vieille entreprise.

« A quoi me servira le brevet de maîtrise
Que les rois m'ont donné pour mes premiers essais
Si, près de réussir, je ne puis, je ne sais
Terminer sans argent la conquête féconde
Dont je m'étais promis de faire hommage au monde ?..
Insensé ! je m'étais, moi, fils de paysan
Que le sort destinait à faire un artisan,
Haussé, par des labeurs d'éternelle mémoire,
Jusqu'aux sommets où sont la fortune et la gloire ;
Mais un jour, dans ma flamme ardente du travail,
Je vis dans une église un admirable émail
Dont les tons délicats, le lustre inaltérable
Et ce je ne sais quoi de fin et d'impeccable
Dépassaient les moyens des maîtres d'aujourd'hui.
Je n'eus plus qu'un désir tyrannique, celui
De pénétrer assez la nature des choses,
Les dons des éléments et leurs métamorphoses
Afin de retrouver les secrets disparus
Avec les émailleurs de l'Inde et du Taurus.
Quinze ans se sont passés depuis ; quinze ans d'épreuves
M'ont sans cesse apporté d'irréfutables preuves
Qu'un rien, un moins que rien, me séparait encor
Des procédés suivis par les maîtres d'Endor.
Ce rien, je le cherchais avec tant d'allégresse
Que je ne voyais pas se fondre ma richesse ;
Ce rien, je le guettais avec tant d'âpreté
Que je ne voyais pas venir la pauvreté
Et je l'attends encor d'une âme si légère
Que je n'ai jamais pu songer à ma misère...

Sais-je ce que je fais et ce que je deviens ?
Ce secret oublié, je le vois, je le tiens
Ou plutôt je crois fort, dans mon âme faillible,
Avoir trouvé l'émail limpide, incorruptible,
Et le réaliser serait peut-être un jeu
S'il me restait encor du bois à mettre au feu ! »

Et le grand Palissy cherchait dans la masure,
Depuis le sol battu jusque dans la voussure
Où le plafond troué laissait entrer le jour,
Quelle planche pourrait alimenter le four.
Mais hélas ! depuis l'heure où de son escarcelle
Il avait tout sorti pour cette œuvre rebelle,
On ne découvrait plus de bois dans la maison.
Il avait tout brûlé, les ais de la cloison,
Les volets du grenier, les vieilles palissades
Du jardin où mouraient quelques roses maussades,
Les rouets délaissés par l'aïeule au front blanc,
Les coffres vermoulus, le dossier du vieux banc
Où l'on prenait le frais, le soir, sous la charmille,
Sa voiture d'enfant, les meubles de famille
Dont chaque meurtrissure était un souvenir ;
Et chaque soir, à l'heure où le jour va finir,
Il se glissait, furtif, dans l'ombre, à la recherche
D'un tronc abandonné près du lac, d'une perche
Qu'un passant attardé jetait sur le chemin,
D'un fagot épineux qui lui blessait la main
Et d'immondes débris de chaume et de bruyères
Qu'il ramassait avec dégoût dans les ornières.

Mais qu'importe au vaillant la fatigue ou la faim !
Le cœur du céramiste était blindé d'airain
Et malgré le déclin de sa haute fortune
Il ne voulut rien voir selon la loi commune.
Il mangeait au hasard, ne savait même pas
S'il allait prendre ou s'il avait pris son repas,
Oubliait son pourpoint, mettait le haut de chausses
Qu'il avait conservé de ses premières noces,
Ne voyait rien hormis l'argile qu'il plaçait
Dans la porosité d'un fragile creuset,
Et lui, pauvre mari d'une femme jalouse,
Il ignorait parfois qu'il avait une épouse.
Les voisins qui, jadis, l'avaient presque admiré

Parce qu'il jouissait d'un luxe exagéré,
Avaient senti pour lui décroître leur estime
En voyant sous ses pas s'approfondir l'abîme
Où sombreraient bientôt ses derniers écus d'or.
Quand on vit qu'en son mythe il subsistait encor
Et qu'on ne lui connut plus aucune ressource,
On le blâma d'avoir ainsi vidé sa bourse,
Même on osa, plus tard, la railler méchamment
Sur sa face amaigrie et son ajustement.
Il traînait à sa suite une moqueuse escorte.
Chaque jour, maintenant, on brisait à sa porte
Les moules d'où l'émail était à peine extrait,
Et ce soir fatidique où le four se mourait,
Où le savant cherchait quelque chose qui brûle
Pour expérimenter sa dernière formule,
Un promeneur, passant le torse par la trou
D'un croisillon détruit, lui cria : « Pauvre fou ! »
Le savant entendit et détourna la tête
Vers celui qui venait jusque dans sa retraite
Injurier sa foi tenace d'inventeur.
« Eh bien ! il me manquait ton vocable insulteur !
Je suis content, dit-il ; on trouve dans la vie
D'inutiles oisifs qui n'eurent d'autre envie
Que de boire et manger entre leurs quatre murs,
Et tu les applaudis, car ceux-là sont des purs.
On y rencontre aussi des travailleurs stupides
Qui, ne voulant meubler leurs cervelles arides,
S'obstinent à peiner sur un sol infécond
Qu'ignorance et routine un jour appauvriront ;
Mais comme ces valets gagnent au moins des gages,
Tu leur donnes raison, car ceux-là sont des sages.
Et si quelques vaillants, par le Ciel mieux dotés,
Méprisant la misère et les infirmités,
Meurent avec la foi sereine des apôtres
Pour des inventions qui serviront aux autres,
Tu te détournes d'eux avec un saint courroux,
Toi, le sage et le pur, car ceux-là sont des fous !
Regarde donc et vois ce qu'un fou va commettre...

Et le grand Palissy, laissant à la fenêtre
Celui que sa réplique avait abasourdi,
Franchit le seuil, alla d'un pas moins alourdi
Vers la maison modeste où l'attendait sa femme :

« L'émail est découvert ! je le tiens, sur mon âme !
Si le feu peut durer jusqu'à la fin du jour...
Il me reste un fauteuil, je dois le mettre au four... »

Or, c'était justement une antique cathèdre
Avec patins d'ébène et colonnes de cèdre
Que les Montmorency lui donnèrent jadis
Pour une figuline au chiffre d'Amadis.
Il y tenait, n'aurait toléré que personne
S'appuyât un moment au dossier à couronne
Servant de baldaquin à ce meuble de prix...
Quand, par un mal soudain, son aïeul fut surpris,
Le savant protégea d'une housse de neige
Le grand fauteuil avant de l'offrir comme siège,
Et l'aïeul, vénérant ce meuble respecté,
S'étendit sur le sol et mourut à côté...
« O poignants souvenirs qui m'envahissez l'âme,
Murmura Palissy, réservez votre blâme,
Pardonnez si mon cœur se ferme à vos échos,
Mais je ne goûterai ni bonheur, ni repos.
Si je n'immole tout à cette découverte. »
Alors le grand vaincu prit d'une main alerte
Le fauteuil qu'il chargea sur son dos et s'enfuit
Vers le four délabré sur qui tombait la nuit ;
Puis, pour ne pas porter de hache sacrilège
Sur les vaines splendeurs de cet antique siège
Qui fut une fortune et fut un confident,
Il le mit tout entier dans le brasier ardent.

« Que fais-tu, Palissy ? dit en pleurant sa femme
Qui, depuis le jardin, avait saisi ce drame.
— Femme, il faut que le feu brûle jusqu'au matin.
—.Jusqu'où te conduira notre mauvais destin :
N'avons-nous pas assez supporté de misère
Pour ton inconcevable et tragique chimère ?
— Espère encore un jour, espère et travaillons !
— Vois, nous sommes couverts tous les deux de haillons ;
Nos murs sont lézardés, la bise de décembre
S'engouffre en sanglotant dans notre pauvre chambre ;
Nous avons épuisé tous les fruits du jardin ;
J'ai vendu tour à tour les joyaux de l'écrin
Que tu m'avais offert à notre mariage.
Reverrai je l'anneau que j'avais mis en gage
Pour trouver quelque part un modeste crédit

Quand un records voulut nous prendre notre lit ?
Va, renonce à l'affreux démon qui te possède,
Le mire ne veut plus nous donner de remède,
Le boulanger lui-même a refusé son pain.
Crois-moi, fabrique encor des aiguières d'étain,
Tu les vendis toujours un prix fort raisonnable.
Nous aurons, de nouveau, du vin sur notre table,
De l'or dans notre bourse et du soleil au front... »
Mais ce simple parler parut comme un affront
A l'homme emprisonné dans une foi robuste
Qui de tout ce discours, lamentablement juste,
Ne retenait qu'un mot : « Femme, n'as-tu pas dit
Qu'il nous restait encor du bois à notre lit ?
Elle eut peur, cette fois : « A l'aide ! cria-t-elle,
Laissez-moi regagner la maison paternelle
Où mes petits neveux voudront me consoler... »
Le cœur gros, Palissy la laissa s'en aller
Pour qu'elle ne vit pas l'holocauste suprême.
La sueur ruisselant sur son visage blême,
Il brisa sans faiblir les dossiers à rinceaux
Du grand lit de parade et brûla les morceaux
L'un après l'autre, avec le courage impassible
Qui fait réaliser quelquefois l'impossible.
Puis, quand le dernier socle au brasier fut jeté,
Le héros ne songea qu'à mourir en beauté.
« Le sacrifice est fait, gémit-il, si ma vie
Est encor nécessaire à l'œuvre poursuivie,
Je souhaite qu'il plaise au ciel de l'accepter,
Mais le succès est proche et j'ai tort de douter
Car au fond de mon cœur vibre une voix céleste :
« Homme, tombe à genoux et Dieu fera le reste ! »

Relève-toi, géant, relève-toi ; l'azur
Ne brillera jamais d'un éclat aussi pur
Que les émaux coulés sur ta première amphore.
Regarde : les reflets de la naissante aurore
Allument sur tes plats d'incandescents rubis.
Sous la couche impalpable et claire du vernis,
Turquoises et saphirs palpitent plus limpides
Que les joyaux sertis chez les rajahs splendides.
La gamme des couleurs s'anime sous tes doigts.
Dans une heure, au plus tard, tes vases assez froids
Pourront être montrés à la foule conquise.

On vantera le lustre et la finesse exquise
De l'émail retrouvé par Bernard Palissy,
Sculpteur comme Goujon, peintre comme Vinci.
On exagèrera même ta découverte,
On dorera tes jours, on pleurera ta perte,
Et les siècles futurs, à ton front souverain,
Sur un square offriront des couronnes d'airain.
Mais, fussé-je témoin de ces apothéoses
Et dût ton piédestal s'écrouler sous les roses
Que t'apporte trop tard un peuple exubérant,
Tu ne serais jamais, non jamais ! aussi grand
Que durant cette nuit, mauvaise énigmatique,
Où tu jetas au feu ta dernière relique
Sous le sarcasme affreux de ces voisins méchants
Dont tu sus mépriser les propos outrageants...
Le succès couronna ta vaillante entreprise,
Mais quand, ce soir maudit, caché dans l'ombre grise
De la pauvre masure où ton avoir fondit
Nous t'aurions vu pleurer ; quand, dans ce soir maudit,
Tu te serais éteint, un blasphème à la bouche
Sans qu'un visage ami se penchât sur ta couche,
Tu nous apparaîtrais aussi grand, ô martyr,
Que la faim et le mal ne purent pervertir !
Combien, plus malheureux que toi, sont morts en route,
Victimes de la peine et victimes du doute,
Sans trouver le secret qu'ils cherchèrent toujours.
Combien d'autres, hélas ! par d'injustes concours
Que ne vainquirent point nos recherches disertes,
Ont doté l'univers d'heureuses découvertes
Sans nous laisser leurs noms que nous eussions gravés
Sur les bronzes publics pour eux seuls élevés !..
Qu'on ne nous parle plus des conquêtes guerrières
Qui peuvent seulement élever des barrières
Abritant pour un jour des fers belligérants !
Les inventeurs heureux sont les seuls conquérants,
Ils sont les créateurs prolifiques de vie.
O travailleurs ! semons la route poursuivie
Par tous les artisans de l'ordre et du progrès
Des grains les plus hâtifs, des lilas les plus frais,
Et dans l'ardent cénacle où s'assemble l'élite,
Réservons aux chercheurs — même sans réussite —
Cette place d'honneur qu'un fils reconnaissant
S'honore de donner à l'ancêtre puissant,
Dont le fertile esprit et dont la chair féconde
Portèrent en naissant tout l'avenir d'un monde.

Ernest LAFONT.

CHRONIQUE

Aux Eyzies. — Avec l'autorisation du Ministre de l'Instruction Publique et des Beaux-Arts, notre savant collègue M. Peyrony organise aux Eyzies, capitale préhistorique, des conférences promenades, à jour fixes, comprenant la visite et l'explication du Musée, d'une grotte ornée et d'un gisement.

Un droit de 10 francs par personne pour chaque séance est perçu au moment de l'inscription. Le nombre maximum des auditeurs est fixé à 20 pour chaque conférence.

Pendant la période des vacances, M. Peyrony organise ces excursions, si captivantes et si instructives le 18 juillet, les 1, 15 et 22 août, les 5 et 9 septembre prochains.

Rendez-vous au Musée des Eyzies à 9 heures du matin.

Après entente préalable avec M. Peyrony. des « conférences non prévues peuvent être organisées à l'usage des sociétés, d'écoles, de groupes et même de personnes seules. »

Au Musée d'Agen. — La dernière réunion de la commission du Musée a été tout entière consacrée à la réclamation David, ex-conservateur de cet établissement, qui revendiquait un certain nombre de toiles et de dessins inscrits par ses soins sur le registre des Entrées comme donnés par lui-même ou par des tiers.

A l'unanimité, la Commission a estimé que M. David n'avait aucune qualité pour revendiquer des dons faits par d'autres que lui-même. Quant à ceux dont il a gratifié le Musée (neuf petits dessins réunis dans deux cadres), elle a décidé de les lui retourner, ces œuvres, les siennes, ne présentant qu'un intérêt secondaire.

En outre, elle a demandé que l'ex-conservateur fût invité à remettre au Musée les états et inventaires dressés par lui pendant sa gestion pour permettre toutes vérifications et tous récolements nécessaires.

Conférences Littéraires. — Le *Jasmin d'Argent* a organisé cette année deux conférences littéraires qui ont obtenu le plus vif succès : la première sur *Verlaine et son œuvre*. où M. Jean Ravennes nous a conté la vie de basse bohême et de gloire de l'auteur de *La Sagesse*, poète si puissamment original, dont Jules Lemaître disait qu'il avait « une musique dans l'âme » et que certains jours il entendait « des voix que nul avant lui n'avaient entendues » ;

La seconde, le 26 mars, sur *la Poésie dans la Chanson populaire*. M. André Bellesort, qui passe pour le meilleur conférencier de Paris, y fut remarquable : admirable diction, clarté, finesse, humour, rien n'y manquait. M. Bellesort, secrétaire général de *La Revue des Deux Mondes*, a « bien du talent», c'est sûr ; mais en aurait-il davantage qu'il n'arriverait jamais à nous faire trouver le moindre sentiment poétique dans le *Malbourough s'en-va-t-en guerre* ou dans la chanson des *Petits Pavés* de Maurice Vaucaire.

Ces deux conférences avaient attiré au théâtre d'Agen une assez nombreuse assistance, élégante et choisie, comme toujours. Mais encore trop de places vides ! Les absents ont eu tort deux fois de ne pas répondre à l'appel de M. Jacques Amblard.

Les Agenais aux Jeux Floraux de Toulouse. — L'Académie des Jeux Floraux a décerné ses prix pour 1926. Au palmarés nous relevons quelques noms Lot-et-Garonnais :

Concours de poésie française : 7ᵉ : Mᵐᵉ Madeleine Mérens-Melmer, d'Agen, rappel de violette d'argent pour son poème « Messe en mineur ». — *Concours de poésie en langue d'oc :* 5ᵉ M. Antoine Rey, d'Agen, églantine d'argent pour son poème *l'Esclopier*. — 9ᵉ M. Vayssières, de Tonneins, pour *la Bodafla de Sabon*, un œillet.

Un prix de 400 francs a été décerné à Mˡˡᵉ Germaine Emmanuel-Delbousquet, de Sos, pour son recueil poétique « *Du soleil et des Ombres* », que nous avons analysé dans notre *Revue* (N° de septembre-octobre 1925).

Société Académique d'Agen. — *Séance de mars 1926.* — M. Bonnat, secrétaire perpétuel, donne lecture d'une lettre de M. Coulonges signalant la découverte de gravures sur pierre dans un gisement magdalénien près de Sauveterre-la-Lémance. Ces gravures, qui représentent des chevaux, sont actuellement examinées par M. Peyrony, le savant préhistorien des Eyzies.

Le docteur Lepargneur, de Bouglon, fait ensuite l'histoire de Samazan et de son église pendant la Révolution. Cette histoire, pour si intéressante qu'elle soit, ressemble à celle des autres municipalités révolutionnaires de Lot-et-Garonne : mêmes fêtes civiques, mêmes difficultés et mêmes conflits d'ordre religieux, mêmes crises pour le recrutement des armées, qu'expose avec précision M. Lepargneur, d'après les délibérations du Conseil général de la commune de Samazan, conservées à la mairie de cette localité.

La toponymie est une science ingrate ; hérissée d'hypothèses, elle repose souvent sur le simple calcul des probabilités morphologiques. M. Lucien Massip, qui explique l'origine des noms de lieux lot-et-garonnais, ne l'ignore pas. Aussi se garde-t-il bien de toujours affirmer. Il se contente le plus souvent de suggérer et de proposer et, ainsi présentée, sa communication, où il invoque l'autorité de maîtres comme d'Arbois de Jubainville et Longnon, est particulièrement curieuse. Citons quelques-unes des étymologies auxquelles s'arrête M. Lucien Massip pour les noms avec terminaison en *ac* ou *an*, datant des époques gallo-romaines et des premières interventions barbares : *Layrac*, fonds d'Alarius ; *Andiran*, fonds d'Andrius ; *Aubiac*, fonds d'Albius ; *Calignac*, fonds de Calinius ; *Clairac*, l'héritage de Clarius ; *Estillac*, le domaine d'Hostilius ; *Nérac*, le fonds de Nérius.

On pourrait multiplier les citations. Mieux vaux s'en rapporter à l'article de M. Massip que publiera la *Revue de l'Agenais*.

Après cette communication, il est procédé à l'élection comme membres correspondants de MM. Pierre Rodriguez, de Cocumont, et Guillot, ingénieur-voyer en chef du département, présentés à la séance précédente.

Compte-rendu de la séance d'avril 1926. — En ouvrant la séance, M. Gayral, vice-président, prononce l'éloge funèbre du docteur Roulliès, récemment décédé. Il rappelle en quelques paroles attristées le grand rôle, médical et chirurgical, que joua le défunt en Agenais pendant plus de 30 années.

Cet éloge est suivi d'une belle oraison funèbre où M. Gayral évoque la magnifique figure du cardinal Mercier. Le prélat est entré vivant dans l'Histoire. Il fut pendant la guerre l'écho splendide de la conscience humaine. M. Gayral, en citant les origines du cardinal, montre qu'en lui coulait du sang français. Professeur de philosophie thomiste, grand évêque avant 1914, il fut vraiment pendant la guerre l'apôtre de Jésus-Christ par son autorité morale, par sa bienveillance, par son esprit de charité et par son attitude, courageuse et fière, en face de von Bissing.

La *Revue de l'Agenais* publiera l'étude de M. Gayral, comme la monographie consacrée par le commandant Labouche aux gardes d'honneur de Napoléon.

Pour escorter l'Empereur dans ses voyages en province, les villes constituèrent des corps de parade avec l'élite des jeunes citoyens. Beaux uniformes, montures fringantes, riches armures, rien ne manquait. En 1808, lors du passage de Napoléon et de Joséphine, Agen eut ainsi sa garde d'honneur, l'une des plus complètes qui aient été organisées hors de la Capitale, avec ses fantassins, sa cavalerie et même son artillerie.

Le commandant Labouche en fait l'historique très curieux, qu'il accompagne de notes abondantes sur les escortes similaires constituées à Aiguillon et à Marmande. Sous des drapeaux et des guidons brodés par les dames du pays, où se mariaient avec le vert de l'Empire les trois couleurs nationales, la garde d'honneur d'Agen fit florès. Pendant plusieurs mois, les gardes furent les *lions* de la cité et la coqueluche du beau sexe.

Ils étaient d'ailleurs si bien costumés et avec quelle élégance ! Un joli dessin colorié de M. Recours, conservateur du musée, en témoigne heureusement.

Quelques années plus tard, changement de décor : la jeunesse dorée d'Agen ne parade plus auprès de l'Empereur ; elle défend avec lui, sur les bords du Rhin, l'entrée du territoire national ; elle ne caracole plus, elle se bat.

Avec 1814 disparaissent les gardes d'honneur. La Restauration y puise maints officiers pour ses légions départementales, ancêtres de nos régiments actuels.

Après avoir entendu cette intéressante communication, la Société procède, au scrutin secret, à l'élection comme *membres résidants*, de MM. Castets, docteur à Agen ; Coulonges, notaire à Sauveterre-la-Lémance ; Veilhon, de Cocumont, et du chanoine Olgiwolski, et comme *membres correspondants* : de MM. Pujol, architecte départemental ; chanoine Lafougère, d'Agen ; Vivarès, architecte ; Lambert, vétérinaire, et Bérenguier, colonel du 9e de ligne.

R. BONNAT.

Chronique des Livres

Amitié Rédemptrice. — Roman, par Maurice Faber. (Agen, Imp. Moderne, 1926. in-12.

Un fils de famille, Paul de Montfort, fait la noce à Paris tandis que des aigrefins grignotent sa fortune. Il promène son incurable ennui dans tous les lieux de plaisir de la capitale : il y laisse chaque jour un peu de son argent, de sa santé et de son cœur. Soudain, il s'arrache à cette existence sans noblesse et sans but. Son ami, André Desperlis, miné par la tuberculose, est en traitement dans un sanatorium suisse. Paul se rend après du malade qu'il veut arracher à la mort. Il brave la contagion : la douce et sage Cornélie Desperlis qu'il aime en secret ne lui donne-t-elle pas l'exemple ? L'amitié (l'amour aussi, peut-être) **va** sauver Paul de Montfort, laver et purifier son cœur déjà enlisé dans la boue des plaisirs malsains, offrir un noble but à sa vie. Paul ramène André et sa sœur en France ; il les installe chez lui, dans son château de Montfort l'Amaury ; il les réconcilie avec leur père, viveur ruiné et repentant. En vain, sa maîtresse vient le relancer : le jeune homme reste sourd au chant de la sirène. Il n'entend pas davantage l'appel, à peine déguisé, de sa cousine Clémentine, jeune fille du meilleur monde — et bien moderne. André meurt. Paul épouse Cornélie et l'auteur nous laisse entrevoir que, par la suite, ils firent sinon beaucoup d'enfants (le livre est muet là-dessus) du moins beaucoup de bien.

Je soupçonne fort M. Faber d'avoir nourri un dessein plus ambitieux que celui de nous conter l'histoire, édifiante à coup sûr, mais puérile et point nouvelle, d'un jeune noceur qui, abreuvé de dégoût « achète une conduite » et mène dès lors la plus régulière des existences. Je démêle très bien son souci de nous montrer quel réconfort peut apporter, aux heures difficiles, l'éducation religieuse reçue dès l'enfance, et quel apaisement, la pratique journalière des vertus chrétiennes. Je vois également le but moral qu'il poursuit : la vertu récompensée, le crime puni, — comme dans les romans-feuilletons, hélas ! Mais M. Faber n'a-t-il pas voulu, plus exactement, nous donner un tableau de la haute société d'après guerre ? En tout cas je trouve là, assemblés, quelques types représentatifs de la « gentry » contemporaine. Campés, il faut le reconnaître, en un puissant relief, c'est entre eux que se joue le drame.

Car, en dépit du titre — et peut-être en dépit de l'auteur lui-même — il s'agit beaucoup moins ici d'un cas de conscience, d'une crise intérieure, que d'un conflit passionné entre deux mondes : celui de la tradition et celui des affaires.(1) Dans le premier, rangeons *Paul de Montfort,* type du grand seigneur riche et désœuvré, noble cœur — un peu naïf ; — près de lui l'austère et vaillant *Desperlis,* l'honnêteté faite homme ; *Cornélie,* la sainte, l'ange tutélaire dont la vie tient en deux mots : piété et sacrifice. — Et, de l'autre côté de la barricade, voici *Marillon,* l'industriel audacieux, le grand brasseur d'affaires, avide de jouissance et de domination, corrompu, cynique et brutal ; *Malcrix,* financier sans scrupules, cauteleux et sournois, d'une répugnante vulgarité ; *Giddy Eddy* enfin, sympathique petite grue, qui ne manque ni de... tempérament ni de cœur.

Ce livre fut conçu sous le signe du romantisme auquel il emprunte seulement une technique qui peut paraître périmée. Romantisme, cette omniprésence de la mort qu'on sent rôder dans toutes les pages : Olry, assassiné par Marillon et Malcrix ; le Docteur, abattu par un de ses malades ; Marillon, la poitrine défoncée dans un accident d'auto et inutilement secouru par une *bohémienne,* tandis que, près de lui, son chauffeur gît, le crâne ouvert ; Malcrix, qu'une *perle accusatrice* pousse inexorablement au suicide ; André, rongé par l'implacable mal... Romantisme ces promenades dans des cimetières (oh ! rien, ici, de la tragique horreur de votre geste douloureux prince d'Elseneur) et ce macabre récit d'une confusion de cadavres... (2) Romantisme (et je pense au chantre d'Elvire) cette double invocation au Crucifix et à Cornélie, au Dieu et à l'amante.... Romantisme, enfin, ce mariage d'un grand seigneur, héritier d'un nom et d'un passé illustres, et d'une petite bourgeoise pauvre que la tuberculose a marquée de son sceau... Ce procédé littéraire vaut à l'ouvrage maintes pages colorées, de vivantes descriptions, des envolées lyriques, mais dit assez que cette peinture ne présente de la vie qu'une image quelque peu factice et irréelle.

Comme dans tous les livres de début, l'action parfois se traîne languissante, s'égare dans des chemins adventices, au lieu de marcher d'un pas ferme et fort, progressivement accrue en intensité, vers le dénouement fatal. Le style, malgré quelques légères défaillances, bien explicables chez un auteur qui n'a pas encore le « tour de main », est ferme, alerte et précis. Et n'ai-je pas dit qu'il s'agissait là d'un livre de début ? C'est déjà beaucoup que M. Faber ait tenté de peindre soit une aventure psychologique, soit un « moment » de la société contemporaine — selon le point de vue auquel on se place. Et c'est quelque chose qu'il ait, en grande partie, réussi.

---

(1) En écartant, pour ce dernier, le crime initial commis par deux des protagonistes — cas particulier qui montre l'âpreté de la lutte.

(2) Fait *historiquement* vrai, cependant, ainsi d'ailleurs que l'assassinat de l'ingénieur Olry.

*
* *

Bréviaire Stendhalien, par M. Jean Rodes (Ed. du Siècle, Paris.)

Stendhal appartient au mouvement romantique : « Je suis un romantique furieux, écrivait-il au baron de Mareste, c'est-à-dire je suis pour Shakespeare contre Racine et pour lord Byron contre Boileau ». (*Bréviaire Stendhalien*, p. 139). Mais il est pour Voltaire contre Rousseau dont il dénonce l'emphase et la froideur (*B. S.* p. 160) Rien d'étonnant à cela : dans le grand souffle de rénovation littéraire qui emporta les derniers et pâles vestiges du clacissime mourant, Stendhal resta le fils spirituel des encyclopédistes du XVIIIe siècle. Partant, il ne fut guère compris de ses contemporains. C'est qu'il est aussi loin que possible de leur lyrisme exubérant et de leur débauche verbale : « Je fais tous les efforts pour écrire sec. Je veux imposer silence à mon cœur. » (*B. S.* p. 150) — C'est que, plus qu'aucun des écrivains de son temps, il a cherché la représentation du réel : « En décrivant un homme, une femme, un site, songez toujours à quelqu'un, à quelque chose de réel » (*B. S.* p. 142). C'est qu'enfin dans le plus romantique des cadres, il a gardé ces deux qualités éminemment classiques : le sens de la mesure et la soumission patiente à la vérité. « Avant tout, je veux être vrai ». (*B. S.* p. 150.)

« Je pensais n'être pas lu avant 1880.... » écrivait-il à Balzac (*B. S.* p. 143). Et, en effet, sa célébrité date de cette époque. A la suite de Taine et de Bourget — et par réaction contre le froid réalisme et un naturalisme sans profondeur psychologique qui se voulaient l'un et l'autre purement objectifs — la jeunesse littéraire de la fin du 19e siècle s'attacha à ce « dissocieur » de sensations et de sentiments, à cet analyste minutieux du cœur humain et admira en lui un des maîtres du culte de moi. « Je continue à travailler sur mes sentiments ». (*B. S.* p. 47) — Par réaction contre l'écriture toute plastique d'un Flaubert et la phrase « artiste » des Goncourt, les jeunes s'éprirent de ce style sec, précis, incolore, très « Code civil » (*B. S.* p. 143) et qui plaisait à l'impitoyable Barbey d'Aurevilly lui-même. Cette jeunesse, enfin, née aux approches ou dans le tourment de la guerre, meurtrie, humiliée, mais frémissante et avide d'action, trouva en Stendhal, à la suite de Barrès, un admirable professeur d'énergie. « Des gens qui ont « agi » mettront plus de pensées en circulation que des gens de lettres uniquement occupés, pendant leur jeunesse, à peser un hémistiche de Racine (*B. S.* p. 140.)

« Je n'écris que pour cent lecteurs » (*B. S.* p. 153) disait-il dans la seconde préface de « *l'Amour* ». Mais aujourd'hui, bien que son œuvre reste ignorée du grand public, ses admirateurs et ses amis se comptent par milliers. Il a ses prêtres et ses fidèles, ses « sacerdotes et ses zélateurs » comme dit M. Jean Rodes dans son court et substantiel avant-propos. Et, parmi ceux-ci, M. Rodes distingue les Stendhaliens et les Beylistes. Les premiers : cryptographes, commentateurs, snobs (j'en passe — et des meilleurs...) ne ressemblent point — moralement s'entend — à l'objet de leur culte. Les Beylistes, eux, ont une âme parente de celle d'Henri Brulard, partagent ses aversions et ses goûts, participent à sa mélancolie — et sont vraiment des êtres extraordinaires puisqu'ennemis de la réclame tapageuse et des petites chapelles où s'élaborent d'éphémères gloires, ils sont inaptes à se pousser dans la vie.

M. Rodes qui est, on le devine, un Beyliste intégral, a relevé dans l'œuvre entière de Stendhal des mots, des phrases, de longs passages même qu'il a couchés dans son carnet. Il les a relevés pour lui, — et pour vous aussi, heureux lecteur ! — il les a méthodiquement classés, il en a fait son bréviaire. Et ce Bréviaire est d'une incomparable richesse — et c'est un livre singulièrement jeune et vivant... Vous l'avouerai-je ? Il m'a passionné comme un beau roman. N'est-ce pas là, sous une forme nouvelle, le roman d'un homme qui s'avère original entre tous ? Ame complexe et tourmentée, à la fois orgueilleuse et timide, égoïste et sentimentale, voluptueuse et quelque peu misogyne, naïve et perverse, éprise d'action et qui n'agit point parce qu'elle s'analyse trop...

Vous trouverez donc dans ce « Bréviaire », Stendhal lui-même avec son caractère et sa sensibilité, sa conception de la vie et ses façons de vivre, ses amours, sa vie galante et son immoralisme (un chapitre qu'il ne faut point donner à lire aux jeunes filles et dans lequel l'anglais, en ses mots, brave l'honnêteté) (1), ses aversions et ses goûts. Vous y trouverez aussi la « substantifique moelle » d'une œuvre étonnante de variété et de profondeur : ample moisson d'idées et d'aperçus ingénieux sur la littérature et les beaux-arts, sur la religion et les mœurs, sur les questions politiques et sociales, sur les individus et les peuples.

Grâce à M. Jean Rodes, nous relirons Stendhal, nous reverrons ces figures si rayonnantes de force et de vie : Julien Sorel et Fabrice, Mlle de la Môle et Armance.... Certes, l'homme nous est cher qui immortalisa en une phrase célèbre et universellement connue la beauté de notre petite patrie. Mais nous reviendrons à lui pour des raisons moins particulières et plus précieuses. Il nous enseignera la haine de l'impudent arrivisme, le mépris des âmes serves ou mercenaires, l'horreur de toutes les hypocrisies. A cette heure où agir devient la plus impérieuse des nécessités, il nous donnera le goût et le désir de l'action, lui que Nietzche appelait déjà : « ce précurseur, ce divinateur admirable ». (2)

---

(1) Pour avoir une idée de l'érotisme — plus cérébral que physique peut-être — de Stendhal, il faut lire pages 83 et suivantes, les amusants passages : This morning I have made... et the countess Simonetta has spend... et quelques lignes très suggestives sur ce qu'il appelle le babilanisme.

(2) Fr, Nietzche : Par de là le Bien et le Mal.

*
**

Elégies, par Tristan Derême (Revue des Deux-Mondes —
N° du 15 mars 1926.)

> Raoul Ponchon, Tristan Derême,
>
> Le plaisant bruit que font ces noms !
>
> Je pense à des vers d'eux que j'aime...
>
> G.-Ch. CROS.

Etonnante magie du printemps ! Sur le vieux tronc, robuste
encore et plein de sève, une jeune feuille verte tremble et pal-
pite aux premiers souffles de la brise... La docte *Revue des Deux
Mondes* vient d'accueillir un poème de Tristan Derême — et,
comme dit quelque part Léon Treich, ses lecteurs ne sont pas
souvent à pareille fête. La vieille dame (qu'on nous pardonne
cette autre image puisqu'il s'agit d'un porte-lyre) ayant noué ce
ruban vert à ses cheveux en paraît toute rajeunie.

Tristan Derême nous appartient. N'est-il pas né à Marmande, où son père, le lieutenant-colonel Huc, commandait le
20ᵉ Rgᵗ d'Infanterie, voilà « sept lustres deux années » ? Ne fut-il
pas l'élève de notre Lycée Bernard Palissy ? N'est-ce pas à Agen
qu'il fit ses premières armes littéraires en créant « l'Olifant » petite revue à laquelle collaborèrent de tout jeunes écrivains aujour-
d'hui célèbres : Jules Romains, Jean Pellerin, Francis Carco,
Jean-Marc Bernard, d'autres encore ? Je sais bien que sa famille
est originaire du Béarn et que, tout enfant, il a souvent empli ses
yeux de l'admirable décor des Pyrénées... Mais notre terre si
douce, les lignes harmonieuses de nos paysages et ce ciel chan-
geant et capricieux qu'Anatole France eût pu qualifier de spirituel ont contribué, plus que le sol ancestral, à façonner ce génie
si primesautier, si fantaisiste et, en même temps, si mesuré.

Je relisais, ces jours derniers, à petits coups, l'aimable
Verdure dorée qui fut quelque temps comme la « Somme »
poétique de Tristan Derême. Le poète y chante uniquement ses
amours défuntes — c'est-à-dire toute sa jeunesse que dore maintenant la mélancolie du souvenir. Et je retrouvais là, rassemblées
et amalgamées par le plus délicat des artistes, la verve malicieuse
de Clément Marot, la grâce charmante de La Fontaine, l'ironie
sarcastique et douloureuse de Laforgue... Quelle profusion
d'images neuves, plaisantes ou hardies !

> Et la lune déjà comme un jaune escargot
> A quitté la colline et glisse au ciel d'automne...
> Le soleil a plongé dans le soir d'écarlate
> Comme une abeille en or dans un coquelicot....
> Ton rêve s'éteindra s'il neige sur ta pipe....
> A mon coupé, j'attellerai cent douze lièvres
> Sous l'azur plus vibrant qu'une aile de perdrix...

Et aussi quelle émotion, quelle sensibilité !

> Maintenant que la neige a blanchi la maison,
> Promène ta douleur et vois à l'horizon
> Au-dessus des cyprès funèbres et des tombes
> Tes rêves s'effacer comme un vol de colombes...

Mais que nous sommes loin ici de la douleur romantique qui s'extériorisait en un flot de paroles véhémentes... Le cœur est ulcéré, mais sa plainte s'achève en un sourire. Une larme perle au bord des cils, mais la surprise d'une rime imprévue ou drôlatique, d'un rythme qui soudainement se brise la volatilise comme une rosée que boit un rayon de soleil. Pudique sensibilité d'un délicat poète : son cœur est un tambour voilé...

Peut être pourrait-on dire que le métier y est parfois trop apparent ? Derême s'est créé un « Art poétique » qu'il explique et défend dans sa préface : la rime riche ou pauvre, l'assonnance et la contre-assonnance, toutes les ressources de la poésie, en un mo, il entend les utiliser. Ses vers seront donc l'illustration d'une théorie qui lui est chère. Aussi, parfois, il peut sembler que sa fantaisie a quelque chose de systématique et, ce serait une erreur de le croire, son émotion quelque chose d'artificiel.

Rien de tel dans ces « Elégies » qui sont le magnifique épanouissement d'un talent enfin sûr de lui et qui approchent, il n'en faut point douter, de la perfection classique. Clymène est aux rives de la Chine et le poète ne veut point philosopher sur cette absence qui lui cause une poignante tristesse.

> Clymène, lirez-vous ces vers ? L'onde soit douce
> Au vaisseau qui vous berce en des climats nouveaux ;
> Qu'il aborde avec l'aube en un golfe de mousse
> Et que l'azur léger soit pour vous plein d'oiseaux ;
> Et revenez.. La nuit est magnifique et triste....

Mais vais-je analyser ces quatre petits poèmes qui sont un pur enchantement et pour lesquels le mot : chef-d'œuvre ne semble pas trop fort ? Non, non, lisez vous-même : écoutez ce cœur tendrement passionné qui chante mezzo-voce son tourment — laissez-vous bercer par ces fluides harmonies....

> De mots harmonieux vainement tu me charmes
>   Ou penses me charmer,
> Je ne veux plus chérir que ma plainte et mes larmes,
>   Je ne veux plus qu'aimer.
> Je ne veux plus. Muse aux belles étoffes,
> Dont le manteau fleuri me cache l'univers,
> Que tu berces mon cœur aux musiques des strophes,
> Que tu berces ma peine aux cadences des vers...
> .. ..

> Je songe à vous ; la nuit d'été berce les feuilles
> Et, dans cette maison tranquille où tu m'accueilles,

Solitude, j'écoute à travers les carreaux,
Avec mes souvenirs bruire les sureaux.
. . . .

Je veux m'aller coucher parmi les vers luisants
Et m'endormir à la bonté du paysage.
Dormir, et je ne vois cependant qu'un visage,
Amour, et le vaisseau qui penche, et de beaux yeux
Qui me sourient sous d'autres cieux.

Ah ! comme je comprends l'enthousiasme de Pol Neveux saluant en Tristan Derême « le plus prodigieux artisan du vers que connaisse notre époque » et celui de Charles-Henry Hirsch qui écrivait récemment dans sa chronique du « Mercure de France » : « Voilà un des meilleurs poètes de ce temps en marche vers l'Académie française. »

Et mon rêve au soleil est un vaisseau fleuri...

Puissent les vents favorables pousser vers ce port heureux la nef gracieuse et chantante de « notre » Tristan !

Albert SORBÉ.

Le directeur-gérant : René BONNAT.

AGEN — IMPRIMERIE LABORDE, BOULEVARD DE LA RÉPUBLIQUE

Gravures Préhistoriques

SUR GALETS

DE L'ABRI DU MARTINET, COMMUNE DE SAUVETERRE

Epoque Magdalénienne

L'abri du Martinet, commune de Sauveterre, vient de me fournir les premières traces de l'art préhistorique dans la vallée de la Lémance.

Jusqu'ici, je n'avais constaté dans ce vaste foyer qu'une couche de magdalénien renfermant de très beaux outils en silex, des sagaies en os ornées de signes et une palette à couleurs avec de l'oxyde noir de manganèse et des ocres rouges servant à la peinture corporelle ou au tatouage.

Fouillant avec précaution, mon attention fut attirée par deux fragments de galets usés dont la surface avait été polie ; je distinguai très nettement les figures dont la reproduction est jointe.

L'artiste magdalénien a voulu probablement reproduire des chevaux.

J'ai soumis ces gravures à notre confrère M. Peyrony, le distingué conservateur du musée des Eyzies, qui les a examinées et a reconnu leur authenticité.

Aussi je m'empresse de signaler ma trouvaille à la Société Académique d'Agen. C'est la plus ancienne manifestation de l'art connue, dans notre région, à l'époque préhistorique.

COULONGES.

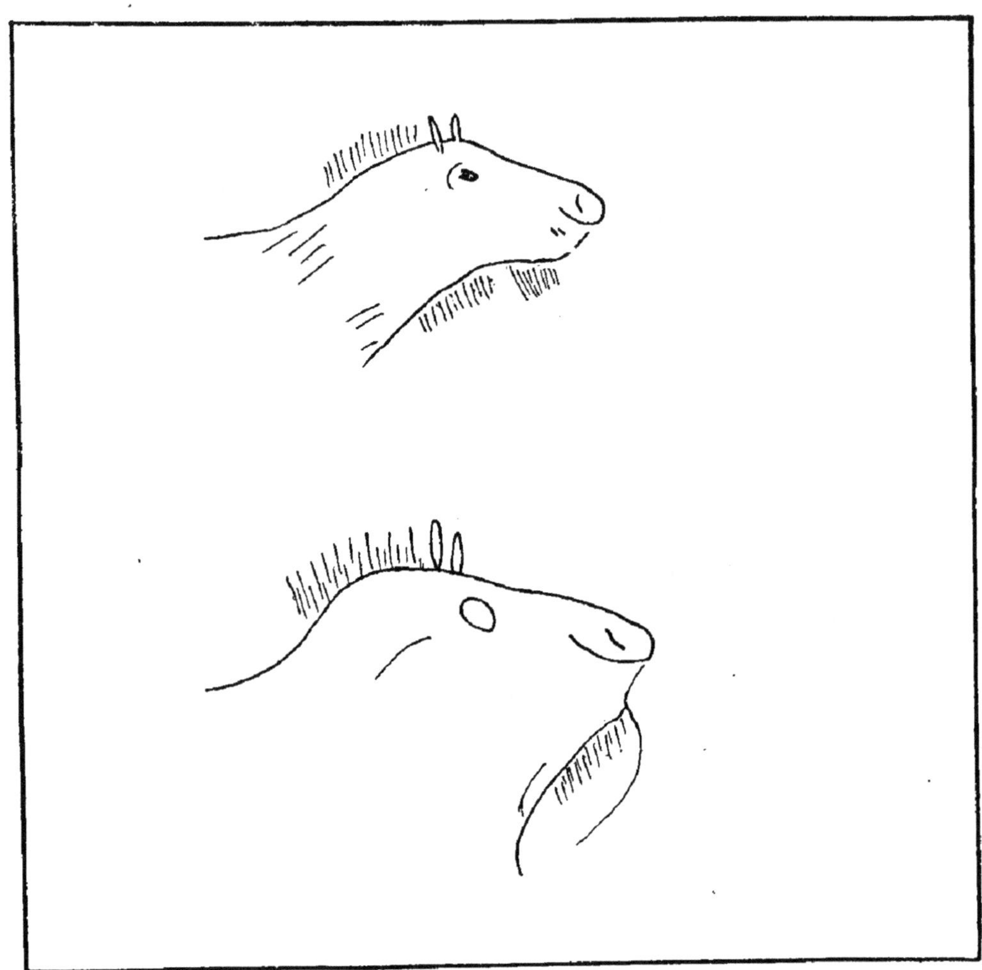

GRAVURES RUPESTRES DE L'ABRI DU MARTINET

Commune de Sauveterre-la-Lémance

Reproductions de galets gravés à la pointe en silex de l'époque magdalénienne

Le miracle eucharistique de Caussens

AUX PREMIÈRES ANNÉES DU QUATORZIÈME SIÈCLE

Le fait que nous faisons connaître est d'un caractère si particulier que nous le qualifierons, avec juste raison, de merveilleux, de surnaturel, de miraculeux. Son récit se cachait, oublié depuis des siècles, dans les rayons du *British Museum*, si riches en documents intéressants pour la Guyenne et la Gascogne.

Le chercheur averti qu'est M. Charles Samaran, notre compatriote et ami, ancien élève de l'Ecole des Chartes, ancien membre de l'Ecole Française à Rome, archiviste aux Archives Nationales, pensa, en l'y découvrant, qu'il pourrait nous intéresser tout particulièrement, que nous serions heureux en tout cas de le connaître, et il a eu la bienveillance de nous le signaler. Il ne se trompait pas ; et nous le remercions cordialement d'avoir bien voulu prendre aussi le soin de faire à Londres, photographier le document. (1)

I

On trouve ce récit dans n° 33956 *des Additional manuscripts* du *British Museum*. Ce manuscrit est un recueil (0 ᵐ, 255 × 0 ᵐ, 17), en parchemin du XIVᵉ siècle, écrit par

---

(1) Nous le remercions encore d'avoir revu et corrigé la transcription du texte faite par son élève, notre ami M. Pierre Rouleau, Que M. Rouleau lui-même, M. l'abbé Marboutin, de la société Académique d'Agen, M. Cavallera, professeur à l'Institut Catholique de Toulouse, le R. P. de Bazelaire, le R. P. Alric ancien professeur de lettres au collège de Sarlat, veuillent bien agréer chacun leur part de reconnaissance pour les documents divers qu'ils nous ont fournis et qui nous ont permis d'ajouter quelques précisions dans l'étude du manuscrit londonnien.

un scribe nommé Broun, qui contient 762 *exempla*, c'est-
à-dire des récits dont les prédicateurs se servaient pour
rendre leurs discours plus prenants. Ces récits proviennent de sources diverses et sont groupés par sujets. Le
compilateur dit dans son *Prologue* qu'il a recueilli ces
exempla « ex multis et diversis voluminibus ». Beaucoup
sont tirés du fonds commun et en particulier des vies des
Pères. Le reste se divise en trois classes.

Première classe. — 23 anecdotes localisées dans le Sud-
Ouest de la France (diocèses d'Agen, Auch, Tarbes, Cahors, Muret, Condom, Lectoure, Toulouse, Pamiers, Périgueux, Bordeaux et Castres).

Deuxième classe. — 17 anecdotes relatives aux Francis-
cains et « évidemment recueillies par un membre de cet
ordre ». (*evidently collected by a member of that order*).

Comme l'ajoute Herbert, « ces deux classes pourraient
peut-être n'en faire qu'une et avoir été recueillies par un
Franciscain qui vivait en Gascogne ou Guyenne et était
probablement le compilateur de ce manuscrit, en même
temps que l'auteur d'un des « multis et diversis voluminibus » qui fournirent la matière de cette compilation. »

Troisième classe. — C'est la fin du manuscrit. Elle concerne presque uniquement l'Angleterre. Ce pourrait être
une addition à la compilation initiale dont le manuscrit de
Londres serait une copie augmentée. Mais, là dessus, Herbert a quelque hésitation ; et ceci est d'ailleurs secondaire
pour nous. (1)

Le passage relatif à Caussens appartient à la première de
ces trois classes. Il commence au f° 88 recto, colonne 2 du
manuscrit. Il se poursuit au f° 88 verso, col. 1 et 2, et il
remplit à peu près les deux tiers de cette seconde colonne.

Ce n'est pas tout à fait la première fois qu'il est question
de ce manuscrit en France. M. Antoine Thomas, de l'Institut, a rendu compte du *Catalogue of Romances in the department of manuscripts in the Bristish Museum*, de J. A.

---

(1) J. A. HERBERT, *Catalogue of Romances in the department of manuscrips in
the British Museum*, vol. III in 8° XII-720.p. LONDON. *British Museum* 1910.

Herbert (*Journal des Savants*, février 1911, p. 91-92).
Dans ce travail, il fait ces remarques intéressantes pour les
lecteurs de l'Agenais et du Condomois : « M. Herbert
place avec assurance 21 récits dans ce groupe et propose
d'y joindre ceux qui portent les numéros 41 et 42 localisés,
dubitativement par lui, au hameau de Soucis ou Soucy,
près de Tonneins d'Agenais (Lot-et-Garonne). La localisa-
tion est certainement erronnée, car il faut reconnaître l'antique Sos (canton de Mézin, arrondissement de Nérac, Lot-
et-Garonne) dans la « villa que Socium (ou Socia) dicitur »
du texte ; mais le rattachement proposé ne fait pas de
doute. Le récit n° 3 a certainement la même provenance :
l'éditeur a été mal inspiré en le localisant en Allemagne,
car le *Portus Sancte Marie* dont il y est question n'est autre
que la petite ville de Port-Sainte-Marie (arrondissement
d'Agen), et n'a rien à voir avec l'abbaye cistercienne fondée à Hude (au diocèse de Brême) sous ce nom, au XIII°
siècle. »

Cela dit, il est temps de placer le récit du *Miracle de
Caussens* sous les yeux de nos lecteurs.

II

« Dans le diocèse d'Agen, au village de Caussens, près
de Condom, était un prêtre ayant charge d'âmes. Un jour,
voulant porter la communion à un infirme, il vient à la
pixide contenant le corps du Christ, l'ouvre, et y trouve
une hostie consacrée et la moitié d'une autre ; à cause du
nombre des malades, celle-ci avait été partagée. Dans la
pixide, il découvre un quantité de sang si abondante, que
tous les petits linges de soie et de lin en sont imprégnés et,
qu'à travers les tissus, le sang a couvert le fond de la
pixide. En examinant avec soin, il voit la moitié de l'hostie
entière et la moitié de la demi-hostie changées en chair
très fraîche et sanguinolente, alors que les deux autres moi-
tiés conservent l'apparence du pain, avec çà et là, en raison
de la contigüité, des taches de sang.

Pris d'une grande frayeur, il appelle, en toute hâte, un
autre prêtre et lui montre le miracle. Stupéfaits l'un et

l'autre, ils discouraient entre eux, lorsque surviennent deux Frères-Prêcheurs de Condom qu'ils invitent à voir la merveille, et les consultent sur ce qu'il faut faire. Les Frères répondent qu'une chose si nouvelle et si extraorordinaire ne doit pas rester cachée, mais, pour la gloire de Dieu et l'honneur d'un si auguste sacrement, être révélée au public. Pour que cela se fit plus convenablement, ils ajoutent qu'il fallait porter ces hosties chez les Frères-Prêcheurs et les leur montrer : ce qui fut fait avec le consentement du prêtre.

La renommée d'un si grand miracle, grandissant parmi le peuple, parvient aux oreilles de l'évêque qui appelle les prêtres, les questionne en détail sur le fait, s'adresse ensuite aux Frères-Prêcheurs et obtient enfin, non sans grandes difficultés, que les hosties lui soient remises.

Pour les recevoir avec honneur, il revêt ses ornements pontificaux, fait prendre à ses clercs et ses chapelains des chapes et des surplis, et, avec des cierges allumés, ils vont tous en procession au devant du corps du Christ lui rendre les honneurs qui lui sont dûs.

Lorsque l'évêque tient la pixide dans ses mains, il soulève le couvercle et montre, sans voile, à tous les assistants, une partie de l'hostie changée en chair, tandis que l'autre partie garde l'apparence du pain, les deux autres parties restant, comme auparavant, unies entre elles. Il en fit autant pour la demi-hostie désignée plus haut.

Tous les assistants disaient en pleurant : « Béni soit celui qui vient au nom du Seigneur. »

Après beaucoup de larmes de dévotion, l'évêque, observant de plus près les hosties, fait approcher ses chapelains et ses clercs et leur dit : « Vous voyez ce que je vois : dans cette partie de l'une et l'autre hostie qui se montre sous l'espèce du pain, je vois une figure en tout semblable à celle de la Véronique ». Tous regardent avec soin et constatent qu'il en est comme dit l'évêque. Celui-ci ordonne qu'on lui apporte la Véronique qu'il a dans sa chapelle, la place à côté des hosties, et cherche attentivement s'il y a dans la Véronique quelque chose de plus ou de moins que dans l'hostie. Ils se montrent les uns aux autres les rides du front, les cheveux, les yeux et les sourcils, la division de la barbe au menton, tout ce qui se voit dans les Véroniques. Tout est pareil, absolument semblable.

C'est ce que m'affirma quelqu'un qui vit les hosties de ses yeux et les prit dans ses mains avec la plus grande attention. Cette face apparut, non seulement dans la partie de l'hostie entière, mais aussi dans la mi-partie de la moitié de l'autre, dans la partie visible sous l'espèce du pain.

Après avoir payé à Dieu le tribut de multiples louanges, l'évêque, qui faisait alors la visite de son diocèse, montrait partout ces hosties, qui l'accompagnaient, avec les honneurs voulus. La visite finie, il les déposa solennellement à une place de choix, dans l'église Cathédrale d'Agen, où elles sont encore à ce jour.

Ce récit, je le tiens de mon seigneur le cardinal de Condom, je veux dire Monseigneur Guillaume de Teste qui, pour me rendre plus certain du fait et des circonstances, me pria d'interroger sur ce point Maître Jehan de Solers, chapelain du Seigneur Pape, assurément digne de foi, qui fut aussi nonce en Espagne et en plusieurs autres pays. Ce dernier me raconta le fait avec gravité, m'affirmant qu'il se trouvait alors avec l'évêque ci-dessus désigné, qu'il avait tout vu de ses yeux et porté sur lui la clé du coffret contenant ces hosties. »

III

La sincérité du narrateur, qui a entendu les affirmations de témoins oculaires du fait, s'échappe du récit comme un parfum qui l'embaume. On sent qu'il est convaincu et qu'il veut convaincre. Mais, de plus, on remarque, dans les noms et indications diverses qui accompagnent ce qu'il dit, une grande concordance avec l'exacte vérité, et aussi des preuves multiples qu'il connaissait Condom, le Condomois, quelques unes des personnes qui furent mêlées à l'événement et qui vivaient de son temps, et dont une au moins, le cardinal de Teste, est un personnage historique. Nous ne pouvons manquer de remarquer, avec J. A. Herbert, que ce narrateur a certainement vécu en Guyenne ou Gascogne.

De cela seul que ce miracle eucharistique s'est produit au moment où Condom et Caussens se trouvaient encore dans la juridiction du diocèse d'Agen, nous sommes en droit de dire qu'il eut lieu avant le 13 août 1317, date de l'érection de l'évêché de Condom par le pape Jean XXII. (1) Caussens, village aujourd'hui peuplé de plus de 500 habitants, désigné comme proche de Condom, a son église actuelle bâtie sur les fondations même de celle qui fut contemporaine du fait miraculeux et qui abritait la pixide où se trouvaient les hosties sanguinolentes ; elle est à 4500 mètres de cette ville. De l'ancien édifice, on ne retrouverait que quelques parties de murs englobés dans ceux de la reconstruction de 1874-1876. Mais le clocher primitif, dans lequel on a placé un escalier à vis de Saint-Gilles dans les premières années du XVIe siècle, existe encore en grande partie.

La proximité de Condom rend possible la visite inattendue des deux Frères-Prêcheurs qu'un simple but de promenade justifie, et dont le monastére ne comptait peut-être pas alors un demi-siècle d'existence.

Les Dominicains étaient venus, en effet, s'établir au nord de la ville, sur la rive droite de la Gèle, affluent de la Baïse, en 1261. Ils y avaient été appelés pas Vianne de Gontaut Biron, épouse en premières noces d'Amanieu VI d'Albret. « Elle leur éleva une magnifique demeure, se réservant pour elle, dans une aile séparée, une habitation particulière, où elle mourut. » — Dix-neuf ans plus tard, en 1280, avant de mourir, elle assura la fondation du couvent des Dominicaines du Pont-Vert, cu Prouilban sur la rive gauche de la Gèle, en amont de la ville. Et trois ans après, en 1283, les dernières volontés de dame Vianne de Gontaut-Biron recevaient pleine et entière exécution. (2)

Si le curé de Caussens, surpris et visiblement embarrassé de la présence de ces saintes espèces miraculeuses, s'en était facilement laissé déssaisir par les Frères-Prêcheurs, ceux-ci furent plus récalcitrants, le récit en témoigne, de-

---

(1) A. CLERGEAC. *Chronologie des Archevêques, Evêques et abbés de la Province Ecclestastique d'Auch et des diocèses de Condom et de Lombez.* AUCH, Cocharaux, 1912. gr. in 8° de XVIII-214 p. Voir à la page 155, note 1.

(2) J. GARDÈRE et PH. LAUZUN, *Le couvent des Dominicaines de Pont-Vert ou Prouillan à Condom,* dans *Bul. de Soc. Archéol. d. Gers,* 5e année, 1904, p. 190-198.

vant la demande qui leur en fut faite par l'évêque d'Agen, qui avait entendu parler du prodige et qui avait fait comparaître devant lui et questionné le curé de Caussens et son confrère.

Cet évêque, dont l'intervention était naturelle et légitime puisqu'il était le chef hiérarchique et qu'il s'agissait d'une question de culte rendu à des hosties consacrées, était Bertrand de Goth, oncle du pape Clément V, dont il portait le nom patronymique. Il occupa le siège épiscopal d'Agen, d'abord de 1291 à 1306. En cette dernière année, après son élévation au Souverain Pontificat, ce pape transféra son oncle sur le siège de Langres et donna celui d'Agen à son propre neveu, Bernard de Fargis, jeune archidiâcre de Beauvais, qui n'avait que 25 ans et auquel il fallut une dispense d'âge. Mais, l'archevêque de Rouen, Guillaume de Flavacourt étant mort, Clément V tranféra à ce siège Bernard de Fargis évêque d'Agen, et ramena à Agen Bertrand de Goth, son oncle, qui gouverna encore ce diocèse pendant sept ans, jusqu'en 1313. (1)

La croyance de l'évêque d'Agen, Bertrand de Goth, à ce miracle eucharistique qui s'était opéré paraît n'avoir pas été entraînée par surprise. Elle n'est venue qu'après qu'il s'est rendu compte. Il commence par interroger avec soin le curé de Caussens et l'autre prêtre qui, avec lui, avait été le premier témoin du fait. Cette sorte de première enquête finie, il en entreprend une autre auprès des Dominicains de Condom qui, après avoir fait difficulté, consentent cependant à lui remttre les saintes espèces miraculeuses. Il les reçoit solennellement accompagné d'un clergé nombreux avec lequel il les examine attentivement. Tous reconnaissent en elles la vénérable image que, d'après la tradition chrétienne, les traits de Jésus montant au Calvaire avaient laissé sur le voile dont Sainte Véronique s'était servi pour essuyer l'adorable et divine face du Sauveur. Nous avons ici un nouvel exemple, fourni par la Véronique de l'évêque d'Agen, que la dévotion à la Sainte Face était en honneur au XIV° siècle, puisque l'évêque avait cette image

(1) MONLEZUN. *Histoire de Gascogne*, t. III.

exposée dans sa chapelle et que les clercs qui entouraient le Pontife n'en témoignèrent aucun étonnement. (1)

L'évêque et le clergé sont si bien convaincus du miracle que le prélat juge bon, pour édifier les fidèles de son diocèse qu'il visitait en ce moment, d'emporter ces hosties miraculeuse dans sa tournée pastorale. L'on peut penser avec quelle piété profonde, quels transports et quels triomphes les populations agenaises de ce temps de foi vive les reçurent ainsi que l'évêque qui les portait !

Ce qu'il y a de particulièrement remarquable dans ce miracle eucharistique, auquel aucun autre de ceux que nous connaissons ne peut être comparé, c'est sa permanence et sa durée. On doit admettre que la découverte à Caussens des hosties moitié chair et moitié pain consacré, et leur transfert à Condom, a dû se faire dans un seul et même jour. Mais, assurément, il en a fallu plusieurs, en ce temps là, pour que le miracle, constaté par les Condomois et proclamé par la renommée, ait pu parvenir jusqu'à l'évêque d'Agen. Il dut s'en écouler d'autres encore pendant les instances faites auprès des Dominicains par l'évêque qui demandait que les hosties lui fussent remises. Un nouveau laps de temps dut s'écouler pendant leur transfert à Agen et la séance d'examen de ces hosties par l'évêque et son clergé. Et, enfin, combien de jours prit la visite pastorale ? Cependant, le miracle se perpétuant encore après celle-ci, l'évêque put les déposer à une place d'honneur, c'est-à-dire bien en vue des fidèles, dans sa cathédrale d'Agen où elles se conservaient, l'auteur du récit l'affirme, au moment où il écrivait, ce qui peut-être n'advint que plusieurs années après. Combien de temps y furent-elles entourées de la piété des fidèles ? Que devinrent-elles ensuite ? Les archives de l'Agenais ont-elles gardé quelque documnt qui en parle ou y fait allusion ?

---

(1) E. MALE, *L'art religieux de la fin du Moyen-âge*, (p. 64, note 5. PARIS, *A. Colin* 1922) cite une statue du XIVe siècle représentant la *Véronique*, et note que c'est un des plus anciens exemples que l'on puisse citer de la dévotion à la Sainte-Face. Aussi nous pensons que la *Véronique* de l'Evêque d'Agen nous fournit un nouvel exemple particulièrement intéressant de cette dévotion à la même époque.

Mais il est bon de remarquer que c'est sous l'épiscopat de Bertrand de Goth que fut construite la cathédrale d'Agen qui s'élevait au centre de la ville, sur l'emplacement occupé aujourd'hui par le grand marché couvert et qui remplaça la cathédrale romane. La nouvelle construction fut un édifice gothique édifié sur le plan du chœur de Saint-André de Bordeaux. De cette cathédrale dédiée à Saint-Etienne, il restait encore des ruines vers 1830. (1) Les *Regesta Clementis V papæ*, nous donnent la date exacte du commencement des travaux, 1306. En l'année 1309, l'œuvre de la cathédrale se ralentissait, faute de ressources. Le pape, par lettres du 15 mai et décembre, accorda de grandes faveurs à l'évêque pour lui permettre de continuer. Il est dit, le 15 mai : «*Annuens supplicationibus episcopi et capituli Agennensis qui ecclesiam suam inceperant opere non modicum sumptuoso construere,* etc... ». (2)

Ce petit texte peut avoir de l'importance pour aider à serrer de près la date de l'événement rapporté par le manuscrit du *British Museum*. En effet, si l'évêque fait placer dans sa cathédrale d'Agen les hosties miraculeuses de Caussens, ce pouvait être pour y attirer les fidèles et les pélerins et favoriser ainsi les aumônes des visiteurs qui devaient servir à la construction de ce monument. N'était-ce pas une chose courante, à ce moment, pour attirer les foules à certains sanctuaires, d'y apporter des reliques et des corps saints ?

Avec J. A. Herbert, qui résume assez longuement *le miracle de Caussens* (page 636 du *Catalogue of Romances*), nous pensons que ce qui permet surtout de serrer un peu la question des dates, c'est l'intervention, dans le témoignage de cet événement, du cardinal de Teste. Il était né à Condom, dans les derniers rangs de la société. Il fut d'abord employé dans la maison de Bertrand de Goth qui,

---

(1) PH. LAUZUN. *Souvenirs du vieil Agen*, AGEN, Imprimerie Moderne, in-8° avec nombreuses photographies, vues, planches diverses. *Revue de l'Agenais*, XXXIV à XL, 1907-1913.

(2) Renseignements fournis par M. l'abbé MARBOUTIN.

ayant remarqué son aptitude pour les affaires, lui confia, en 1308, la légation d'Angleterre. C'est au retour de cette légation que Clément V le revêtit de la pourpre ; il fut de la dernière promotion faite par ce pape qui comprenait cinq cardinaux gascons. Dans son testament, le cardinal d'Aux, fondateur de la si belle collégiale de La Romieu, le choisit comme l'un de ses exécuteurs testamentaires. Lui même, le cardinal de Teste, du titre de Saint-Cyriaque, voulut laisser à Condom, sa patrie, un monument de ses libéralités. Sur un terrain acquis du roi d'Angleterre, co-seigneur de cette ville, il fît bâtir un hôpital en l'honneur de Saint-Jacques, lui imposa son nom et le dota largement. Il fit construire, à côté, une église qu'il enrichit de précieux ornements, et une belle maison où il fît habituellement sa demeure. Il mourut en 1336. (1)

Le cardinal de Teste avait appris de Jean de Solers, un témoin oculaire, *le miracle de Caussens*, vraisemblablement depuis son arrivée en Angleterre, c'est-à-dire au plus tôt en 1308. C'est donc en un temps aussi rapproché que possible de cette année, sinon postérieurement, mais bien près de ce moment là, qu'il faut placer l'existence de ce fait merveilleux.

Par ailleurs, J. A. Herbert trouve Jean de Solers, témoin de cet *exemplum*, avec la qualité de chanoine de Hereford (maintenant Hertford, chef-lieu du comté de ce nom, sur la Wye, à 95 kilomètres de Londres) entre 1310 et 1316, porteur de lettres papales pour le Portugal ; et il renvoie à *W. H. BLISS* (*Cal. of Papal Registers. Papal Letters* II. 1895. p. p. 66, 82, 89, 118, 134-135).

Jehan de Solers, on le trouve encore, — mais est-ce le même ? — dans les *Rôles Gascons* (*Ch. BÉMONT*, t. III, p. 176, n° 2962). Des lettres *de Attornamento generali regis* slui sont adressées de Porstmouth, le 30 juin, et transmises par le porteur Jehan des Rives ou de Ribes. Sa famille n'était-elle pas de Guyenne ? On trouve un Ber-

---

(1) MONLEZUN. *Histoire de la Gascogne, loc. cit.* — abbé BROCONAT, et PH. LAUZUN : *La Romieu, arrondissement de Condom, Gers.* AGEN. Maison d'édition et Imprimerie Moderne, 1910. — L'un et l'autre se sont inspirés de FRANÇOIS DUCHESNE. *Histoire des cardinaux français.*

nard de Solers précepteur de l'hôpital de Saint-Antoine-de-Pont-Arratz. — En 1569, dans une lettre du maréchal de Monluc, l'auteur des *Commentaires,* il est question de maisons démolies à Agen : l'une d'elles était à Jean Solers. (*Arch. hist. de la Gironde,* t. XXIX, p. 70). — Enfin, certains nous suggèrent que la vraie forme gasconne de ce nom serait *Soulès.*

IV

Nous serions heureux de pouvoir signaler quelque souvenir, en notre pays, de ce fait miraculeux. Hélas ! nous n'en avons trouvé aucun.

Nous comprenons qu'il n'y en ait pas eu à Caussens où le fait fut si peu remarqué. En dehors du curé et du prêtre appelé par lui, qui le connut ? Personne, peut-être. — A Condom, les hosties miraculeuses restèrent aussi trop peu de temps pour qu'on en ait consigné quelque chose dans les annales de la ville. Serait-on plus heureux à Agen ? A-t-on dit tout ce qu'on peut dire de l'ancienne cathédrale Saint-Etienne construite par l'évêque Bertrand de Goth ? N'existe-t-il pas encore, en quelque coin de Bibliothèque ou d'Archives publiques ou familiales, quelque inventaire ou des notes sur ses reliques et trésors ? Combien grande serait notre satisfaction si notre étude d'aujourd'hui sur *Le Miracle eucharistique de Caussens au commencement du* XIV° *siècle* réussissait à les faire sortir de leur cachette où, peut-être, ils gîsent oubliés.

S. DAUGÉ.

*
* *

(TEXTE LATIN)

In diocesi Agennensi, apud castrum de Causeyns juxta Condomium erat quidam sacerdos curam ibidem habens animarum. Cum autem die quadam infirmum quemdam communicare vellet, accessit ad pixidem in qua corpus Christi erat repositum, quam aperiens invenit in ea unam hostiam consecratam et medietatem alterius hostie consecrate, nam propter multitudinem infirmorum una divisa fuerat in duas partes ; reperitque in pixide sanguinis magnam partem in tantum quod omnes panniculi tam serici quam linei qui erant in pixide sanguine tincti erant, et per medium sanguis transierat et fundo pixidis adherebat. Et diligenter inspiciens, vidit medietatem hostie integre et medietatem alterius partis medie in carnem purissimam et sanguinolentam conversas, reliquis medietatibus in formam panis ut prius remanentibus, aliqualiter propter continuaciomem partium sanguine respersis, et vehementer perterritus pro quodam alio sacerdote misit festinanter, cui etiam ostendit miraculum supradictum, cumque ambo stupefacti super hoc sermocinarentur ad invicem, contigit quod duo fratres predicatores de Condomio supervenerunt, quibus ad se vocatis miraculum patefaciunt et quid facto opus sit consilium requirunt.

Responderunt fratres quod tam novum opus et stupendum nullo modo sub silencio esset occultandum, sed magis ad Dei gloriam et tanti sacramenti veneracionem publice predicandum. Et ut conveniencius hoc fieret, fratribus dixerunt deferendum et ostendendum, quod anuente sacerdote factum est.

Cumque crebrescente fama rumor tanti miraculi qui in populo invalescebat ad aures episcopi pervenisset convocatis coram ipso predictis sacerdotibus et diligenter super hoc examinatis, misit episcopus pro predictis fratribus predicatoribus et tandem, licet cum magna difficultate, hoc obtinuit ut sibi redderentur hostie supradicte, ad quas honorifice recipiendas in pontificalibus se preparat episcopus, et clericos suos et capellanos capis et superpelliciis induit universos, et luminaribus copiose accensis, omnes processionaliter vadunt ad corpus X" honorifice recipiendum sicut decet.

Cumque episcopus pixidem predictam haberet in manibus, aperto ejusdem operculo, omnibus qui aderant patenter ostendit hostie unam partem in puram carnem conversam, reliqua parte in specie panis remanente, partibus ut prius ad invicem continuatis.

Hoc idem de medietate hostie supradicte illacrimantibus omnibus et dicentibus « Benedictus qui venit in nomine domini. »

Post multas vero lacrimas pre devocione diligentius intuens episcopus hostias sepe dictas, convocatis ad se capellanis suis et clericis, ait : Videtis, inquid, que ego video ; in illa enim parte utriusque hostie que sub specie panis apparet video faciem admodum Veronice in omnibus similem ; qui omnes diligentius inspicientes viderunt manifeste ita esse sicut episcopus dixit. Et jussit aportari unam veronicam quam in capella sua habebat et statuens illam juxta hostias cepit diligenter investigare si aliquid plus vel minus appareret in veronica quam in facie illa.

Et conferebant ad invicem rugas in fronte, capillos, oculos et supercilia et fissuram barbe in mento et cetera que sunt in veronica et invenit per omnia similia et conformia sicut mihi dixit qui vidit oculis suis et cum diligentia magna pertractavit et apparuit hec facies non solum in parte hostie integre, verum etiam in media parte illuis medietatis alterius, in illa silicet particula que sub specie panis apparebat.

Episcopus vero post multiplices Deo laudes persolutas cum tunc temporis dyocesim suam visitaret omnibus predictas hostias ostendit secum illa honorifice deferens et completa visitatione in ecclesia cathedrali apud Agennum in loco eminenti honorifice reposuit, ubi et adhuc remanent usque in presentem diem. Hanc narracionem audivi ab ore Domini mei cardinalis de Condomio silicet domini Guillelmi de Testa, qui, ut certir essem de facto et circumtanciis, precepi vel ut super hoc inquirerem a magistro Johane de Soleriis, capellano domini pape, viro utique fide digno qui etiam fuit nuncius domini pape in Hispana et in locis aliis quam pluribus qui mihi hoc seriose retulit, asserens se tunc temporis fuisse cum predicto episcopo et omnia se hec vidisse et clavem cophini in quo reposite erant predicte hostie se portasse.

Le Marquisat de Calonges

Calonges ! — que de souvenirs dans ce nom ; car tout son passé est dans son château, dans les faits et gestes de ses seigneurs qui ont laissé dans l'histoire des traces marquantes de leur passage ; parmi eux a survécu la sombre figure de Jacques III, baron de Chaussade, dont notre population se transmettait le nom de génération en généra·tion avec une sorte de terreur. Dans une intéressante mono·graphie, M. Philippe Lauzun, que nous accompagnâmes dans ses visites au château, a fait revivre ce passé ; nous lui avions signalé des faits et fourni des documents, que nous complétons aujourd'hui, après de nouvelles recher·ches ; sans doute ces nouveaux documents sont d'un moindre intérêt, mais ils peuvent néammoins trouver place après la monographie de cet érudit regretté. (1)

Une dame Anne de Chaussade, du Mas, ladite dame absente, mais son fils Salomon faisait pour elle, recevait le 16 janvier, 90 livres tournois de Jean Dulaura, de Lagruè·re, pour vente de trois-quarts de terre. Le 24 octobre sui·vant, à Calonges, la même Anne de Chaussade, dame de Livry, constituait pour son procureur spécial et général Jehan Barbotan, de Calonges, pour recevoir de Pierre de Chaussade, escuier, sieur de Lanau, une certaine somme. Le sieur de Lanau était le sixième enfant de Jean de Chaus·sade qui testait le 18 mars 1584, et dans lequel il est men·tionné ; le titre est bien de la maison, mais on ne saurait affirmer que la dame de Livry appartint à la famille de Calonges. (GAXIOT-MAIGNETO, notaire au Mas.)

En 1672, le nom de Chaussade n'était plus porté que par mademoiselle Suzanne-Judith qui, avec son neveu, dont elle était tutrice, Jean Jacques de Bougy, né en 1655, recevait, le 13 janvier une somme de 3.871 liv. 8 solo,

---

(1) *Revue de l'Agenais* n° 6 - 1903, n° 1 - 1904. Tirage à part, imprimerie Moderne, Agen, 1904.

11 d. (1) d'un sieur Autaigne, notaire dépositaire à Ambrus, d'une dette qui leur était due. (Mᵉ DE LARRIEU, notaire.)

Le 6 décembre 1678, le chapitre du Mas entrait en composition avec le seigneur de Calonges et lui cédait certains droits qu'il avait dans la juridiction de Calonges contre un lopin de terre que led. seigneur possédait au Mas « joignant le portail vieux de l'hôpital », ce lopin de terre était mentionné dans le terrier de 1616.

Le 5 octobre 1680, dans le château de Calonges, demoiselle Judith, faisant pour son neveu J. J. Le Révérend de Bougy, affermait à Jean Despine, de Caumont, le péage que led. seigneur avait accoutumé de prendre sur la rivière de Garonne, au port et ville de Marmande et de la même manière que led. seigneur et ses auteurs l'avait ci-devant joui, pour l'espace de six années et le prix de 380 livres par an ; parmi les témoins, signait Mathieu de Larivière, habitant le château.

D'après M. Ph. Lauzun, il semble que Jacques III de Chaussade vivait encore en 1649 ; mais en 1652, le château de Calonges n'était habité que par ses deux filles, Marie-Julie et Suzanne-Judith ; et dans les affaires de la Fronde en Agenais, par ordre de Condé, en décembre 1652, on avait pris au château 400 boisseaux de seigle ou froment pour la subsistance des troupes. Lenet, comme mandataire du prince, consentait à Mademoiselle Marie de Calonges une hypothèque sur les revenus du duché d'Albret de 48.000 livres. (L'ORMÉE DE BORDEAUX, par COMMUNAY, p. 209, et docteur COUYBA.)

Le 18 juin 1653, le prince de Condé révoquait cette obligation sous prétexte que ce blé appartenait aux ennemis de M. le Prince, avec défense aux fermiers d'acquitter cet engagement.

Mari-Julie de Chaussade avait épousé au commencement de 1654 le marquis de Bougy qui s'était signalé dans l'armée royale contre les frondeurs au siège du Mas. Bougy mourut en décembre 1657. La baronnie de Calonges fut

---

(1) Cette somme se décomposait en 34 pièces de 4 pistoles, 100 livres d'or, 200 demi-louis, 117 écus d'argent, 9 sols marqués faisant ladite somme.

érigée en marquisat en novembre 1667 et, l'acte enregistré le 9 septembre 1669. (PH. LAUZUN.)

Le château de Calonges était toujours le rendez-vous des réformés ; et presque à la veille de la révocation de l'Edit de Nantes, alors qu'ils étaient entravés dans la libre pratique de leur culte, c'est encore là qu'ils portaient leurs différends et rétablissaient entre eux le bon accord. Dans un acte du 1 9août 1682, il était dit : « Dans le château de Calonges après-midi, par devant M° de Larrieu, notaire au Mas, ont été présents, S' Pierre Lafitte, ministre de la religion prétendue réformée, et S' Mathieu Lafitte, bourgeois, habitants de Puch-de-Gontaud, pour terminer tous les procès et différends qu'ils ont au sujet de l'instance en cours de parlement de Guienne sur l'appel interjeté par le sieur Mathieu Lafitte d'une sentence rendue au profit du S' Pierre Lafitte le 19 septembre 1681 par le lieutenant criminel de la Sénéchaussée d'Albret au siège de Nérac, circonstances dépendances du procès, même au sujet de la plainte du sieur Mathieu Lafitte des dires et offenses de S' P. Lafitte, le tout transporté devant le consistoire de ceux de la R: P.R. de Puch, les parties,ont accordé et transigé. Le procès demeurait éteint, P. Lafitte, ministre, devait payer à Mathieu Lafitte 300 livres promettant de faire cesser toutes actions, etc. ; que les plaintes par eux faites devant le consistoire de Puch seraient biffées et rayées du livre du consistoire. L'hérédité du sieur de La Quérine, leur cousin, serait partagée entre eux par parts égales, etc. La transaction avait lieu en présence de Henry de Latané, ministre de Tonneins, et noble François Livry, sieur de Jouy, de Tonneins, ce présents au château.

Judith de Chaussade était encore dans son château en 1685, mais peut-être pour peu de jours ; le 17 avril, par devant le même notaire, elle déclarait avoir reçu de Dame Marie Duffossat, épouse de M' Laurent de Mellet, écuyer, sieur de Saintourens ,premier président à Condom, la somme de 3000 livres en laquelle s'était obligée lad. dame de Saintourens en faveur de la demoiselle de Calonges, retenu par M' Vaqué, notaire à Calonges. L'acte portait la signature de Judith de Chaussade et de Mathieu Dubédat, habitant le château.

Mademoiselle de Calonges et son neveu Jean-Jacques étant partis pour l'exil (1), la terre et le château de Calonges devenaient la propriété de Judith-Elisabeth, fille de J.-J. de Bougy, qui épousait le comte de Ribérac le 10 janvier 1714. Le château devenait veuf de ses maîtres et la solitude succédait aux assemblées qui s'étaient tenues dans son enceinte ; la domesticité l'habitait et un simple représentant l'administrait. Fulchic, homme d'affaires de la marquise de Bougy qui, le 14 ocobre 1708, faisait un billet de 40 livres, 14 sols à Pierre Verdier, marchand au Mas, pour marchandises prises dans sa boutique pour le service du château. Pierre Verdier appartenait au culte réformé. En 1686, le 20 septembre, le marquis de Bougy avait fait aussi au même Verdier cession d'un billet de 52 livres 9 sols sur un sieur Pierre Dublanc du Mas. P. Verdier était donc un fournisseur attitré du château.

Une domestique du château, Jeanne Duplan, détenue malade dans une chambre haute, dictait son testament le 16 décembre 1707 ; et parmi les témoins signaient Jacques Besselier et Jacques Clavier, agents dudit château. (M^e DE LARRIEU, notaire.)

Le nouveau seigneur de Calonges ne négligeait pas ses affaires, qu'il suivait de près ; le 16 août 1715, Pierre Sigrand, maître d'hôtel de très-haut et très-puissant Charles-Louis-Antoine-Armand Odhet d'Aydie d'Armaignac, marquis de Ribérac, etc, habitant aud. Calonges, en conséquence de l'ordre qu'il avait reçu dud. seigneur, faisait arrêter tout le bois que le Sr Fontenille, marchand au Mas, avait fait déplacer de la forêt de Calonges, en son absence; ce bois avait été transporté au Mas au nombre de 44.000 faisonnats, 16.600 bûches ; led. seigneur avait des raisons pour empêcher le déplacement de ce bois et s'y opposait, etc., etc. Me AUROS, notaire).

Le 3 novembre suivant, il constituait son épouse sa procuratrice et mandatrice spéciale, à laquelle il donnait pou-

---

(1) Les pasteurs Joye de Calonges, Dupuy, de Monheurt, Pierre Lafitte, de Puch, celui dont il est question ci-dessus, furent obligés de fuir. Le parlement avait décrété contre eux la prise de corps.

Alph. LAGARDE. *Les Eglises réformées*, p. 209.

voir d'arbitrer et composer avec dame Elisabeth d'Auber de Comparnau, marquise de Bougy, sa mère. L'acte était signé de noble Guillaume d'Auber, chevalier, seigneur de Peyrelongue, de Marmande, témoin ; le 30 décembre, la comtesse de Ribérac, constituait pour son procureur général Mᵉ Antoine Sterlin, avocat, de Pondurat, prévoté de La Réole ; car le comte, son époux, habitait le Périgord. (Mᵉ Auros, notaire.)

Le comte Ribérac avait une sœur religieuse dont il était tuteur et gérait les biens ; au moment de sa profession, dans un acte du 26 mai 1716, elle réclamait les comptes de sa gestion. Le comte qui habitait son château de La Bernadière, avait fait dresser le compte que sa sœur, dame Julie d'Aydie de Ribérac, religieuse au couvent du Paravis, avait pu examiner pendant un mois ; et dans le parloir du couvent par devant Mᵉ Auros, notaire, elle se reconnaissait débitrice envers le comte de Ribérac, son frère, d'une somme de 17.539 livres qu'il avait employée au-delà du revenu de ses biens ; elle entendait qu'il en recherchât le paiement sur tous ses biens de la manière dont il jugerait bon.

Usant de ses droits et de sa procuration, le 31 décembre 1719, la comtesse de Ribérac constituait pour son procureur général Jacques Roulland, bourgeois de Marmande, pour faire assigner tous les tenanciers et emphytéotes des fiefs qui lui appartenaient dans Marmande et aux environs, faire condamner et payer les arrérages des rentes qu'on pourrait lui devoir. (Mᵉ Auros, notaire.)

Par son procureur du château, Jean Philippon, elle s'était rendue acquéreur au Mas, de la maison de feu le chanoine Rouget que le chapitre avait fait mettre aux enchères. Cette maison était acquise pour le prix de 1450 livres qu'elle payait en louis d'or de 36 livres et écus de 6 livres. Plus tard la comtesse vint l'habiter. (Mᵉ Auros, notaire.)

Les affaires du marquisat n'allaient pas toujours sans quelques difficultés, il y avait des contestations, des compétitions entre les mandataires de la marquise et les consuls de Calonges qui tenaient une assemblée chez un nommé Seguin, jurat et forgeron, au sujet d'un trouble pour raison de police avec les officiers de la dame Elisabeth, comtesse de Ribérac. Un ancien jurat, Jean Farbos, Ray-

mond Bordes et Antoine Malandit qui avaient été compris
dans une délibération qui avait été faite, ainsi que plusieurs
autres, sans leur aveu ni leur participation pour plaider
contre la marquise dans un procès pendant au sénéchal à
Condom et devant l'intendant au sujet de la reddition des
comptes ; comme ils reconnaissaient que ces deux procès
étaient injustement intentés, puisqu'ils avaient toujours vu
les officiers de justice faire les fonctions de police dans toutes les occasions, comme aussi rendre les comptes devant
le marquisat de Calonges, cela les mettait dans la nécessité
de désavouer tous ces actes de jurade dans lesquels on les
avait compris sans leur participation, car la marquise, disaient-ils, était indulgente pour ses tenanciers. (16 mars
1731, M⁰ AUROS, notaire.)

M. Philippe Lauzun rapporte la popularité dont jouissait la comtesse de Ribérac qui dispensait fort largement
ses tenanciers besogneux d'avoir à lui payer leurs rentes :
les sieurs Dieulibol père et fils qui avaient été condamnés
par l'ordinaire de Calonges, le 16 juillet 1755, pour blé et
autres denrées que le sieur Leduc, homme d'affaires du
château leur avait prêtés et pour 47 livres 9 sols d'arrérage
de rentes imploraient la clémence de la comtesse qui, par
bonté et charité, voulut bien leur relâcher un tiers de leur
dette. (M⁰ DELIVRE, notaire.)

II

Une transformation s'était faite au château de Calonges,
cet asile des principaux chefs des réformés de la contrée et
des pasteurs qui venaient y tenir leurs conciliabules, de là
observer le pays et dérober facilement, par la forêt à proximité, leurs mouvements à leurs adversaires qui les surveil-
laient étroitement quelquefois ; le château devenait maintenant la chose du clergé, c'était le prieur du Mas, des prêtres qui entraient ouvertement dans ses murs et géraient les
intérêts de la comtesse de Ribérac. Les restes des vieux seigneurs qui reposaient dans les caveaux du temple devaient
se soulever dans leurs tombes, les murs tressaillir de surprise et protester, l'ombre de Suzanne-Judith, cette ardente

réformée qui n'avait quitté le château qu'à la dernière extrêmité, planant sur cette enceinte, frémissait sans doute devant la violation de ce foyer du protestantisme par le clergé.

Si l'imprimerie clandestine qu'elle avait fondée pour répandre et soutenir les idées qui lui étaient chères était à jamais ruinée, des greniers du château, c'était du grain de la dîme qui sortait maintenant pour le bénéfice du clergé au lieu d'opuscules ; il n'était plus question que d'intérêts matériels et fonciers. La vie est ainsi faite de contraste.

En 1724, nous trouvons le prieur du Mas, M. Jean-Baptiste de Sabaros, chargé de la gestion des biens de la marquise, le 2 février il donnait à bail à ferme à Jean Faurès du Mas et à Antoine Malandit, jurat de Calonges, les sept métairies dépendantes du château pour une durée de neuf ans au prix de 2.750 livres par an ; et le 24 avriil suivant toutes les rentes foncières et directes du marquisat pour six ans et 2.100 livres par an, telles que les précédents preneurs avaient coutume de les prendre. (Mᵉ AUROS, notaire.)

M. Salat, curé de Sénestis, succédait à M. de Sabaros vers 1732 ; il était fondé de procuration par la marquise « actuellement à la suite de la cour » était-il dit dans l'acte du 3 février 1733, par lequel il donnait pour six ans et 327 livres par an le droit de péage d'un denier que la marquise avait à prendre sur la Garonne ; et le sept juin les sept mêmes métairies du château pour la même durée :

La métairie du château pour	400	livres
du Peylos pour	500	
du Bas pour	650	
du Bois	400	
du Fringans	120	
du Sable pour	210	

sans y comprendre ni vignes, ni jouales, ni les fruits qui viennent dans les jouales, ni les près qui sont destinés au château ». Les preneurs étaient obligés de faire les charrois pour porter les foins, la vendange, le bois nécessaire pour lech âteau, porter le vin qui serait vendu et pour les réparations du château et des métairies, etc. Il serait donné à chaque métairie les pailles des seigles et métures qu'on ramassait à la dîme chaque année suivant les contenances. Il serait mis dans chaque métairie deux petits cochons à la Saint Martin, ils seraient partagés après, comme aussi la moitié de la volaille, des œufs et le premier agneau de chaque métairie qu'on donnera au château. L'acte était signé de Pierre Nicouleau, procureur d'office du château et Louis Duduc, procureur aussi du château.

Le 5 novembre était donné pour quatre ans à 120 livres par an le droit de pêche que la marquise possédait à Lagruère, au « caillou rouy ». Le fermier devait donner tous les ans le premier esturgeon, deux saumons des premiers et vingt aloses ; il devait fournir à la marquise ou à ses représentants, tout le long de l'année, le poisson à raison de 4 sols la livre.

D'après M. Fougères-Dubourg dans « Nos pères sous Louis XIV « le marquisat de Calonges valait 12.000 livres de revenus ».

Il s'était également produit un fait saillant qui nous est révélé par une reconnaissance que faisait un tenancier : la comtesse de Ribérac était séparée de son mari, pour quelles causes ? rien ne nous l'apprend. Le 3 septembre 1723, dans le château du marquis de Calonges, Bernard Larrieu, laboureur, confessait tenir à fief, cens et rente annuelle certaines terres de très-haute et très-puissante dame Elisabeth Le Révérand de Bougy, comtesse de Ribérac et marquise de Calonges, *séparée de très haut seigneur comte de Ribérac*, etc., lad. dame absente, mais représentée par Me Antoine Sterlin, avocat au parlement et juge du présent lieu de Calonges.

Ces droits étaient de 1 sol par journal et froment et seigle de chacun 2 picotins, avoine 1 picotin, le tout mesure du Mas, la dixième partie d'une poule. Le journal de Calonges était composé de 24 lattes de long 9 et demi de large ; la latte de douze pieds de roi et encore led. journal de 228 escats. (Me Auros, notaire.)

Le journal de Calonges vaut quarante ares.

Calonges outre les droits à ses seigneurs, devait encore certaines dîmes à l'archidiacre du Queyran qu'il avait coutume de prendre pour le droit d'escartes sur la dîme inféodée de Calonges dont les demoiselles de Bougy jouissaient, Mˢ Antoine Canihac, curé de Lamarque déclarait ,le 22 décembre 1712, comme ayant droit de M. de Sabaros, archidiacre du Queyran, avoir été payé de Bernard Ducasse, maire perpétuel de Lagruère de 4 boisseaux et demi blé méture, mesure du Mas : led. blé, portant paiement, peut-être de la valeur de 45 livres.

Signé : Canihac, J. M. de Lartigue, curé du Mas Pierre Gaichies, curé de Saint-Martin-de-Calonges, témoins.

Les greniers du château étaient à la disposition du curé de Calonges ; Mˢ Raymond Bruch, curé de la paroisse, au mois d'août 1718, y avait 52 boisseaux de méture et de seigle qu'il avait vendus au sieur Fontenille, marchand du Mas, qui en avait déjà retiré 24 boisseaux ; le 27 avril 1720, il était obligé de le sommer de prendre le reste ou de le payer.

Les carmes d'Agen, comme les Bénédictins de La Réole, possédaient certains biens dans Calonges. Les Cordeliers du Mas prélevaient des rentes sur des terres de léur mouvance.

III.

Calonges, — paroisse de 234 feux, d'après l'abbé Espilly, n'avait plus rien à craindre du château ; le temps des tracasseries, des vicissitudes était passé, aussi le procureur de la comtesse de Ribérac, Louis Duduc et Jean Respaud, procureur d'office de Calonges assistaient-ils, le 3 février 1740, à l'intallation de Mˢ Pierre Bonel, nommé à la cure de la paroisse Saint-Vincent, sur la démission de Mˢ Jean de Mauvesin, dernier curé de Calonges et signaient le procès-verbal comme témoins. Mˢ Auros, notaire, au Mas, procédait à l'installation de Mˢ P. Bonel dans l'église, le sieur Malandit, vicaire de la paroisse, lui présentait les registres de l'église ; et de là le notaire le conduisait au bourg où était situé la maison presbytérale, dont le tout était en très-mauvais état, menaçant d'une ruine prochaine ; de là, ils se transportaient devant les « *masures de l'église qui étaient près du château, où nous n'avons trouvé*, dit le procès-verbal, *que le clocher informe et sans cloches.* »

Les cloches avaient été enlevées par le château et servaient pour le temple, ce qui donna lieu aux contestations rapportées par M. Ph. Lauzun.

Dans sa communication à la Société de Vézins, à Agen, en août 1912, M. l'abbé Marboutin écrit : « La glèisote dou sent, où l'on croît qu'était la sépulture du corps de Saint-Vincent-de-Calonges. Ruinée au XVII° siècle, ses matériaux servaient à édifier le temple du château. « L'abbé Dubos, dans l'identification des lieux du martyre et des premières sépultures de Saint-Vincent, diacre, dit que la « gleyzote du saint fut la première église de la paroisse de Calonges, élevée à l'endroit même où le corps du martyr était resté longtemps caché. (REVUE DE L'AGENAIS, 1917, p. 359.)

Nous avons relevé un lieu dit dans ces parages portant le nom de « Camp-de-Saint-Vincent », comme un autre lieu dit dans Calonges, au « Camp-du-Consistoire » et un autre le « Bois-de-l'Evêque ».

M° de Lasalle de Mauvesin, docteur en théologie, avait été installé curé de Calonges, le 13 mai 1739, en remplacement de M° Bruch, décédé, il avait été assisté de M° Jacques Maillos, curé de Puch, François Dussaut, curé de Monheurt, Jean Duffaut, vicaire de Puch, et François Malandit, vicaire de Calonges.

Nous trouvons la trace de quelques prêtres de cette paroisse, dont le vicaire assistait à la distribution des saintes huiles, au Mas en 1627, mais dont il n'est pas donné le nom, pas plus que ceux des autres prêtres. Le 27 mai 1649, M° Bery, curé, assistait à l'assemblée tenue dans la collégiale Saint-Vincent ; et le 22 juin suivant, c'était M° de Foix, chanoine du Mas, qui lui succédait et qui assistait à la conférence du 28 mai 1650. Il fut remplacé par M° Limozin, chanoine du Mas, en octobre 1667 et en novembre 1671 par M° Foraignan. (Registres paroissiaux.)

En 1741, la marquise de Calonges, qui résidait à Paris, était de retour à son château, où elle recevait — 13 août — une somme de 2.325 livres avec arrérages de rentes dus par Jean Faurès, en présence de M. de Ferrachapt, prieur du Mas, et de M° Salat, curé de Sénestis ; ce dernier, le 27 octobre 1750, donnait à ferme le moulin de l'Ourbise, autrement dit de Faure, dans Lagruère, moulant à deux meules, pour six ans, à raison de 18 boisseaux de blé méture par an et six paires de canards. (M° DELIVRE, notaire.)

En 1754, la marquise étant à Paris, M° Salat donnait à Pierre Romat, négociant à Saint-Germain-la-rivière, Tonneins, la ferme des rentes de la juridiction de Calonges, excepté celles du château et autres biens appartenant à Madame de Ribérac, pour six ans à raison de 1800 livres par an ; les greniers du château étaient fournis au fermier pour y laisser les grains de la recette tout autant qu'il le jugerait à propos. Mais le 1er novembre de la même année, l'acte du fermage du droit de pêche de Lagruère, au « caillau rouy », était signé de la comtesse de Ribérac « en son hôtel au Mas », et son intendant, François d'Antigny, donnait les droits du marquisat pour six ans moyennant 1850 livres par an. (M° DELIVRE, notaire.)

Une marchande de Tonneins — 24 mai 1755 — déclarait devoir à la comtesse de Ribérac « habitant présentement le Mas » 3546 livres provenant de plus forte somme qu'elle lui devait pour marchandises et denrées livrées par M° Salat, qu'elle paierait dans 3 ans. (M° DELIVRE, notaire.)

Elle donnait, encore, au Mas, des témoignages d'affection aux personnes de sa société ; pour marquer l'estime qu'elle portait à Mademoiselle Jacquette de Soyres, elle lui faisait don d'une créance de 1.500 livres que lui devait Jean Massias, maître de bateau, au Mas ; Mademoiselle de Soyres la remerciait très humblment avec tous ses sentiments de respect et de reconnaissance L'année avant, elle avait prêté à messieurs Jean et Grossard de Soyres une somme de 2000 livres ; et le 10 février 1759, elle faisait cession de cette créance à M° Antoine Laborie, chanoine théologal, du Mas à rente constituée de 100 livres.

Dans un acte du 30 septembre 1758, Judith-Elisabeth est qualifiée de douairière de feu M. gr le comte de Ribérac ; et sa sœur Julie-Henriette Le Révérend de Bougy, marquise de Calonges, était héritière de la comtesse de Ribérac, mais elle ne devait pas jouir longtemps de son héritage, puisque par son testament daté du 12 février 1760, et qui fut ouvert le 23 juillet 1761, elle léguait à demoiselle Lillette de Tastes de Labarthe une créance de

3000 livres. Les deux sœurs n'avaient donc pas tardé à se suivre au tombeau sans laisser aucune postérité ; avec elles s'éteignait cette famille du fameux Jacques III de Chausade, baron de Calonges. (Mᵉ DELIVRE, notaire.)

Judith-Elisabeth habitait encore le Mas en 1758, mais le château de Calonges était passé à d'autres mains, car le 19 août 1758, elle avait vendu, par procuration passée devant Mᵉ Jarry, notaire au Châtelet de Paris, la terre et le château de Calonges, autrement dit le marquisat de Calonges, à très-haut et très-puissant seigneur Antoine-Paul-Jacques de Quelen de Stuer de Caussade, comte de Lavauguyon. (PH. LAUZUN.)

IV

Dans le cours du dix-huitième siècle, le château de Calonges eut-il des jours de splendeur ? quels documents viendront nous le révéler ? Ses proportions, son architecture imposante pouvaient répondre aux vues larges et artistiques de ceux qui l'avaient édifié, son escalier d'honneur, aux degrès de pierre, aujourd'hui en partie détruit, ses salles spacieuses aux lambris élevés, ornés de frises, ses murs recouverts de fresques, sa salle du secret au magnifique plafond, tout donne encore aujourd'hui l'impression de la richesse et de la grandeur, et dénote le séjour qu'il devait être, la société qui le fréquentait.

Très animé, sans doute, jusqu'à la veille de la révocation de l'Edit de Nantes, par la noblesse huguenote qu'il recevait et les érudits attirés par Suzanne-Judith et son neveu Jacques Le Révérend-de Bougy, son temple ouvert aux religionnaires, il dut à ce moment-là, recevoir un coup fatal, dont il ne se releva peut-être qu'au mariage de la fille de Jacques de Bougy, Judith-Elisabeth, avec le comte de Ribérac, le 10 janvier 1714. Union de courte durée, puisque les époux se séparaient quelques années après ; le comte de Ribérac habitait déjà son château de La Bernadière, en Périgord, en 1716. Un silence profond dut se faire, rarement troublé par la société de la marquise qui fréquentait la cour, et dans les derniers temps habitait son hôtel du Mas ; et ce n'était pas le prieur ou autres ecclésiastiques qui pouvaient lui donner un peu de vie pendant le séjour qu'y faisait la comtesse de Ribérac. Le procureur du château, les officiers de justice et autres du marquisat devaient seuls l'animer de leur présence.

Devenant la propriété des de La Vauguyon, la même monotonie dut y régner, ses nouveaux seigneurs étant à la cour de Louis XV ; peut-être vinrent-ils y faire quelques visites ; mais rien n'est venu marquer leur passage. Le seul honneur qui lui échut fut de faire partie du duché-pairie de La Vauguyon, principauté de Carency.

V

Les comtes de La Vauguyon, originaires de Bretagne, étaient possesseurs de la baronnie de Tonneins-dessous dès la fin du XVI siècle, et leurs domaines s'étendaient sur la rive gauche de la Garonne jusqu'aux terres du marquis de Bougy, c'est-à-dire Calonges. M. Ph. Lauzun donne la généalogie et l'historique des derniers représentants de cette famille.

Antoine-Paul-Jacques de Quelen de Caussade, comte de Lavauguyon était né en 1706 ; d'abord capitaine de cavalerie au régiment de Noailles, le 5 juin 1629, il était lieutenant général et 1748. Louis XV, qui le tenait en grande estime, l'avait créé duc et pair de Lavauguyon et avait érigé spécialement pour lui, par lettres patentes du 25 août 1758 les terres et baronnies de Tonneins-dessus et le marquisat de Calongs — acquis six jours seulement avant — en duché-pairie de France, dont la ville de Tonneins était le chef-lieu. (PH. LAUZUN.)

Il mourut à Versailles le 4 février 1772. Retenu par ses charges à la cour, nous ne trouvons aucune mention de sa présence au Château de Calonges ni dans les affaires du marquisat. François Lheureux, son homme d'affaires, gérait le domaine dont Jean Faurès était encore fermier.

Le 9 juillet 1772, Mᵉ Joseph Cochelin, notaire royal de la juridiction de Calonges, pour se conformer à l'édit du mois de février 1771, déclarait que son office, dont il était propriétaire, était de la valeur de 400 livres ; mais quelques mois après Jacques-François Respaud succédait à la charge de Mᵉ Cochelin par un brevet du duc de La Vauguyon qui

« par la confiance qu'il avait en la personne de J. F. Respaud, pratiçien, de ses sens, suffisance, loyauté, capacité, expérience, etc., lui donnait et octroyait l'office de procureur juridictionnel du marquisat de Calonges, etc., tel que le tenait Mᵉ J. Cochelin, pour en jouir et user des honneurs et pouvoirs, fonctions, autorité, prééminence, rang, revenus, émoluments, appartenant audit office etc. Il donnait mandement à son juge et aux autres officiers et justiciers qu'il appartiendrait que le Sʳ Respaud étant apparu de bonne vie et mœurs, âgé de vingt-sept ans accomplis, de religion catholique, apostolique et romaine, reçoivent le serment requis et accoutumé et le mettent en possession dudit office, etc ; qu'ils fassent lire et publier les présentes en l'audience et faire enregistrer au greffe dud. siège ét marquisat de Calonges, car tel était son bon plaisir.

Le brevet était Donné en son appartement au château de Versailles, le 21 du mois de novembre 1772 et Signé : Paul François de Quelen, duc de La Vauguyon (Papiers Respaud.)

Paul-François de Quelen, né en 1746, avait été nommé, dès l'avènement de Louis XVI, ambassadeur près des Etats-généraux de La Haye ; mais pas plus que son père, il ne dut venir au château de Calonges.

En 1788, Mᵉ Joseph Nicolau était juge-lieutenant de la juridiction de Calonges.

VI

Les idées nouvelles s'étaient répandues jusqu'au fond des provinces ; le régime qui s'était maintenu en France pendant des siècles n'était plus ; le peuple s'émancipait et réclamait ses droits, protestant contre les privilèges dont jouissaient encore les anciens seigneurs. Calonges suivait le mouvemnt et s'élevait contre les prétentions du duc de La Vauguyon.

Un certain nombre d'habitants adressaient, le 22 janvier 1792, une pétition à la municipalité de Calonges afin d'obtenir l'autorisation de se réunir sous la halle pour se concerter et délibérer.

« Messieurs les officiers municipaux de la municipalité de Calonges, était-il dit. »

« Les habitants dud. Calonges et autres forains bien-
« tenants dudit lieu, ont l'honneur de vous exposer
« qu'ayant des droits à réclamer et des défenses à fournir
« contre M. de Lavauguyon pour raison des prétendues
« rentes qu'ils ont déjà payées et qu'on voudrait leur de-
« mander relativement aux fonds et maisons qu'ils possè
« dent dans le présent lieu, ils sont dans le cas de s'assem-
« bler sous la halle dud. Calonges afin de délibérer sur
« leurs droits et défenses ; et comme aux termes de la loy
« ils ne le peuvent sans y être, autorisés, ils ont l'honneur
« de vous présenter la présente pétition aux fins qu'il vous
« plaise de leur permettre de s'assembler paisiblement et
« sans armes mercredi prochain, 25 de ce mois, sous la
« halle dud. présent lieu pour y délibérer ainsy qu'ils
« l'aviseront. Signé : etc. etc. »

Il était aussitôt pris la délibération suivante par la muni-cipalité :

« L'an 1792, etc.

A été présenté à lad. assemblée une pétition faite par les habitants de la présente municipalité et de propriétaires fo-rains, etc..... y faisant, droit, elle permet l'assemblée gé-nérale de la commune demandée par lad. pétition, et qu'elle aura lieu le jour qui y est indiqué par les citoyens se réunissant suivant les dispositions de la loy.

Fait en l'hôtel commun, etc.

Ont signé : Bordes, maire, Dèche, Séré, Frèche, Berny, Dupouy, officiers municipaux,

Dupouy, Vigneau, Thomas, Sourbès, Bachette, Frèche, Faure, notables.

Collationnée conforme à l'original

BARBOUTAN, S^{re}-greffier.

Le 25, l'assistance à la réunion fut nombreuse ; malgré les évènements, le duc de La Vauguyon voulait encore user de ses droits seigneuriaux, pour le paiement desquels il voulait actionner en justice les anciens tenanciers du marquisat de Calonges. Ceux-ci contestaient ses titres, et de leur côté voulaient agir, et faire condamner le duc au remboursement des rentes, et autres droits seigneuriaux, qu'ils pouvaient lui avoir indûment payés depuis 29 ans... Lesquels ont dit que pour raison des rentes, autres droits seigneuriaux prétendus par M. de Lavauguyon, soi-disant seigneur de la terre et marquisat de Calonges, ils étaient à même d'être actionnés en justice pour le paiement d'iceux droits, et ce en vertu de certains titres desquels il s'étaye, que les comparants entendent contester, comme n'étant point probatifs de concession de fonds, pour raison de l'insuffisance desquels lesd. comparants entendent aussi actionner de leur côté led. sieur de Lavauguyon pour le faire condamner au remboursement des rentes et autres droits seigneuriaux qu'ils peuvent lui avoir indûment payés depuis 29 ans ; même à raison de la contenance seigneuriale du territoire de Calonges que lesd. prétendus titres, ont fixée, que pour raison aussi des droits que lesd. habitants ont sur la forêt de Calonges, de laquelle les ci-devants seigneurs dud. lieu se sont emparés à leur préjudice ; iceux comparants entendent aussi actionner led. sieur de Lavauguyon qui la détient pour rentrer dans tous leurs droits.

A cet égard, que pour parvenir à toutes lesd. actions et défenses contre led seigneur, ils auraient présenté une pétition à la municipalité de Calonges aux fins de les autoriser à s'assembler pour délibérer cejourdhuy sur lesd. objets ; ils se seraient en effet assemblés sous la halle de Calonges aux fins de lad. délibération pour parvenir à se faire représenter devant tous les tribunaux et bureaux de paix.... les comparants, réunis paisiblement et sans armes, on délibéré et nommé pour principal syndic led sieur Jean Lalibert, du bourg de Calonges, et pour adjoints lesd. sieurs Thomas Pierre, Pierre Dupouy, dit Fringant et Pierre Faure, au Roy, demeurant à Calonges et Jacques Gourrin, du lieu de Beroy, à Razimet, auxquels ils donnent tous pouvoirs, etc.

Fait à Calonges, le 25 janvier 1792, en présence de Joseph Labadie, huissier aux tailles, de Villefranche et Pierre Ardilouze, aîné, faiseur d'araires, à Razimet, etc ; suivaient les signatures de :

Joseph Cochelin, Raymond Dèche, Jean Lalibert, Jean Bordes, chirurgien, Jacques Séré, Raymond Lagraulet, Bernard Malandit, Pierre Faure, Jean Pellefigue, Georgés Laulan, Etienne Masson, Jean Vigneau, Alexis Lalanne, Etienne Frèche, Bernard Salles, Jean Faure, Bernard Piraube, Etienne Broussaud, Pierre Laclotte, Pierre Charrié, sabotier, Vicent Martineaud, Jean Berny, Jean Larrieu, charpentier, Pierre Pauquet, Raymond Bladié, Jean Fulchic, Raymond Andiran, Jean Termes, Jean Ducasse, Antoine Bachette, Pierre Barboutan, Jean-Baptiste Larrieu, François Lauby, Bertrand Brustaud, Antoine Lacoste, Pierre Galinié, Pierre Sourbés, Antoine Descayroux, Jean Salles, Jean Beyries, Etienne Dupouy, Jacques Frèche, Bernard Courros, Jean Salles, Arnaud Nougués, Jean Vigneau, dit Masson, François Larrieu, Pierre Larrieu, Jean Clavier, tailleur, Pierre Ballias, charpentier, Bertrand Chopis, Vacqué, Jeune, Pierre Berny, Pierre Dupouy, Laurent Béziat, Pierre Thomas, Simon Nouguès, Jean Farbos, Xisté Mouchès, tisserand, Bertrand Vacqué, Bernard Vigneau, Joseph Dupouy, Joseph Cloupeau, Marie Frèche, Bertrand Brustaud, tonnelier, Jean Brustaud. Tous habitants la paroisse et municipalité de Calonges.

Raymond Dagassan, Jean Laporterie, Guillaume Sourbès, Jean Labat, Antoine Petit, Vital Vincent, tisserand, Jean Nouguès, Jean Dunogué, Jean Sourbès, Pierre Duffaud, Jean Larrieu, Jean Bruzac, Pierre Larrieu, Jean Sorbès, Antoine Cassie, demeurant sur la paroisse de Saint-Martin, municipalité de Calonges, Pierre Lagarrigue, Jean Cazalis, aîné, Barthélémy Dufranc, Jean Barboutan, demeurant sur la paroisse et municipalité de Lagruère.

Jean Sazy, Jean Lacoste, aîné, Jacques Gourrin, Jean Colié, demeurant sur la paroisse de Razimet, municipalité de Villefranche-du-Queyran, François Saby, Pierre Dubos, demeurant sur la paroisse de Villeton. (Me DELIVRE, notaire.)

Cette pétition n'avait plus sa raison d'être, aussi dut-elle rester sans effet, car les évènements qui se précipitaient se chargèrent de lui donner la solution attendue, les anciens privilèges étant abolis. Le duc de La Vauguyon, après son éphémère passage au ministère des affaires étrangères, reprenait l'ambassade d'Espagne et résidait à Madrid jusqu'en 1795 pour rejoindre le comte de Provence à Vérone ; il rentrait en France en 1808 ; à la Restauration, il fut nommé pair de France et mourut en 1828.

Les pétitionnaires n'avaient plus à contester les droits de leur seigneur, mais c'est aux charges nationales qu'ils allaient être plus particulièrement appelés à participer comme tous les citoyens français ; quant à leur réclamation sur la forêt, elle était vaine, car la loi du 8 avril 1792 allait confisquer tous les biens des émigrés ; vendue par la Nation, la forêt de Calonges devenait propriété particulière, comme le ci-devant Château, qui fut acquis par M. Grenier, aîné, de Clairac, pour la somme de 250000 francs.

Maurice JORET.

TOPONYMIE AGENAISE

Essai SUR L'ORIGINE ET LA SIGNIFICATION DES
NOMS DE LIEUX DE L'AGENAIS

———

(Suite)

VII. INTERVENTION DES SUFFIXES LATINS

Aria, arium, osus, ensis, ia, ium, etum, etc. dans la formation des noms de lieu.

En plus du suffixe d'origine gauloise dont je viens de signaler les singulières créations, les Gallo-Romains en ont employé d'autres de provenance latine ; et les noms de lieu qu'ils ont créés avec ceux-ci ne paraissent guère plus récents, quoiqu'en réalité, ces derniers modes de formation aient duré pendant une partie du moyen-âge. On verra par les quelques exemples ci-après que leur emploi, en Agenais, n'offre rien de particulier. Presque tous ont pour radical un nom d'arbre ou de plante.

BOULÈDE (*Betuletum*, du latin *betula* « bouleau »). — « Groupe *ou* abondance de bouleaux ».

BRUGUÈDE, LA BRUGETTE (*Bruxetum* et *Brughetum*, du celtique *bruc*, latinisé en *brucus* « bruyère et buisson »). — « Abondance de bruyère et de buissons ».

BUZET (*Buxetum*, du latin *buxus* « buis »), BOUSSÈRES (*Buxaria*, même radical), BOUSSORP ou BOUSSORT (*Buxaretum*, combinaison de deux suffixes *aria* et *etum*, même radical), BOUSSÈS (*Buxensis*, même radical). — « Lieu où abondent le buis *ou* les bois ». La signification du latin *buxus*, qui est « buis » en français, a été faussé par l'apport, aux Temps Barbares, du germanique *busch* « bois ». Celui-ci devint le bas latin *boscus* et une confusion s'établit entre les deux termes. *Buxus* exprima bientôt aussi bien le sens de « buis » que celui de « bois » et il est aujourd'hui difficile de différen-cier leurs composés ; mais dans le langage « buis » a fait *bouys*.

BOUISSET. (*Buxetum*, du latin *buxus* « buis »). — « Abondance de buis ». Pour M. d'Arbois (*op. cit.* p. 618) telle est la signification de BOUISSET ou BOISSET et aussi celle de son diminutif plus récent BOUISSAGUEL.

CANABAZÈS (*Canabasensis*, du latin *canabis* « chan-vre »). — « Les chènevières ». Comparez à *Canabal, is*.

CARDONNET (*Cardonnetum*, du latin *carduus* « char-don »). — « Beaucoup de chardons ». Il a pour équivalent ici et en Quercy, CARDENAL et CARDONNEL, qui sont des produits du suffixe *ogilus, oiolus, oialus,* et autres CHAR-DONNET et CHARDOUNOIS du nord de la France.

CASTANÈDE (*Castanetum*, du latin *castanea,* « châ-taigne, chataignier »). — « Châtaigneraie ». Lui aussi a pour équivalent, dans toute la région du S. O., CASTA-GNAL, CASTAING, CASTAN, et CASTETS qui ont été créés à l'aide de divers suffixes et y sont employés l'un de préfé-rence à l'autre selon la contrée.

L'ABARÈDE. — (*Albaretum*, du bas latin *alba, alba-rus* « aube, aubère »). — « Abondance d'arbres à bois blanc ». — « Groupe d'arbres dans une lande, en un ter-rain déboisé quelconque ». M. B. ALBRET *pourrait avoir cette origine.*

LAVELANÈDE (*Avellanetum*, du latin *avellana* « ave-line »). — « Groupe de noisetiers, coudraie ».

LACÉPÈDE (*Cepetum*, du latin *cepium* « jardin, ver-ger »). — « Terre, champs de première valeur », « oi-gnons ».

FAUGÈRE (*Filicaria, Fulgaria, Falgaria,* du latin *filix* « fougère »). — « Abondance de fougères ». v. plus haut.

FAUILLET, FOUILLOUSE (*Folietum, Foliosa,* du latin *folium* « feuille »). — « Abondance de feuilles », « grands bois touffus, futaie ».

HOUEILLÈS. — « Autrefois HOUILLÈS ou FOUILLÈS (par *folienses* ?) du mot roman *Huilles* ou *Fuilles* », dit M. Samazeuilh (*op. cit.* p. 185) « par allusion aux forêts qui recouvrent une partie de ce pays ». Bien qu'il soit impossible de trouver dans le bon *DU CANGE* le mot *huilles* ou *fuilles*, il est à croire que Samazeuilh a raison, à cause de sa grande connaissance de cette originale partie de l'Agenais.

LA FAGE, HAUTEFAGE, FAUS, FAYE, LA FEUGE, FEY (*Fagia,* du latin *fagus* « hêtre »), FAGET (*Fagetum, idem*). — « Village, logis, du hêtre ou dans les hêtres ».

GÉNIBRÈDE (*Juniperetum,* du latin *juniperus* « genévrier »). — « Abondance de genévrier ».

NOGARET et NOGARÈDE (*Nucaretum,* du latin *nux* « noix, noyer »), NOUZIÈRES (*Nucaria,* idem). — « Plantation de noyers » ; par extension « village dans les noyers ».

OLMIÈRES (*Ulmaria,* du latin *ulmus* « orme »), LOURMET (*Ulmet, L'Oulmet, Lourmet,* par l'effet du rhotacisme et de la presthèse de l'article, « *idem* »). — « Ormière, l'ormière ».

POMMARET, POMMARÈDE (*Pommaretum*). — En basse latinité le latin *pomum* « pomme » à l'aide du suffixe *arium* a donné un premier collectif, *pommarium* « pommier, arbre à pommes » ; celui-ci, avec le suffixe également latin *etum,* a fourni un second collectif, *pommaretum,* dont on a fait POMMARET en français surtout, et POMMARÈDE en roman : « Plantation de pommiers ».

ROUETS (*Roboretum*, du latin *robur* « chêne rouvre, roure », en provençal *roire*, en italien *rovere*). — « Bois ou bosquet de chênes rouvres ».

SALBÈS, auj. SALABÈS (*Salbensis* ou *Sauvensis*, du latin *saltus*, en roman *sault, sau, sauve, selve, seube* « forêt, bois »). — « Habitation ou village en forêt ».

SOUCIS ou SAUCIZ (*Salicium*, du latin *Salix* « saule »), SAUCHAIS (*Saucetum*, « *idem* »). — « Saulaie en terrain humide ». Ce dernier, dit aussi SAUZÈS en patois, peut aussi bien venir directement de *salices*, pluriel de *salix*, « les saules ». Voyez *DU CANGE*.

TILLET (*Tilletum*, provenant directement de la racine celtique *til* ou *teil* « tilleul »). — « Groupe, bosquet de tilleuls ». LONGUETILLE a la même signification.

TREILLES, LASTREILLES, ont pour provenance les mots de moyenne latinité *trelia* et *trilla*, sous-entendu *vineis*, et signifient « village dans les vignes disposées en berceau ».

TOUYOUSE (*Toyosa*, du bas latin *toia*). — « Lande ou abonde l'ajonc appelé *tuie* ou *toye*, en patoie *touye* ou *touje* ».

UNET (*Alnetum*, du latin *alnus* « aune »). — La lettre initiale de ce nom prise pour la préposition indicative *ad*, en a été séparée de bonne heure par une aphérése peu commune : *Alnetum* « aunaie » = *Aounet* = *Aunet* ou à UNET.

VAURIS (*Vauricium*, du bas latin *vaura* « champ stérile et bois clairsemé »). — « Village en terres et bois maigres et sauvages ». Cf. La Voëvre, en Lorraine.

VIII. AUTRES TRÈS ANCIENS NOMS DE LIEU DIFFICILES A DATER.

Je crois devoir mentionner encore certains noms de localité ou de lieux-dits de plus ou moins grande importance, qui semblent avoir une origine celtique ou gauloise, ou tout au moins une désinence présumée telle, mais dont l'origine paraît remonter aux temps celtiques ou gallo-romains, sans pouvoir toutefois garantir que, plus récents, ils ne datent pas des premiers temps barbares : plusieurrs d'entr'eux ayant subi une influence germanique, dans tous les cas.

LE GRAND DUC et le PETIT DUC (*sic*, pour *Dun*).— Ce sont, entre Tombebœuf et Villebramar, deux points culminants qui ont du être au moins des *refuges* pour les Gaulois, sinon des forteresses.

LE PONT DE VERDUC. — Situé dans la même région, mais plus bas que les précédents, sur le Tolzat, il signale dans le voisinage l'existence d'un *Dun* à répérer qui, sans avoir eu l'importance d'un *opidum*, a dû être certainement plus fort que les autres puisque *ver* est un augmentatif gaulois très employé.

VERDUN ou BERDU. — J'en dirai tout autant de VERDUN, près Puymirol, de BERDU, près Verteuil, et des autres VERDUN, VERDUC ou BERDU, de BOISVERDUN même, dispersés dans le Haut Agenais surtout.

PÉBOUDOU. — De *pech*, *pé*, et du celtique *boudo* « le victorieux, le plus haut ». Il y en a plusieurs en Agenais, dont un au-dessus d'Aiguillon, vers l'Est. v. G. DOTTIN, p. 88.

PÉCAUBEL. — De *pech*, *pé*, et de *caubel* ou *cobel* qui dérive du latin *caput* « tête ». Par extension « pech culminant ».

PECH DE L'ESTELLE. — En roman on l'orthographiait « *de la stela* » ; du grec *stela* sans doute, qui signifie « borne » « obstacle » : *Refuge* important d'altitude élevée, en frontière.

ESTREPOUY (*Extremum podium*). — « Le puy de l'extrémité, de la fin, de la frontière ».

PUYDAUPHIN (*Podium delphinum ?* et *Podium de fine*). — Puy situé à la limite d'une division ou plutôt d'une subdivision intérieure de la province ou du diocèse.

FRESPECH (*de Festro,* ou *Fresto* par métathèse, *podio*). — « La cime de faîte », « le puy dominant », d'après Jean de Valier et les *Annales de Villeneuve,* par Cassany-Mazet (p. 125). N. B. *Frestatum podium,* signifierait « puy fretté ou palissadé ».

PÉBRU (*Podium abruptum*). — « Mont abrupt, escarpé ».

PECHBARDAT (*Podium bardatum*). — « Pech retranché et défendu de quelque manière ». M. G. Tholin a remarqué que sur le sommet de ce mont il y a un *refuge* en terre rapportée... Peut être y a-t-il une *tombelle,* en outre.

PÉPINÈS (*Podium pinense* et *podium pinensium ?*) — « Le pech *des* pins »,.. où se voyait un bois de pins à l'origine. J'y reviendrai.

PUYREDON, PUYCHAGUT, PUYSÉGUR. — *Podium rotundum* « puy rond » ; *Podium acutum* « puy pointu » ; *Podium securum* « puy imprenable, sûr ».

MONTREDON, MONTAIGUT, MONSÉGUR. — Même signification que les précédentes, par *mons, montis.*

PECHMIRAT (*Podium miratum*). — « Mont de l'observatoire »,.. d'où l'on voit au loin.

CLERMONT DESSUS et DESSOUS (*Clarus mons*).— « Mont clair, bien dégagé, en lumière, supérieur ». Le moine Héric, et Camille Jullian de nos jours, font de ce vocable le synonyme gallo-romain du celtique *Lugdun,* latinisé en *Lugdunum,* que l'on rencontrait souvent en Gaule, en particulier à Lyon et à Saint-Bertrand-de-Comminges (*Lugdunum-Convenarum*). Voyez G. Dottin (*op. cit.* p. 322). DESSUS et DESSOUS signifient *en amont* et *en aval* d'Agen.

CAUMONT-sur-Garonne, MONCAUT, LA MONCAUBETTE (*calvus mons*). — « Mont chauve, dénudé, rasé, pelé ». En Rouergue, près d'Espalion et du Lot, un colossal rocher de basalte et de pouzzolane, privé de végétation et que l'on croit avoir été un volcan, supporte les ruines d'un château du moyen-âge. Il est aussi appelé

CALMONT (*al* = *au*) ; mais on hésite sur sa signification entre *calvus mons*, comme le nôtre, *calmis mons* « mont stérile », *calidus mons* « mont chaud », *Calonis mons* « le mont du chef barbare Calo », dont le nom voulait dire : l'homme froid (allemand *kalt*), et enfin *cala mons* « le mont du port » (gaëlique *cala, caladh* « port »).

CALEZUN. — Primitivement *Caladunum*, sans doute, « le *dun du port* », en celtique. Voyez C. Dottin (*op. cit.* p. 322) *et Ch. Toubin (Essai d'étymologie*, p. 85).

BRIMONT. — Du latin *Brevis mons* « petit mont » probablement ?

MARMONT (182 m. d'altitude, en rive gauche). — Le celtique *maro* « grand » et le latin *mons* semblent avoir été réunis ici pour désigner un haut plateau situé dans l'ancienne juridiction de La Plume ; mais peut-être faut-il chercher ailleurs sa signification ? j'y reviendrai.

COULX. — C'est la contraction du latin *collis*, pl. *colles* « colline ».

COMBE, LAS COMBES (*cumba*). — A été emprunté aux Grecs par les Gaulois pour désigner « un vallon de forme arrondie ». Ce vocable se rencontre souvent dans le Haut Agenais, seul ou en composition.

COMBEBORLIE (*cumba borlha*, V. *DU CANGE*). — « Vallon n'ayant qu'une issue étroite », « vallon borgne ».

COMBESARTE (*cumba exsarta*). — « Vallon essarté, défriché, cultivé ».

BOÉ, près Agen, BOUÉ, près Aiguillon. — Semblent procéder du celtique *boe* « boue », du latin *vadum* « gué » par *voué* et peut-être du norois *boe* « habitation », qui leur donnent la signification de « habitation ou village baigné par les eaux près d'un gué ».

LA FONT, LA FONTANASSE, LA FONTANELLE. — *Fons, fontis*, en latin, *fontana* (s.-ent. *aqua*) en bas latin, est la « source » elle-même. De *fontana*, en outre, à l'aide du suffixe possessif *ia* on a fait *fontania* « fontaine », c'est-à-dire « captation et distribution des eaux de la source ». Dans notre idiome agenais, *font* ou *fon* est du féminin, il a ces deux significations. LA FONTANASSE en est l'augmentatif et LA FONTANELLE le diminutif. FONTEILLES est « le village de la source » et FONTANEILLE « le village de la fontaine ». Je l'ai déjà dit.

FONGRAVE. — Du latin *fons* « source » et du celtique *grav* « sable », ou encore du latin *gravis* « considérable » : « source dans le sable » ou « source abondante ».

FONDOUCE. — « Source aux eaux douces » (du latin *dulcis* « doux, agréable ») moins chargée de calcaire que celles du voisinage, ordinairement.

FONFRÈDE ou FRÈGE, FONTARÈDE. — Du latin *frigida* « froide » : « source aux eaux froides ou de saveur fraiche ».

FONCAUDE. — Du latin *calida* « chaude » : « source aux eaux chaudes ».

FONLADE. — Du latin *lata* « large » : « source large, coulant en nappe ».

FONPRIONDE et CROZEFON. — Venant l'une du latin *profunda* « profonde » et l'autre du bas latin *crosa* « creuse », ont la même signification.

FOULAYRONNES (*Fons Latronum*). — « Fontaine des voleurs », d'après M. G. Tholin.

CONDESAYGUES (*Candidæ aquæ*) et AYGUES-PARSES (*Aquæ persæ*). — Sont plus récentes et tirent leur nom, l'une de la nature « limpide » de ses eaux et l'autre de leur couleur « pers ou bleu de Perse », à moins que CONDESAYGUES ne soit un confluent ?..

AIGUEVIVE (*Aquavivis au* XIIIe *siècle*). — « Eau très claire, jaillissant d'un rocher avec abondance ».

Quelques noms également fort anciens nous parlent en outre d'eaux courantes ou stagnantes, de terrains et de prairies inondées ou submersibles :

MARCHOUX, LE MARAIS. — Du bas latin *mares-cum, mariscus* « marais » qui vient de *mare* « mare » en passant par le germanique *marsch* « terrain marécageux ».

NAUZE, LES NAUZES, LAUGERIE. *AUGÉ.* — NAUZE est une combinaison particulière à l'Agenais, du gaulois *ava* « eau », du bas latin *noda, noa* « prairie humide » et d'un autre mot de basse latinité, qui parait venir du germanique, *augia* « eau stagnante ». « Mais, dirai-je, avec M. le Dr Meynier (*op. cit.*), l'eau stagnante n'a pas dans la NAUZE et dans *l'augia* l'influence délétère qui constitue le *marescum* (ci-dessus) ou le *palus* (ci-après) ; celle-là est une prairie qui n'est qu'humide et où la végétation loin de soufffrir, est, au contraire, luxuriante ».

LA PALUE. — Du latin *palus, paludis* « marais », rendu en roman par *palu, palue, pallud.*

LES ONDES. — Du latin *unda* « eau agitée, onde », avec le sens de « rivage ». Ancien fort près du Lot.

RIVES, *riva, ripa,* RIVIÈRE, *riveria,* RIVALS, *rivalus,* LA REBÈLE, *rivale,* doivent être compris aussi dans le sens de « rivage », « habitation en bordure d'un cours d'eau ». V. DU CANGE.

AGMÉ. — Du bas latin *agmen* « cours d'eau » ou de *aquœmola* « moulin à eau » (V. *DU CANGE*), par contraction ?

CASTÉRA, LA CITADELLE, LA CISTERNE, CAS-TILLA, LE CASTÉLAS, CASTELRET, LE CASTEL-LET, BARS, BARROUTOU, LES BARRIS, LATOUR, LE FOSSAT, LE FORT, LE ROUCAS, MURAT, etc. — Toutes ces désignations bien connues, sans déterminatifs le plus souvent, que l'on rencontree partout en Agenais, sont le souvenir ordinairement d'antiques forteresses. ou présumées telles, situées sur des hauteurs stratégiques ou difficilement accessibles autrefois, qui, sans être aussi anciennnes que l'*oppidum* ou le *dun* celtiques, remontent néammoins, pour la plupart, à la fin de l'époque galloromaine. Elles étaient destinées surtout à mettre à l'abri les populations d'alors des incursions des Barbares, ou plutôt d'un coup de main de tous envahisseurs groupés pour la maraude.

Je m'occuperai d'autres refuges et châteaux-forts plus récents quand le moment sera venu.

LARCHÉ, ARQUÉ, ARCONQUES, ARSQUES, ORGUEIL, ASQUETS (?), PECHARGOU. — A la nomenclature ci-dessus, il faut joindre ARQUÉ, ARSQUES, ARCONQUES et surtout LARCHÉ si souvent répété, qui ont pour radical le latin *arx, arcis* « forteresse, refuge » rendu en vieux français par *arc, arque, arg, org*, etc. Sur notre frontière du Quercy, ORGUEIL est un dérivé par *Orgogilum, Orgoiolum* « le village du refuge, du fort ». Enfin ASQUETS, près Nérac, a sans doute la même origine, et PECHARGOU, près Villeneuve, aussi, « le pech du fort ». Etc.

CASTELCULIER. — Il faut y joindre encore CASTEL-CULIER qui nous est advenu du latin à la même époque, semble-t-il, par *castellum* « château », *aculei* « de la pointe .. Bientôt contracté en *Castelculei*, une métathèse fréquente ne tarda pas à en faire *Castelculié* : l'*r* est parasitaire... *Castellum Aculii* « le château d'Aculius » ne serait pas régulier (V. *Aiguillon*).

VIC, POMMEVIC. — « Le *vic* (en latin *vicus*) est le groupe d'habitations le plus anciennement connu dans la Gaule, dit le D' Meynier ; il y était presque le seul avant l'occupation romaine ». « C'était une bourgade ou un village non fortifié remontant sinon à l'époque romaine tout au moins à l'époque franque », dit Aug'' Longon. *Vic, vicus* était donc un terme générique. C'est ce qui explique qu'il en reste si peu de traces en Agenais ; à peine y trouve-t-on POMMEVIC traduit par *Primus vicus* (?) dans le *Cart. de Moissac*, et BIMONT ci-après.

BIMONT. — Quoiqu'en pensât M. G. Tholin (*Arrondissement d'Agen*, p. 38), le nom de BIMONT traduit en latin par *de Vico monte* doit être « le mont du *vicus* » (*b* = *v* en patois). J'ai peine à admettre « le mont de la chèvre », ou de « *la bique* ».

LA VILLA, LA DOME. — Après et souvent avant le *vicus*, venait la VILLA dont le nom a fait fortune. D'abord, « maison de campagne », « habitation aux champs », elle devint lors de la création de la propriété foncière, sous Auguste, le chef-lieu du *fundus*, c'est-à-dire de toute exploitation agricole par les nouveaux propriétaires : soit, une sorte de ferme plus ou moins importante, selon sa position, son étendue, la nature de son sol, etc. Elle se divisait en *villa urbana*, où était LA DOMUS « maison de maître » et en *villa rustica* où se groupaient les logis des serviteurs, les cellules des esclavs, les écuries, les étables, le cellier, les granges et autres bâtiments d'exploitations, selon une ordonnance régulière et uniforme. Elle prenait le nom de son fondateur quand le lieu n'en avait pas déjà reçu un autre. J'y reviendrai.

LE MAS, MAZE, LE MAZET, LE MAZÉRET, LE LE MAYNE, LE MAYNOT ou MEYNOT, etc. — Tous dérivés du latin *mansus*, *mansa* ou *mansum*, de son diminutif *mansionile* et autres. Le MANSUS (plus anciennement *mansio*, *mansionis*) subdivision de la *villa*, était un établissement agricole comme elle, mais généralement moins important. Il comprenait au moins une quantité de terre suffisante pour l'entretien de son exploitant. Dès le cinquème siècle il devint le principal élément de la propriété rurale en France. Dans le courant du moyen-âge, son nom fit place peu à peu, chez nous, à celui de *borde* surtout, quelquefois *borie*, et enfin à ceux de « ferme » et de « métairie » auxquelles il a toujours correspondu.

LE MAS-D'AGENAIS et USSUBIUM. — Situé sur la grande voie d'Agen à Bordeaux et dépendance de la *villa Pompejacum* (*Pompeiaca* devrais-je dire) s'il n'était cette *villa* même, beaucoup de *mansus* étant devenus des *villœ*, LE MAS ne parait pas avoir été d'abord une *mansio* ou station sur cette route, s'il l'a été par la suite... La station était semble-t-il, à USSUBIUM ou VESUBIO qui signifiait « cours d'eau et route », station du « gué ? » : elle n'existe plus. V. *St-Vincent du Mos*, par *A. BERT*, publié dans la *Revue de l'Agenais*).

PINDÈRES. — Du bas latin *appendaria* « dépendance » éloignée et séparée de la *villa* pour un élevage, une culture, la pêche, une exploitation *agricole* spéciale. Voyez *La Pindarie* et les nombreux *Pendaries* du département de l'Aveyron et la Charte N° 242 du *Cartulaire de Conques*, par M. G. Desjardins. Ce genre d'aphérèse est commun.

CAZE, LACAZE, LESCAZES. — De même que la *domus* était l'habitation du maître de la *villa*, la CASE (latin *casa*) était la demeure de l'exploitant du *mansus*, des petits propriétaires et autres satellites des grands, et aussi de la population moyenne, des marchands et des artisans des cités. CASELLA était le diminutif, CASILLE quelquefois.

CASALS, CAZALIS, CAZALATA, etc. — Le CASAL était une petite maison d'assez médiocre importance, avec un lopin de terre. CAZALET, CASALATA étaient des diminutifs de *casal* et le sont encore,.. quand ils n'en désignent pas plutôt les ruines ou la dispersion.

CAZAU, CAZEAUX, CAZAUGRAND. — *Cazau* est une façon de prononcer *casal*, générale sur la rive gauche de la Garonne. Le pluriel s'y marque par un *x*. Dans les textes anciens de par là on trouve *casal* comme sur la rive droite.

AUTIÈGES. — Du latin *attegia* « chaumière, maisonnette ou petit bien rustique ».

MAZÈRE, MAZIÈRE. — Du latin *maceria* « maison avec enclos, construite en pierres sèches » : radical *macer* « maigre » ; « petite tenure ».

LE PLA, LE PLAN, LA PLAGNE, LA PLAINE. — Du latin *planum* « plan » : « bien, habitation ou village, étable cellier, en surface, *aplanie*, sur une terrasse, sur ou à mi côte d'un colline plus ou moins abrupte ».

Nos grandes plaines ont généralement deux étages séparés par de petites côtes parfois très raides ; plusieurs des lieux habités qu'on y rencontre sont désignés à LA PLAINE-HAUTE, *à* LA PLAINE-BASSE ; mais souvent le déterminatif disparait et il reste le nom LA PLAINE qui est loin d'avoir l'ancienneté de PLAN.

**LA PLACE, PLACETTE, PLACIOT, PLACELON-
GUE, etc.** — Du bas latin « *placea* » correspondant au
plats germanique « habitation avec enclos, village occupant
l'emplacement d'un ancien édifice détruit ou une place
libre au milieu des bois, une clairière ». Il ne faut pas confondre LA PLACE avec *La Plasse*, du bas-latin *plaissia*, sur
lequel j'aurai occasion de revenir et qui est d'un autre ordre
d'idée.

CABANES, CABANEAUX. — Ce mot, désignant un
« abri fait de matériaux sommaires », provient du kymri et
du gaëlique *caban*, du latin *cabana* « hutte », il a toujours
eu la signification qu'il a aujourd'hui.

LA VERRERIE. — Le village de CABANES, situé en
face du hameau de LA VERRERIE, en bas latin *vitraria* ou
verreria (*vitri officina*, dit Du Cange), dans un pays perdu,
au milieu des bois sauvages, nous fait croire que tel était à
l'époque gallo-romaine, comme au moyen-âge, le genre
d'habitation des nombreux verriers et charbonniers, — tout
nobles que furent les premiers plus tard, — répandus dans
les antiques forêts de chênes de Monbahus, de Gondon, de
Villebramar, de Puydauphin ; non seulement à Cabanes,
mais Aux Cabaneaux, à La Tour Burlade (brûlée), à La
Plassade, à La Bouteillère, Aux Verriers, ou VERRERIES, à
Las Carbonnières : dans le voisinage de l'abbaye de Gondon vers l'Est, du Grand-Duc et du Petit-Duc (leurs
refuges sans doute en cas de péril) vers l'Ouest.

C'est dans cette région, — où abondent le sable blanc,
propre à la fabrication du verre, et aussi les *nuclei* de silex,
— que l'abbé Landesque a trouvé, à Gondon même, un
important atelier de silex taillés, le plus ancien du département, remontant à la première période de l'*Age de la
Pierre*... Il y a un peu plus de cent ans, les verriers y fabri-
quaient toujours d'assez lourdes bouteilles, aux formes ra-
massées, en verre noir.

COUTHURES, COUTURE. — Nous vient du latin
cultura, « culture, labour ». Il s'est appliqué longtemps
aux défrichements, avant que l'*exsartum* « essart » des lois
barbares l'eut supplanté ; néanmoins le mot COUTURE est

encore en usage dans certains pays pour désigner un champ nouvellement mis en culture.

CARAS, CARROU, CARABELLE, CARABAISSE.
— En Bretagne, dit Longnon (*op. cit.* p. 315) il existe un assez grand nombre de noms de lieu commençant par la syllabe *car* ; c'est là une forme française de *ker, kaer*. ayant le sens de « logis », de « domaine rural » ou de « village » : celle qu'on observe dans le nom de Carhaix.

CARAS ou CARRAS est un augmentatif de *car,* CARROU un diminutif ; CARABELLE est un « beau logis ou un beau domaine » et CARABAISSE « une habitation ou un domaine dans un lieu bas et humide ».

IX. INFLUENCE DES RELIGIONS PRIMITIVES

Des monuments mégalithiques en bien petit nombre, des vestiges de sanctuaires ou de temples du paganisme, sont seuls restés debout en Agenais. Quelques rares statues ou débris de statues qu'on attribue à différentes divinités gauloises ou romaines y ont été retrouvées ; ainsi que des inscriptions et des noms de lieu qui ont trait à des croyances païennes. En s'appuyant sur une judicieuse interprétation de nos vieilles légendes, il est à croire néammoins que des recherches toponymiques compétentes et bien conduites jusqu'au fond de nos campagnes les plus reculées, ajouteraient beaucoup à ces trouvailles et augmenteraient fort nos connaissances sur les croyances religieuses de nos encêtres ; malgré que la foi chrétienne, dans l'enthousiasme du premier moment, ait recouvert souvent un temple par une église et remplacé le vocable primitif de ces oratoires par une invocation nouvelle... On peut même croire que ce ne sont pas les sanctuaires les moins renommés qui ont été ainsi démarqués, si je peux m'exprimer ainsi.

LE MOUNDY, MONSENPEY. — Pour ne parler que de ce que je sais et connais bien, je citerai LE MOUNDY (*Mons Divi* « Mont de Dieu ») près Puydauphin et les deux MONSENPEY (*Mons Sancti Petri* « Mont de St-Pierre ») l'un près Cancon et l'autre près Tourtrès, qui ont eu d'abord pour éponymes, à n'en pas douter, le nom d'une des grandes divinités païennes alors en honneur dans notre pays : Baal, Bel ou Belen, Mercure ou autre. (1)

LE MONSENPEY de Cancon, voisine avec *Le Pitrau,* où il y a un *refuge* du type dit « cap barré » ou « éperon barré », avec *Pépau* (*podium altum,* « puy élevé ») et avec MOUS-SEYROUX (*noms superior* « mont le plus élevé ») sur lequel il existe encore une « mardelle » bien marqueé et, non loin, un village du nom de MARCUS (contraction de *Mercurius*). La petite église de Monibal (*aliàs Monjival* « le vallon du moine ») dédiée à St-Etienne, aujourd'hui disparue, était au-dessous de celui-ci à l'entrée d'un petit vallon.

De l'autre côté des monts et dans le voisinage des PIER-RES et de PEYRESMORTES, était l'église de -Saint-Paul-le Vieux, également disparue depuis la Révolution et dédiée, celle-ci, à *Notre-Dame.*

LE PECH de DOYRE et TASTES. — Tout près encore, vers le sud-ouest, s'élève, isolé dans la vallée, le Pech de DEURE, DEYRE ou DOYRE « chênaie sacrée druidique » (d'après Alfred Maury dans *Les Forêts de la Gaule*) aux pieds duquel il y a un TASTES (Lisez *Arrondissement d'Agen* de G. Tholin, p. VII) et un cimetière païen composé de plusieurs silos funéraires remplis de cendres, de débris d'ossements et de vases divers (Voyez mon *Histoire de Cancon,* p. 247).

J'ajouterai que ces hautes collines de 200 à 223 mètres d'altitude, groupées en un massif d'où se détache nettement et hardiment l'énorme pech de Cancon, renferment dans leurs flancs de nombreux petits bancs d'excellent silex et que le plus ancien atelier du pays pour la taille et la préparation de ces pierres, se trouvait à proximité, à Gondon, de l'autre côté de la vallée du Tolzat. Le tout était, encore au moyen-âge et jusqu'en ces derniers temps, couvert de grands bois de chênes.

---

(1) Une forte colline, située dans le voisinage de Péricard, est aussi nomméée PECH-DE-DIEU.

MARCUS, MARCOU. — Quelquefois le nom de la divinité païenne a persisté : comme *Mercurius* à MARCUS, ci-dessus cité, à MARCOU, près Castillonnès, à MARCOUX, près Saint-Beauzel, à MARCOUX, près Beauville, etc. tous situés sur des hauteurs culminantes ;...

MONTBRISON. — comme *Vrisou* à MONBRISON, près Auvillars, « Mont de *Briso* ou *Vrisou* », déesse gauloise du feu, assimilée à Vesta par les Romains qui adoptèrent quelques dieux et déesses de l'Olympe gaulois ;...

MONBALEN et MONTBALON. — comme *Belen* ou *Baal* à MONBALEN, et à MONTBALON peut-être encore, « Mont de Belen, *Balani, Baalin* ». Ce dernier est situé en face MARCOU, près Castillonnès ;...

FONTAINE-BOURBON. — comme enfin à FONTAINE-BOURBON. *Borvo* ou *Bormo* était un Apollon médecin, une divinité indigète à laquelle les Gaulois consacraient les eaux thermales et les sources auxquelles ils attribuaient des propriétés médicinales, des vertus salutaires, ou simplement remarquables par leur limpidité ou une saveur spéciale, paraît-il. De son nom dérivent en France ceux de Bourbon, Bourbonne, La Bourboule, etc.

En Agenais, en outre de la Fontaine, une petite rivière et trois villages, dont un est à la source limpide et fort abondante de ce cours d'eau (St-Pierre-de-BOURBON), un autre à moitié côte du Pech de Bère et le troisième entre *La Vergne* et la *Grande Vergne*, portent cette dénomination.

CINQ-ALBRES, St-MARTIN de SEPT-ARBRES, BELARBRE, etc. — Un nom d'arbre combiné avec un adjectif, soit numéral, soit qualificatif, lit-on dans Longnon (*op. cit.* p. 162), perpétuent le souvenir d'un ou plusieurs arbres remarqués par nos lointains ancêtres qui les avaient parfois divinisés, témoin le nom du dieu *Sexarbores* que mentionne une inscription votive.

MARMONT. — Si Marmont dont nous parle M. G. Tholin dans *Arrondissement d'Agen* p. 56, n'est pas un ancien *Martismons* « Mont de Mars » (ce qui est fort possible néammoins) le suivant doit en être un.

MONMARÈS.— Il est probable en effet que MONMARÈS, près Villeneuve, vient du bas latin *Monsmarsensis* « Mont de Mars » par *Monmarses* et *Monmarès*. Ce qui semble le prouver c'est que tout à côté, un autre mont, nettement séparé par un vallon où passe une route, est appellé *Mont-Saint-Marty, ou S*t*-Martin*, vocable employé généralement pour remplacer celui de Mont de Mars. Voyez ce qu'à écrit l'abbé Castex dans son *Sainte-Livrade*, p. 142, à propos du suivant et de ces changements de destination.

MOMYART. — Saint-Martin de MOMYART ou *Mons-mart* (*Mons Martis*) est, écrit-il, le nom de l'église et d'un petit plateau (dit aussi *Tuc de Talhape*) situés près de Sainte-Livrade « et il est de tradition constante que le nom de Saint Martin y a été substitué à celui de Mars que portait un temple occupant primitivement la place de l'église». Je reviendrai sur *Le Tuc de Talhape*.

D'autres fois une paroisse porte, réunis, un nom de saint révéré et celui d'une divinité païenne comme déterminatif. Ces dénominations d'origine contraire seraient les vestiges de l'œuvre accomplie par les premiers missionnaires, croit M. de Gourgues (*op. cit.* p. 28) « La foi nouvelle a pris naissance dans l'esprit des peuples par la douceur, sancti-fiant sans détruire les objets de la vénération publique, amenant les hommes, par une diversion sainte, plutôt à mettre en oubli leurs habitudes qu'à les rompre brusque-ment, » dit-il.

Voici quelques exemples de ces singuliers voisinages à ajouter à Saint-Pierre de Bourbon, à S\-Caprais de Mar-coux, etc., dont je viens de traiter :

SAINT-JEAN-DE BALESME, près Montpezat. — *Isma* « temple », dit le D\ Meynier, est un mot d'origine grecque importé dans la Gaule, qui rentre dans la compo-sition de beaucoup de noms de lieu actuellement terminés en *esme, ême, îme*. On le trouve dans BALESME dont le ra-dical est *Baal, Bel, Beal*, dieu gaulois assimilable à Belen (1), et la signification « temple de Bel ou Belen ».

---

(1) Sa fête avait lieu le 1er mai (*Beltene, Beal-ten*) et au *Solstice d'Été*.

Cf. Balesmes (Haute-Marne et Indre-et-Loire), Bel-
lême (Orne) et Blesmes (Aisne), qui ont la même origine.

SAINT-NICOLAS-DE-LA-BALERME (sur Garonne).
— Ce nom de BALERME vient sans doute de Balesme, par
suite de l'extrême facilité qu'ont les lettres *r* et *s* à permuter
entr'elles, comme dans *chaire,* de chaise, *baroche,* de baso-
che, etc.

Ici je dois dire que pour certains auteurs, d'Arbois
entr'autres (*op. cit.* p. 181), Belisama, en un seul mot, était
une déesse gauloise assimilée à Minerve, qui a été l'objet
d'un culte à Conserans (Ariège) et à Vaison (Vaucluse), et
que Balesme *pourrait* n'être qu'une contraction de Bélisa-
ma ?.. Ce serait à étudier plus longuement quoique moins
certain que ma première proposition.

SAINTE-FOY-DE-MANCUEUR. — Mercure, une des
divinités les plus populaires de la Gaùle : *deum maxime*
Mercurium colunt, a écrit César (B. G. VI, 17) a pu être
adoré à MANCUEUR, MALCUER ou MARCUEUR (on trouve ces
trois orthographes) comme à Marcus, Marcou et Marcoux
que j'ai signalés.

SAINT-JEAN-DE-GRANON. — J'ai déjà mentionné
et interprété le nom de cette paroisse ; en le faisant
suivre d'un point d'interrogation, car il peut trouver
encore ici sa place : de préférence même en raison du vocable chrétien qui lui a été joint. Grannus était un dieu
gaulois assimilé par les Romains à Apollon, comme Bele-
nus et Borvo, mais avec des nuances, et nous savons que
c'est par Saint Jean surtout qu'on a voulu le remplacer.
Voyez G. Dottin (*op. cit.* p. 226 et autres). De Grannus à
Grannon il n'y a qu'un pas.

VERNEMETIS, LA VERGNE, LA GRANDE-VER-
GNE. — Si nous en croyons le docte M. de Gourgues
(*op. cit.* p. 48 et suivantes), les noms LE VERN *et* LA VERGNE,
seraient le premier une abréviation de *vernemitis,* le second
une contraction, altérée par une prononciation germanique
(*de vernimidia*) ayant l'un et l'autre la signification de

« grand temple » en bas latin. (1) En conséquence nous aurions eu plusieurs sanctuaires de ce genre sur notre territoire. On sait que le plus connu, VERNEMETIS « le grand Temple », était aux bords de la Garonne. Il fut ruiné de fond en comble et délaissé après le martyre de Saint Vincent. Le mont dont il avait occupé le sommet offrait sans doute un aspect particulièrement dénudé : on l'appela et on l'appelle encore, malgré le château et la ville qui y furent plus tard érigés, *Calvus mons* « le mont chauve », le « mont pelé », dont nous avons fait *Caumont,* sauf réserves... Voyez ce que j'en dit plus haut.

LA VERGNE est un chef-lieu de commune ; LA GRANDE-VERGNE en est éloignée de douze cent mètres, vers le Nord, et je viens de dire que le village des Bourbons se trouve entre les deux. Le tout est du canton de Lauzun.

Il y a encore en Agenais deux ou trois *VERT, par un *t,* dont l'origine est plus récente et la signification différente. J'aurai à en reparler.

MONLUC, LUCMAU, VERDELAIS, LES LUGUES, LUCANTE, LIMON, etc. — Le *lucus,* « bois sacré » de Virgile et de Tibulle était aussi en quelque sorte un sanctuaire consacré au culte des dieux de Rome et de la Grèce adoptés par les Gallo-Romains, et très vénéré des paysans qui y allaient prier. Il a laissé des traces dans toute la France, en Espagne et en Italie. L'expression a été rendue en Français par *leuc, luc, lug, lu, li* ; en espagnol et en italien par *lugo.*

En Agenais, il entre dans la composition de LUCANTE, semble-t-il, « le vallon du luc » (*ant,* « vallon » en celtique et aussi « cours d'eau », d'après le Dr Meynier) ; de MONLUC, autrefois *Bonus Lucus* « bon luc », « luc propice », par opposition peut-être à LUCMAU, situé en aval, en Gironde, qu'on doit traduire par « mauvais luc » ? de VERDELAIS, en latin *Viridis Lucus* d'après M. Durengues (*op. cit.* p. 567, en note) « luc puissant et particulièrement favorable » : n'était-ce pas plutôt un *lucus* établi à la place

---

(1) *Nemet* ou *nimid,* en celtique, c'était « un temple », *vernemet* ou *vernimid* « un grand temple » ; le latin ne peut les revendiquer en rien.

d'un ancien *vernimid* gaulois ?.. Il nous a laissé encore les LUGUES du duché d'Albret : forêts ou grands bois profondément révérés, adorés presque, dans ces pays de landes jadis désolées et désertiques ; enfin LIMON, autrefois *de Lucomonte* « mont du luc ».

MARTILOQUE, BELLOC, LOUGRATE, GRATE-LOUP, BOULOC. — « *Locus*, dit le Dr Meynier, après avoir été un lieu en général est devenu un endroit consacré par la religion », comme le *lucus*. Traduits par *leu* et *lieu* dans le nord de la France, par *loc, lo, lou* en Bretagne, également par *loc, lou* et *loup* dans le Midi, « les *loci* changèrent de patrons lors de l'introduction du christianisme et devinrent des sanctuaires dédiés à Dieu, à la Sainte-Vierge et aux Saints » : ils sont innombrables.

A MARTILOQUE, sous Monsempron, (*Martii locus,* sans doute, non *Martii lucus* comme l'a dit Cassany-Mazet dans les *Annales de Villeneuve*, p. 99) se voyait à l'époque Gallo-Romaine, un bois sacré et un petit temple (*sacellum*) dédié au dieu Mars. BELLOC, vers Casteljaloux, doit être traduit en français par Beaulieu. LOUGRATE et GRATELOUP, *locus gratus,* « locus favorable ou agréable », sont tout aussi anciens peut-être : aujourd'hui l'un est consacré à Saint Etienne et l'autre à Saint Caprais. BOULOC (près Valeilles) était un « *locus* propice à souhaits », un « bon loc ».

TOURTRES, TRÉMONS. — Les Gallo-Romains érigeaient sur certains points culminants un *templum*, un *fanum*, un *sacrum* ou un simple *sacellum* (diminutif de *sacrum*) en l'honneur de leurs divinités les plus réputées : de Jupiter, de Mercure et plus souvent d'Apollon ou Belen, le dieu solaire. Lors de l'établissement du Christianisme et de la création des paroisses, beaucoup de ces édifices désaffectés, entourés de quelques habitations mais à altitude trop élevée, devinrent des *treb*, rarement des chef-lieux de paroisse. *La treb, treu, trez* ou *tref,* la *trève* des Bretons, était une annexe ou une succursale plutôt qu'une division de la paroisse (Voyez *Du Cange, Longnon, op. cit.* p. 311, et le *Dictionnaire topographique du Morbihan*) ; elle a laissé beaucoup de traces en Bretagne et en Rouergue. En Agenais TOURTRÈS et TRÉMONS « la colline, le *torn*, ou le mont *de* la *treb*, *trez* ou *trés* » en proviennent sans doute. L'église de l'une et celle de l'autre sont consacrées à Saint-Pierre; mais la grande fête de ces deux localités, la *fête votive*, se célèbre le jour de la Saint-Jean, au premier jour d'Eté, et cela avec une *telle solennité* nous dit M. l'abbé Durengues (*op. cit.*) que l'autorité diocèsaine a dû reconnaître, comme le patron officiel de la dernière, Saint Jean, naïvement assimilé par les chrétiens néophytes à Bélen dont la fête (*Beltene*, *Beal-tin*) se célébrait au premier mai et aussi, précisément, au Solstice d'Eté... Il paraît du reste certain que ce dieu était chez nous le plus vénéré et le plus prié de tout l'Olympe gallo-romain. Quelques pratiques de son culte se sont conservées dans nos campagnes, contre vents et marées. Elles nous sont rappelées par les *feux de la Saint-Jean*, par la randonnée des Amoureux, *les porteurs de mai*, durant la *première nuit* du Mois de Mai ; joignons-y l'obstination que mettent nos paysans à mesurer le temps par nuits et à lui donner le pas sur le jour : *A neyt* « à nuit », disent-ils, au lieu d'*aujourd'hui*, même en plein midi.

Les trois ou quatre *Chapelles*, dites de *Saint-jean-le-Froid*, du Quercy et du Rouergue, situées à de hautes altitudes relatives et bien en vue, auraient la même origine : elles auraient succédé à des oratoires de Belen dès les premiers siècles de l'ère chrétienne.

Pour en revenir à l'étymologie de TOURTRÉS et de TRÉMONS, il n'est guère possible de croire que le nom du premier soit unecontraction de *turturenses* « contrée où abondent les tourterelles », et celui du second une traduction de *tribus montis* « les trois monts », comme nous le suggèrent les scribes du moyen-âge ; d'autant plus qu'il n'y a pas et il n'y a jamais eu probablement à TOURTRÉS plus de tourterelles qu'ailleurs et que les « trois monts » de TRÉMONS sont encore à découvrir.

CASTELSAGRAT (*Castellum sacratum*). — A ce propos encore il est possible que le premier château de CASTELSAGRAT a été édifié à la place où à côté d'un *sacrum* dont on a fait un déterminatif ou qualificatif à l'aide du suffixe *atum*.

III. — NOMS D'ORIGINE SOCIALE

Epoque Gallo-Romaine et Premières interventions
barbares

1° LA PROPRIÉTÉ FONCIÈRE
ET LES NOMS PATRONYMIQUES

On sait que de 58 à 51 ans avant J.-Ch., la Gaule fut
domptée et conquise par les Romains conduits et commandés par Jules César avec beaucoup d'habileté et une énergie cruelle. Je n'en veux pour preuve que le siège et la
prise d'Uxellodunum « forteresse surélevée », chez nos
voisins les Cadourques, dont les derniers défenseurs eurent, tous, les poings coupés. Les Romains se montrèrent
cléments et généreux après avoir terriblement brisé les dernières résistances ; ils respectèrent les biens, la condition
sociale et l'autonomie, la religion même, des vaincus, généralement ; mais ils leur imposèrent leurs lois, leurs
mœurs, leurs usages, et les frappèrent d'un tribut annuel
(*tributum* ou *stipendium*).

« Le tribut de la Gaule, dit M. d'Arbois (*op. cit.*) fut
un impôt de répartition. Chaque peuple ou Etat en suppor-
ta une part déterminée et se procura les fonds comme il
l'entendit. A ce système primitif, l'empereur Auguste subs-
titua peu après, le *cens* ; c'est-à-dire un impôt de quotité
qui frappa à la fois les personnes et les terres d'après un
tarif uniforme. L'établissement du *cens* changea les rap-
ports de chaque contribuable gaulois avec sa Cité, et de
chaque portion du sol avec celui qui la détenait. Les particuliers détenteurs du sol (en l'espèce l'aristocratie gauloise surtout) cessèrent de verser dans la caisse de la Cité
la redevance annulle qui était la condition de leur jouissance précaire ; cette redevance fut remplacée par l'impôt
dû au fisc romain ; et, par l'effet de la loi fiscale, ces particuliers furent substitués à la Cité comme possesseurs lé-
gaux des parcelles territoriales qui, en fait, étaient entre

leurs mains : payant l'impôt foncier au fisc, ils furent considérés comme investis d'une sorte de propriété foncière au lieu et place de la Cité. »

C'est-à-dire que la propriété du sol cessa d'être collective et devint personnelle : la *propriété foncière individuelle* était créée.

Entre temps la *Gallia Comata* « Gaule chevelue », dont faisait partie les Nitiobriges, avait été divisée en soixante ou soxante-quatre circonscriptions à la fois financières, administratives et judiciaires qu'on appela *civitas* « cité ». Le sol de celle-ci (*territorium* ou *regio*) se divisait lui-même en *pagi* (ou *pagelli* selon la plus ou moins grande étendue de la division) et le *pagus* ou *pagellus* lui-même se subdivisait en *fundi*. « Cette triple division du sol, dit d'Arbois (*op. cit.*), fut la base du cadastre et du nouvel impôt foncier romains. On peut comparer la Cité à notre département, le *pagus* ou *pagellus* à notre arrondissement, le *fundus* à notre commune, en tant qu'étendue. Pour constituer un *fundus* il fallait une certaine surface de terre très variable, mais officiellement délimitée, qu'on appelait *ager*, et sur ce terrain un groupe de bâtiments qu'on appelait « *villa* », quelquefois *prædium*.

Les plus anciennes de nos communes, surtout de nos paroisses rurales, — sauf celles qui ont eu pour origine une agglomération gauloise naturellement (*dunum*, *vicus*, *magus*, etc.), — remontent à un *fundus*, ou *latifundium* comme on dit encore en Italie, qui date de cette époque. Leurs limites mêmes, immuables depuis lors pour quelques-unes, ont été arrêtées par les arpenteurs, *agrimensores*, employés à la confection du cadastre, depuis le règne d'Auguste, et définitivement fixées plus tard par la création des paroisses pour beaucoup d'entr'elles.

Entre temps encore, tout l'ancien territoire des Nitiobriges, la nouvelle *Civitas Agennensium* (d'où vient le nom « Agenais »), s'était couvert un peu partout, dans les plaines, aux flancs des coteaux et dans les hautes terres au bord des sources, aux endroits les plus abrités et les plus fertiles, de nombreuses *villæ*, centres d'exploitation agricole, (*fundi*), autour desquels se développèrent rapidement le commerce, l'industrie, les arts, favorisés en cela par la construction ou la restauration de quelques places de sûreté et de ces admirables voies romaines dont j'ai déjà parlé.

D'habitude et de préférence, quand ces *villæ* — ces *fundi* plutôt, à cause du cadastre — étaient sans désignation expresse, on leur donnait le nom du propriéaire, *simplement* ou suivi du suffixe *anus, a, um*, d'origine latine, en sous-entendant *fundus, villæ, prædium, castellum*, etc., surtout si ce propriétaire était un Romain concessionnaire ; mais, *le plus souvent* et en particulier sur la rive droite de la Garonne, on le faisait suivre du suffixe *acus, a, um*, d'origine celtique, surtout si le possesseur était un Gaulois, qui, en devenant citoyen romain, avait adopté le gentilice de son protecteur ou avait latinisé son nom propre, celui de son père, ou son surnom même.

Dans l'un et l'autre cas, fait observer M. d'Arbois (*op. cit.* p. 96), ordinairement les noms de lieu en *anus* ou *acus* proviennent de gentilices quand un *i* précède le suffixe (*ianus, iacus*) ; ils dérivent d'un surnom (*cognomen*) dans le cas contraire. Ailleurs, il ajoute que les noms de lieu formés d'un *cognomen* dans lesquels on observe un *i* avant *anus* ou *acus*, sont de la *période mérovingienne ;* en réalité, expliquent les continuateurs de Longnon (*op. cit.* p. 82), les gentilices n'existant plus à ce moment de notre histoire, on ne comprenait plus bien ce mode de formation de noms de lieu et les rares Francs de chez nous qui voulurent l'adopter et donner leur nom aux propriétés qu'ils y créaient, combinèrent ce nom avec le groupe — *iacus*, sans se préoccuper d'autre chose. — Par exemple *Doddoloniacus*, dont nous avons fait Doulougnac, vient du nom germanique franc *Doddolenus*, diminutif de Dodo, combiné avec *iacus* ; son origine remonte au VII° siècle environ (1). (V. G. THOLIN, *Revue de l'Agenais*, 46ᵐᵉ année, p. 447, et LONGNON, *op. cit.* p. 255.)

(*A suivre.*)   LUCIEN MASSIP.

---

(1) Cocheris remarque, de son côté, que les scribes en ce moment employaient le suffixe *iacus* (ou *ianus* suivant la région) « à la place des mots *villa* ou *curtis* ».

NÉCROLOGIE

Le docteur MIRC

Notre collègue de la Société Académique, M. le docteur Mirc, qui venait de quitter la direction de l'Asile de Pulet d'Agen pour celle de Montpellier, est décédé dans cette ville le 15 mai 1926. Il meurt à peine âgé de trente ans, après avoir gagné héroïquement la médaille militaire et triomphé d'une terrible blessure cranienne durant la guerre.

Interne à Braqueville, il soutenait en 1920 sa thèse de doctorat « où il établissait une différence indiscutable entre les rêvasseries très spéciales des déments précoces et les rêves rigides des infectés et des intoxiqués », thèse remarquable aux dires des spécialistes les plus avertis. Reçu au concours médecin des asiles d'aliénés à 24 ans, il était appelé à diriger notre établissement agenais de Pulet.

On sait avec quelle maîtrise ce jeune docteur s'acquitta de sa tâche. Mais il n'était pas seulement un aliéniste remarquable : ceux qui ont lu de lui les *Contes du Martin Pêcheur* savent qu'il était aussi un lettré plein d'érudition, et ceux qui ont assisté aux conférences qu'il donna dans quelques-uns des chefs-lieux de canton et dans Agen, n'ignorent point quel diseur élégant et quel humoriste se cachaient en lui.

Tout semblait lui sourire.

Et voici qu'une opération chirurgicale suivie bientôt d'une rechute a mis brutalement fin à une existence qu'un incontestable talent et une parenté puissante devaient rendre particulièrement brillante.

A sa mère, sœur de M. Durand, sénateur de l'Aude et ministre de l'Intérieur, à sa jeune femme, fille de M. Madelin, ancien administrateur de la *Dépêche* de Toulouse, la *Revue de l'Agenais*, dont le docteur Mirc fut un des bons collaborateurs, envoie l'expression de ses regrets les plus vifs et les plus émus.

M. Henri TAMIZEY de LARROQUE

Le 4 mai est décédé, dans sa propriété de Saint-Pierre-de-Nogaret, au pavillon Peiresc, M. Henri Tamizey de Larroque, de la Société Académique d'Agen.

Membre de cette Compagie depuis 1898 comme correspondant, titulaire en 1905, il portait un nom respecté et honoré de tous ses confrères, lourd même à ses robustes épaules, celui du grand érudit Philippe Tamizey de Larroque dont l'œuvre polygraphique est vraiment considérable.

Le fils n'a jamais rien écrit. Retiré à la campagne au pavillon que son père s'était fait construire et qu'il avait baptisé du nom du grand savant provençal dont il avait publié la correspondance abondante, Henri Tamizey de Larroque fut surtout l'admirateur passionné de l'œuvre paternelle, et cette tâche, filiale et touchante, suffit à remplir son activité de fin lettré.

René BONNAT.

CHRONIQUE

Les Agenais au Salon des Artistes Français et de la Société Nationale des Beaux-Arts.

Le Salon a ouvert ses portes le 1ᵉʳ mai. Parmi les exposants, relevons les noms suivants qui intéressent le Lot-et-Garonne : *Allard*, professeur au lycée ; *Barlangue*, le grand artiste de Penne, à la fois dessinateur, peintre et graveur, dont l'œuvre, comme graveur, a obtenu une médaille d'or, en attendant la médaille d'honneur qui ne saurait lui échapper ; il avait exposé cette année : *une ombrelle japonaise* et le *Portrait de Mᵐᵉ C.* ; *Abel Boyé*, avec deux toiles : *Kléarista* et *Au bord du Gave* ; *Antoine Calbet*, hors concours comme Boyé, avec « *Un coup de vent et Fantaisie* » ; *Crochepierre*, avec une « *Etude* » remarquable : *Didier-Tourné*, très en progrès : « *l'Italienne à Alger* » ; *Mondineu*, avec un *Paysage Landais* et les *Joueurs de Quilles* ; *Sabatté*, né à Aiguillon, déjà premier grand prix de Rome, officier de la Légion d'Honneur, élève de Gustave Moreau. Le jury lui a décerné, pour l'ensemble de son œuvre picturale, la médaille d'honneur, la plus haute récompense, qui puisse toucher un artiste.

A côté, mentionnons une étude de *Nu* par *Dastrac*, un autre Aiguillonnais qui promet et commence à tenir ; les miniatures de Mᵐᵉ *Altairac*, de Villeneuve ; les études de Mˡˡᵉ *Rieuf*, professeur au lycée de filles ; la *Vallée de Lartigue*, et la *rue des Tanneries à Nérac* par *David* ; les *Genêts en fleurs sur la route de Layrac* et un *portrait de femme* par notre excellent collègue de la Société Académique d'Agen, *Jean Torthe*.

En sculpture nous retrouvons : *Bacqué*, de Vianne : *Nu* (plâtre) et *portrait de M. A.* (bronze) ; *Boulange*, de Villeneuve-sur-Lot ; *Faunesse* (marbre) et *Vire mignon* (bronze). *Descomps*, d'Agen ; *Bacchante aux raisins* (pierre) ; et *portrait* (pierre).

Le Jasmin d'argent. — Le Jasmin a fleuri cette année plutôt que de coutume.

La fleur est toujours belle et plus nombreux encore que par le passé la pléiade de ceux qui la veulent cueillir. C'est à Mˡˡᵉ *Mathilde Sabathé* qu'elle est échue. Nul n'en était plus digne et il y a beau temps que nous ouvrions le palmarès avec le désir, très vif et très juste, de la voir en tête. C'est fait aujourd'hui et c'est bien fait. Beaucoup plus que d'autres lauréats, elle a, même dans ses imprécisions, le sens profond de la poésie. Marcel Prévost l'a constaté en 1926 comme il l'avait signalé déjà en 1921.

A côté de Mˡˡᵉ Mathilde Sabathé, de Puymirol, pas un autre agenais parmi les lauréats, si ce n'est M. *Vayssière*, de Tonneins, qui obtient une 2ᵉ médaille de bronze pour deux sonnets de langue occitane : *Briza pagana* et *Las doas perdrias*.

La 6ᵉ distribution des prix s'est faite le jeudi 29 avril, au théâtre d'Agen, sous la présidence de deux immortels, Marcel Prévost et de Nolhac. Du premier, le nôtre, nous n'avons rien à dire. Son discours, très heureux, plut à tout le monde. M. de Nolhac surprit un peu et déçut. Écrivain plaisant et puissamment évocateur, il n'est ni orateur, ni conférencier. La leçon qu'il fit sentait trop l'improvisaiton et au Jasmin d'argent on n'improvise pas, on prépare.

Le président de la Société Académique, Mᵉ Jacques Amblard, et M. de Pesquidoux, prirent aussi la parole et recueillirent, surtout le premier, le plus vif succès.

Deux jeunes et jolies élèves du Conservatoire de Paris, Mˡˡᵉˢ Franciane et Montlaur lurent les poésies couronnées, qui figurent dans le 6ᵉ recueil du Jasmin, remarquablement illustré par Lamourdedieu, le meilleur de nos sculpteurs Lot-et-Garonnais.

Les veillées gasconnes. — *Las Beilladcs gascounos* de Moncrabeau ont tenu leur diète annuelle le dimanche 16 mai. Il y avait foule, malgré l'inclémence du temps. De Nérac, Condom, Francescas, du Gers, d'Agen et même de Bordeaux on était venu applaudir aux efforts si féconds du docteur Ficat et de M. Bordes, tous les deux membres de la Société Académique d'Agen, qui ont formé une pléiade d'artistes, simple, charmante, originale, sachant évoquer de la façon la plus heureuse le bon vieux temps, la Gascogne et sa langue.

La représentation en plein air se déroula selon le rythme devenu classique. Ce fut d'abord un *Chant des Moissonneurs*, puis une délicate pastorale en un acte *La Pastouréto*, due au talent de M. L. Bordes, et, après, un chant quercynois, une complainte du XIVᵉ siècle, la *Fille au Roy Loys*, une menterie de M. Dupeyron, et encore des chants languedociens et gascons, un chœur du XVIᵉ siècle *Les Fileuses* et une comédie en langue occitane de M. Glarat : *La petite hiilo dou Bernat sé marido*.

Pendant l'entr'acte fut mise en vente une nouvelle édition du brevet de menteur que délivrait au milieu du XVIIIᵉ siècle l'Académie de Moncrabeau.

Inutile de dire que chants, comédie, pastorale et diplôme ont obtenu le plus vif succès. Les veillées gasconnes y sont habituées.

Société Académique d'Agen. — *Comptes-rendus des séances de mai 1926.* — Deux communications intéressantes au cours de cette réunion, présidée par M. Jacques Amblard, l'une de M. Charles Bastard, ingénieur des T. P. E., à Mézin, et l'autre, de M. le chanoine Durengues.

M. Charles Bastard cite quelques vieilles coutumes de Mézin, d'après les jurades de cette ville. Pour les boucheries et pour permettre aux consommateurs de se rendre compte de la qualité de la viande, moutons et veaux de lait devaient être exposés avec leur tête ; les bœufs, attachés pendant deux heures au pilier d'une maison de la ville avant d'être tués. Les boulangers étaient tenus de prêter serment de ne tromper l'acheteur ni sur le poids, ni sur la qualité du pain. En 1699, on les obligea même à ne fabriquer que deux sortes de pain qui ne pouvaient être confondus.

M. le chanoine Durengues présente ensuite une étude remarquable sur l'épiscopat de Galéas de La Rovère. L'un de ses plus grands mérites, c'est d'expliquer avec clarté comment s'implanta sur le siège d'Agen toute la série d'évêques italiens, parents de papes ou de cardinaux, qui furent les guides plus ou moins spirituels du diocèse pendant plus de 100 années.

A la mort de Pierre Bérard, en 1477, Agen eut trois évêques : Pierre Dubois, de Bordeaux, élu par le chapitre ; Jean de Monchenu, nommé par Louis XII, roi de France, et l'italien Galéas de La Rovère, désigné par le pape Sixte IV, son grand-oncle. Entre ces trois compétiteurs, la lutte s'engagea fort vive, avec des troubles, des controverses très âpres, des actes parfois scandaleux, que conte M. Durengues. Jean de Monchenu, qui ne valait pas cher, disparut le premier : il se fit pourvoir du diocèse de Viviers. Pierre Dubois dont l'élection avait été cassée par Sixte IV, protesta, s'empara de l'évêché d'Agen, puis se soumit pour se rétracter ensuite et réclamer pendant huit années, jusqu'à ce qu'il eût obtenu une pension de 400 livres, en 1486.

Galéas resta donc seul maître de l'évêché et des revenus de la mense. Il ne put en jouir longtemps. La mort le surprit à Rome, l'année suivante, sans qu'il ait vu le diocèse dont Sixte IV l'avait gratifié en 1478.

Séance de Juin 1926. — Réunis sous la présidence de leur doyen, M. Bruguière, les membres de la Société ont apprécié deux communications curieuses, la première, de M. le chanoine Durengues, la seconde, de M. le commandant Labouche.

Poursuivant ses remarquables études sur les Evêques Italiens d'Agen, M. Durengues présente le successeur de Galéas de La Rovère, Léonard, de la même famille illustre, qui avait non pas 14 ans — comme l'écrivent les historiens se copiant les uns les autres — mais 24, quand il reçut l'institution canonique en 1487. Pendant les dix années qu'il passa en Agenais, de 1492 à 1502, Léonard de La Rovère fit preuve de la plus grande activité. Son œuvre épiscopale est digne d'éloges : construction et restauration d'églises et d'édifices pieux, tenue de huit synodes diocésains, promulgation de 36 statuts synodaux. En 1502, Léonard de La Rovère s'installa dans la ville des papes, près de son oncle Jules II. Il devint cardinal en 1506, tout en gardant son évêché, dont il se démit en 1518 en faveur de son neveu Antoine de La Rovère. Exécuteur testamentaire de son oncle, il eut avec Michel-Ange, à propos du célèbre tombeau de Jules II, des démêlés fameux, où les injures ne manquèrent pas.

Le chanoine Durengues, dans la curieuse biographie du cardinal, insiste surtout sur le rôle épiscopal de La Rovère et sur les statuts synodaux qu'il promulgua. Il fournit ainsi à l'histoire quantité de considérations précieuses sur la vie religieuse à la fin du XV° siècle et projette d'étranges lueurs sur la condition sociale du clergé à cette époque encore incomplètement étudiée.

Les Sociétés populaires, on le sait, furent l'un des organes les plus actifs du gouvernement révolutionnaire. Celle d'Agen, notamment, si nous en jugeons par les procès-verbaux de ses séances conservés aux archives départementales, se montra toujours, malgré de multiples avatars, farouchement zélée et vigilante. Les sans-culottes qui la composaient s'occupaient de tout, de politique, de sûreté générale, des curés, des vivres, du recrutement et de l'équipement des armées, voire même, au jour le jour, de la situation militaire et de la stratégie des généraux républicains. Sur ce point, comme sur tous ceux qui intéressent nos soldats lot-et-garonnais, l'attention du commandant Labouche s'est portée ; il a recueilli les lettres d'un brillant capitaine, Bory, d'Agen, qu'attendaient avec impatience les sans-culottes et qui furent l'occasion de séances solennelles agrémentées de chants patriotiques. L'une de ces lettres sur le passage de l'Ourthe, en 1794, par le 1er bataillon des volontaires d'Agen, de l'armée de Sambre-et-Meuse, fut reproduite à 2.000 exemplaires et distribuée aux enfants des écoles. On y contait les actions d'éclat de quelques agenais, comme Martinelli, Campagnol, Garsau, Chaumié, Raynal et Batifolie, tambour-major valeureux. La société populaire fit aussi tirer une gravure, devenue rarissime exaltant l'attitude héroïque, dans le même engagement, du jeune Thomas Joux, tambour de 14 ans, originaire de Villeréal.

La séance se termine par la lecture de poèmes en forme d'acrostiches où la muse de M. le chanoine Bédouret exerce sa verve bienveillante sur quelques membres de la Société.

R. BONNAT.

BIBLIOGRAPHIE

Revue de l'infanterie, année 1926, p. 409. — CH. LAVAUZELLE - Paris.

Etude tactique par le Colonel Bérenguier. — Nous signalons cette étude des règlements d'infanterie par la méthode des cas concrets. Des exemples pris au cours de la dernière guerre viennent appuyer la méthode.

L'auteur, officier supérieur et chef de corps, ancien professeur du Centre de perfectionnement de Versailles, membre correspondant de la Société Académique d'Agen, s'y révèle un tacticien averti et un écrivain militaire distingué.

****

LÉON DERIES : *Le Régime des fiches sous le Premier Empire* (Revue des Etudes historiques, avril-juin 1926, p. 153-196.)

Dans cet article fort curieux, l'auteur expose le plan initial du régime des fiches tel qu'il fut créé en 1807 par Fouché, duc d'Otrante, ministre de la police générale. Pour se rendre compte dans chaque département, des éléments constitutifs de la populaion, le préfet dut fixer la proportion des propriétaires, négociants, gens de lois, prêtres, cultivateurs, artisans et indigents, avec pour chaque catégorie, des détails spéciaux correspondant aux parties d'un questionnaire fort bien conçu. Complété par les prescriptions de la circulaire du 10 juillet 1810, de Savary succédant un instant à Fouché, ce travail, véritable photographie des provinces de l'Empire Français, devait comprendre des fiches dont le ministère avait écrit un réel panégyrique. On se demande comment chaque préfet exécuta son travail ? M. Léon Déries y répond en montrant combien ces hauts fonctionnaires de l'époque se révèlent eux-mêmes dans leurs missives. Puis il entre dans le détail, en donnant quelques fiches touchant l'épiscopat, l'armée, la magistrature, les fils de famille, les couvents jusqu'aux mariages et à la situation des demoiselles à marier, etc. etc. Dans ces fiches, on relève celle de Jacoupy, évêque d'Agen, celle de Lacépède, académicien et grand chancelier de la légion d'honneur, celle des Narbonne et celles de bien d'autres agenais. Or, tous ces documents ont pu être conservés et existent aux archive nationales. Il est superflu d'en montrer l'intérêt rétrospectif.

Aux archives départementales du Lot-et-Garonne, il est possible de se rendre compte d'une partie du long travail fourni, à cette époque, par le préfet de Villeneuve-Bargemont, en faisant des recherches dans la série R. Pour y trouver des documents sûrs, à propos de l'appel des derniers gardes d'honneur, en 1813, nous y avons puisé largement et c'est ainsi que nous avons eu a prendre connaissance de listes des familles avec leur situation de fortune. Ainsi nous avons pu présenter comme type de fiche, celle de Claude Lamouroux, ancien maire d'Agen, à l'occasion du départ volontaire de son fils Joseph Germain.

Il est réellement très curieux cet article de M. Léon Déries, sur la « *Statistique morale et personnelle* », sous le Premier Empire, statistique que nous appelerons avec un juste mépris le *Régime des fiches*, apprécié encore aujourd'hui par tant de mauvais citoyens et subi par tant d'autres des meilleurs.

Commandant LABOUCHE.

Le directeur-gérant : René BONNAT.

AGEN — IMPRIMERIE LABORDE, BOULEVARD DE LA RÉPUBLIQUE

53me ANNÉE. — N° 2.

MARS-AVRIL 1926

Revue de l'Agenais

Bulletin de la Société Académique d'Agen

SOMMAIRE

PLANCHES

Le sceau de Mathieu Bandello.

L'église des dominicains de Port-Sainte-Marie.

AGEN

IMPRIMERIE P. LABORDE, 85, Boulevard de la République

—

1926

POUR PARAITRE DANS LE PROCHAIN NUMÉRO :

I. Coulonges : les gravures préhistoriques du Martinet. — *Daugé :* le miracle de Caussens.
Joret : le marquisat de Calonges.

Prix de l'Abonnement à la REVUE DE L'AGENAIS : **15** fr. par an
Prix du fascicule : 2 fr. 50

PRIX DES TIRAGES A PART

A 50 exemplaires.................. 32 francs la feuille
A 100 exemplaires.................. 42 francs
La couverture comptant pour un quart de feuille. Brochage en plus

Pour tout ce qui concerne la rédaction, l'administration et le service des abonnements et la publicité de la Revue, s'adresser directement à M. BONNAT, AUX ARCHIVES DÉPARTEMENTALES, AGEN.
Il est rendu compte dans la *Revue* de tout ouvrage dont il aura été adressé deux exemplaires à la direction de la *Revue* (Archives Départementales).

La Société n'accepte pas la solidarité des opinions émises dans les articles de la Revue

53me ANNÉE. — Nº 3.　　　　　　　　　　　MAI-JUIN 1926

Revue
de l'Agenais

Bulletin de la Société Académique d'Agen

SOMMAIRE

GRAVURE
Gravures rupestres du Martinet

AGEN

IMPRIMERIE P. LABORDE, 85, Boulevard de la République

—

1926

Les de Lard de Campagnol, par le C^t *Labouche*. — Le cardinal Mercier, par *A. Gayral*. — Réponse de M. le chanoine *Durengues* à M. l'abbé Brémond, de l'Académie française.

Prix de l'Abonnement à la REVUE DE L'AGENAIS : **15** fr. par an
Prix du fascicule : 2 fr. 50

PRIX DES TIRAGES A PART

A 50 exemplaires.................... 32 francs la feuille
A 100 exemplaires................. 42 francs

La couverture comptant pour un quart de feuille. Brochage en plus

Pour tout ce qui concerne la rédaction, l'administration et le service des abonnements et la publicité de la Revue, s'adresser directement à M. BONNAT, AUX ARCHIVES DÉPARTEMENTALES, AGEN.

Il est rendu compte dans la *Revue* de tout ouvrage dont il aura été adressé deux exemplaires à la direction de la *Revue* (Archives Département iles).

La Société n'accepte pas la solidarité des opinions émises dans les articles de la Revue